ALL New SMART

영어
회화
공식

23
54 기본

E&C

MENTORS

All New SMART
영어회화공식 231+54[기본]

2022년 07월 04일 인쇄
2022년 07월 12일 발행(개정판 포함 12쇄)

발 행 인   Chris Suh

발 행 처   **MENT◎RS**

경기도 성남시 분당구 분당로 53번길 12 313-1
TEL 031-604-0025 **FAX** 031-696-5221
www.mentors.co.kr
blog.naver.com/mentorsbook

등록일자   2005년 7월 27일
등록번호   제 2009-000027호
I S B N   979-11-91055-13-9
가 격   18,000원

영어회화의 기본은 패턴!

영어회화 패턴 학습책의 원조인 〈영어회화공식 231〉이 거의 30쇄에 가깝게 발행하여 많은 영어학습자들로부터 호평을 과분하게 받았었다. 그 이유는 항상 영어를 모르는 사람의 입장에서 말문을 트고 어떻게 하면 영어회화를 효율적으로 학습할 수 있는가, 고민에 고민을 기울였기 때문이다. 이제 〈영어회화공식231_핵심〉과 함께 보다 한 단계 더 쉬운 내용으로 영어회화를 백날해도 안되는 영어학습자를 위한 기본패턴서인 〈영어회화공식 231_기본〉를 발행한다.

촘 285개의 기본패턴만 외워도 왕초보벗어나~

이책은 쉬운 패턴이라도 영어문장을 만들기 위해서는 꼭 알아두어야 하는 생기초 패턴들을 집중해서 정리하였다. 특히 빈출기본문형을 중심으로 이를 토대로 응용하고 확장하여 다양한 285개의 패턴을 학습할 수 있도록 꾸며져 있다. 초보자들이 쉽게 이해할 수 있도록 도식화하여 정리하였으며 각 패턴에는 친절한 설명과 그 패턴을 이용한 대표 문장 그리고 스스로 문장을 만들어보는 공간까지 마련되어 있어 패턴학습의 효과를 극대화하였다. 또한 각 패턴에는 실감나는 다이알로그가 함께 수록되어 있어, 실생활에서 패턴이 어떻게 쓰이는지 체험할 수 있을 것이다.

왕초보 벗어나는 최선의 선택!

전체를 Chapter 15개로 대분하여 학습의 따분함을 극복하도록 기획되었다. 항상 책을 사면 앞부분만 보고 끝내는 습성이 강한 우리들이다. 이책은 그런 폐단을 피할 수 있다. 다시 말해 꼭 순서대로 봐야 되는 것은 아니다. 물론 난이도가 조금씩 올라가는 것은 사실이나, 이 정도의 차이는 무시하고 그냥 보고 싶은대로 Chapter를 골라 네이티브의 원음을 듣고 학습하면 된다. 무슨 상을 받을 것도 아닌데 꼭 처음부터 끝까지 순서대로 봐야 된다는 강박증을 강바닥에 버리고 맘편하게 시간날 때마다 Chapter를 골라서 학습하면 된다. 뭐든지 부담이 없어야 한다. 영어회화도 마찬가지이다. 부담없이 순서를 무시하고 또 부담없이 하루빨리 영어왕초보의 틀을 벗어나기를 바란다.

PREFACE
영어회화공식
231+54

왜 이책이 좋을까?

1. 실제 네이티브들이 쓰는 빈출기본 패턴표현을 토대로 총 285개의 패턴을 익힐 수 있다.

2. 자세한 설명과 패턴의 도식화를 통해 뇌에 쉽게 기억되도록 기획되었다.

3. 기본 뼈대문형을 통해 실제로 회화에 자주 쓰이는 문장을 확인하고 직접 만들어본다.

4. 실제 대화를 통해 학습한 기본패턴이 어떻게 쓰이는지 직접 체험해본다.

5. 모든 영문은 네이티브의 녹음이 들어있어 실감나게 역동적으로 학습할 수 있다.

이책은 어떻게 구성되어 있을까?

1. **수록표현**
영어회화의 기본이 되는 문형 285개를 집중 수록하였다.

2. **Chapter 1~15**
난이도 및 사용빈도수에 따라 Chapter 1~15까지 총 15개의 Chapter로 단계적으로 구성되어 있다.

3. **대표 패턴 285**
영어회화의 패턴을 크게 285개로 대분한 패턴유형을 어떻게 활용하여 문장의 뼈대를 만드는지 시각적으로 쉽게 이해하기 위해 도식화를 하여 초보자들이 쉽게 이해하도록 기획되었다.

4. **One Point Lesson**
매 페이지마다 추가적으로 알아두면 좋은 영어회화의 기본상식을 정리하였다. 여러분의 부족한 영어상식을 보완하는데 많은 도움이 될거라 기대한다.

5. **Practice 50**
지금까지 학습한 내용을 떠올리며 우리말을 영어로 옮겨보는 공간이다. 주어진 힌트를 참고삼아 그래도 안되면 네이티브의 원음을 듣고 문장을 완성해보는 시간을 갖는다. 이 부분은 홈피에 PDF파일로 다운받아 여러 번 원하는 만큼 테스트를 해볼 수 있도록 하였다.

이책을 **어떻게** 봐야할까?

285개의 영어기본패턴

각 페이지의 위에 위치한 285개 패턴의 넘버링과 해당 패턴을 알기 쉽게 도식화한 부분이다. 물론 도식화한 부분의 우리말 해설이 상세히 그리고 친절하게 적혀져 있다.

이렇게 쓰인다!

학습한 패턴이 실제로 쓰이는 예문들이다. 마지막 문장에서는 직접 문장을 완성해보기 위해 문장의 일부분을 공란으로 비워두었다.

이렇게 써본다!

이 패턴을 이용하여 네이티브들을 실제로 어떻게 대화를 하는지 생생한 대화로 패턴을 체험할 수 있는 공간이다.

One Point Lesson!

학습한 패턴의 재복습 혹은 관련사항 아니면 영어회화하는데 꼭 필요한 사항들을 각 페이지 하단에 빠짐없이 수록하였다. 여러분의 영어학습을 풍요롭게 할 수 있을 것이다.

Pracitce 50

지금까지 배운 패턴을 이용하여 실제로 문장을 만들어보는 자리이다. Practice 01부터 Practice 50까지 총 Practice마다 10문장씩 총 500여개의 문장을 만들어본다. 문장의 시작이 어려운 까닭에 문장의 앞부분을 주어졌으며 그래도 모르겠으면 정답을 보기 전에 네이티브가 천천히, 그리고 정상속도로 읽어주는 MP3를 들으면서 문장들을 완성해본다.

CONTENTS

영어회화공식
231+54

Chapter 03 내 주변의 것들에 대해 말할 때 _ **This is ~** 058

Chapter 04 상대방의 말에 반응을 보일 때 _ **That is~** 076

Chapter 05 주어가 명확하지 않을 땐 만만한 가주어 II_ **It is ~** 090

Chapter 06 나도 어엿한 주어! _ **사물주어의 활용법** 108

Chapter 09 Have와 Get만 알아도 영어회화 반은 성공 _ **have & get** 162

Chapter 10 표현을 더욱 풍부하게 해주는 기본 동사 모음 _ **like~** 188

All NEW
SMART
영어회화공식

2
3
1

기본

I am~

나에 대해 말하고 싶어

처음 만난 사람에게 자기소개할 때가 아니더라도
나(I)에 대해 할 얘기는 무궁무진한 법이다.
여기에서는 'I'를 주어로 하는, 「나는…이다」 라는
문형을 연습해보기로 한다.

I'm Jin-a
_명사_

「난 진아야」, 「난 진아라고 해」라는 자기소개의 표현이다. 이처럼 I'm 뒤에는 이름, 직업, 지위, 자격 등을 나타내는 명사가 오는데,‘I’와 그 명사의 관계는 ‘동격’이다(I=Jin-a).

이렇게 쓰인다!

Answer: his brother[sister]

- ☐ **I'm Korean** 난 한국사람이야.
- ☐ **I'm a lawyer** 전 변호사입니다.
- ☐ **I'm her boyfriend** 내가 걔 남자친구야.
- ☐ **I'm**   제가 그 남자 동생이죠.

이렇게 써본다!

A: You know Samantha, right?

B: Yes, I'm her boyfriend.

　　A: 사만다랑 아는 사이죠, 그렇죠?
　　B: 그럼요, 전 사만다 남자친구인걸요.

A: What kind of job do you do?

B: I'm a lawyer.

　　A: 무슨 일을 하시나요?
　　B: 변호사입니다.

One Point Lesson!
주어=보어

보어가 명사일 때는 주어=보어의 관계가 성립되고 보어가 형용사일 때는 보어는 주어의 상태를 말한다.

I am a student. 난 학생이다. (I = student)
She is gorgeous. 그녀는 멋지다.(She ⇒ gorgeous)

A: She is so cute. **You have no idea.** 걔 정말 귀여워. 넌 모를거야?
B: No idea? Who do you think brought her here? 모른다고? 누가 걜 여기로 데려왔는데?

A: What kind of ice cream are you having? 어떤 아이스크림 먹을래?
B: Well, I'm a real fan of strawberry. 음. 난 딸기 아이스크림을 정말 좋아해.

002 I'm+명사에 다양한 전치사구를 붙여본다.

I'm a member of a golf club

명사   전치(of)+명사

「난 골프 클럽 회원이야」라는 말. 앞의 I'm+명사의 구조에서 명사에 대해 더 구체적인 이야기를 하고 싶을 때 사용하는 문형이다. 명사 뒤에 '전치사+명사' 형태의 수식어구를 붙여주면 된다.

 이렇게 쓰인다!
Answer: the leader of the club

☐ **I'm a student at Harvard** 난 하버드 대학의 학생이야.

☐ **I'm one of his friends** 난 그 사람의 친구야.

☐ **I'm a fan of Son Heung-min** 난 손흥민의 팬이야.

☐ **I'm**   난 그 동아리의 리더야.

 이렇게 써본다!

A: I'm a member of the school's golf club.

B: What a coincidence! So am I.

    A: 난 학교 골프 동아리 회원이야.
    B: 이런 우연이 있나! 나도야.

A: Do you like baseball?

B: Very much. I'm a fan of Kim Ha-seung

    A: 야구 좋아해?
    B: 아주 좋아하지. 김하성의 팬이야.

One Point Lesson!

본동사와 조동사

문장의 가장 핵심이 되는 동사는 본동사라고 하고 본동사 앞에서 본동사의 의미를 보충해주는 것을 조동사라고 한다. I will do it은 그것을 하긴 하되 미래(will)에 하겠다는 것을, I must do it은 그것을 꼭 해야(must) 한다는 것을, I can do it은 그것을 할 수(can) 있음을 각각 부가적으로 말해주는 것이다. 조동사로는 인칭에 따라 화려하게 변화하는 be, do, have, 인칭에는 변화하지 않지만 시제에 따라 변화는 will, shall, can, may, 그리고 불변하는 must, ought to 등이 있다.

I think I must be going now. 지금 가봐야 될 것 같아요.
Can you get me a ticket? 나한테 티켓 하나 구해줄 수 있어?
You don't have to say you're sorry. 미안하단 말은 할 필요 없어요.

I'm happy
형용사

「난 행복해」, 「만족해」라는 의미. I'm+명사의 경우에서 'I'와 명사는 동격관계이지만, I'm+형용사에서 형용사는 주어 'I'의 '상태'를 나타낸다.

📖 이렇게 쓰인다!   Answer: fine[okay, all right]

☐ **I'm depressed** 우울해.

☐ **I'm so tired** 굉장히 피곤해.

☐ **I'm ready** 준비됐어.

☐ **I'm serious** 나 지금 심각해[농담아냐].

☐ **I'm late** 늦었어요. (보통 I'm sorry 다음에)

☐ **I'm**   난 괜찮아.

🙋 이렇게 써본다!

A: I'm happy because tomorrow is a holiday.

B: What do you plan to do?

A: 내일이 휴일이라 기뻐.
B: 뭐 할 건데?

A: I'm so tired. I've been studying all night.

B: Why don't you take a break?

A: 너무 피곤해. 밤새 공부했거든.
B: 잠깐 쉬지 그래?

📋 **One Point Lesson!**

회화용 형용사

hot(멋진, 죽여주는), huge(굉장한)처럼 회화에서 많이 쓰이는 형용사로는 cool(멋진), fabulous(굉장한, 멋진), awesome(멋진), amazing(놀라운), weird(이상한), pathetic(한심한), ridiculous(우스꽝스러운) 등이 있다.

I'm a huge fan of the Yankees. 난 양키스 열성팬이야.
You're awesome, man! 너 정말 캡이다!
This is so weird. 거 참 이상하네.

I'm happy with that
형용사 | 전치사+명사

「난 그것에(with that) 만족해」, 「그것 때문에 기뻐」라는 의미이다. 무엇 때문에 혹은 무엇에 관해서 그러한 상태인지를 나타내려면 형용사 뒤에 '전치사+명사'의 형태로 그 대상을 표현해준다.

이렇게 쓴다!

Answer: proud

☐ **I'm depressed about my divorce** 난 이혼해서 우울해.

☐ **I'm good at swimming** 난 수영을 잘 해.

☐ **I'm mad at you** 나 너한테 화났어.

☐ **I'm sick of her lies** 걔 거짓말에는 넌더리가 나.

☐ **I'm allergic to strawberries** 난 딸기 알레르기가 있어.

☐ **I'm _____ of you** 난 네가 자랑스러워.

* divorce 이혼, 이혼하다

이렇게 써본다!

A: I'm mad at her.

B: Oh? Why is that?

A: 나 걔한테 화났어.
B: 이런, 뭣 때문에?

A: Come here and try some of this.

B: I can't. I'm allergic to peaches.

A: 이리 와서 이것 좀 먹어봐.
B: 안돼. 난 복숭아 알레르기가 있어.

One Point Lesson!

be good at

be good at은 「…에 능숙하다」, 「…를 잘한다」라는 의미이다. 보통 「난 수영을 잘 해」를 영작하라고 하면 I swim (very) well이라든가 I can swim (very) well을 떠올리는 경우가 많지만, 사실 영어식 표현으로는 I'm good at swimming이라고 한다든가 I am a good swimmer라고 하는 표현이 좀더 일반적이다. 물론 I can swim well이 어법상 틀린 표현은 아니다.

I'm lost
과거분사형태

「나 길을 잃었어」라는 의미이다. I'm 뒤에 동사의 과거분사 형태가 온 경우이다. 뭐 굳이 '과거분사형'이니 뭐니 따지지 않더라도 여기 나오는 표현들만큼은 일단 외워두고 본다.

이렇게 쓰인다!

Answer: married

☐ **I'm done** (일 등이) 끝났어.

☐ **I'm worried** 걱정돼.

☐ **I'm confused** 헷갈려[혼란스러워].

☐ **I'm embarrassed** 당황스러워[창피해].

☐ **I'm surprised** 놀랐어.

☐ **I'm** _____ 나 결혼했어.

이렇게 써본다!

A: I'm confused. Where is his apartment?

B: It's in this neighborhood.

A: 헷갈리네. 걔네 집이 어디인 거야?
B: 이 근처에 있어.

A: Can you help me? I'm lost.

B: Sure. Where do you want to go?

A: 좀 도와주실래요? 길을 잃었어요.
B: 그러죠. 어디 가시려고요?

One Point Lesson!

Last weekend, I visit my parent's house??

국내에 있는 네이티브가 가장 많이 지적하는 한국인의 영어오류는 과거이야기를 현재로 이야기하거나 혹은 과거시제를 엉터리로 쓴다(Yesterday I was talk to my friend)는 것이다. 쉽지는 않겠지만 이왕 하는 영어시제까지 맞춰보도록 한다.

Last weekend, I visited my parent's house. 지난 주말에 부모님집에 갔었어.

Yesterday, I was talking to my friend. 어제 내 친구하고 이야기하고 있었어.

I'm+과거분사~ 다음에 다양한 전치사+명사를 넣어본다.

I'm married to Sean

과거분사형태   전치사+명사

「나 션하고 결혼했어」, 「션하고 부부야」라는 말이다. 과거분사 뒤에 '전치사+명사'의 형태를 다양하게 덧붙여 부연설명을 할 수 있다.

 이렇게 쓰인다!

Answer: interested in politics

☐ **I'm lost in the woods** 숲속에서 길을 잃었어요.

☐ **I'm stuck in traffic** (지금) 차가 막혀서 꼼짝달싹 못해.

☐ **I'm worried about him** 그 사람이 걱정돼.

☐ **I'm**   난 정치에 관심있어.

　 * be stuck 못움직이게 되다 ｜ traffic (차, 사람 등의) 왕래, 교통량.

 이렇게 써본다!

A: Is that woman your girlfriend?

B: **No,** I'm married to her.

　 A: 저 여자가 네 여자친구지?
　 B: 아니, 내 아내야.

A: Are you on your way home right now?

B: **Yes, but** I'm stuck in traffic.

　 A: 지금 집에 오는 길이야?
　 B: 응, 근데 차가 막혀서 꼼짝달싹 못해.

One Point Lesson!

I'm excited~

I'm excited with/about/to/절의 형태로 의미는 …에(하는 거에) 신난다, 흥분된다라는 의미이다.

I am pretty excited about **it!** 정말 기대되는데!

Aren't you excited **we're going on our honeymoon?** 우리 신혼여행가는 거 흥분되지 않아?

Well I was just so excited **to see you.** 저기 난 널 만난다는 거에 무척 신났었어.

I was interested in Jerry

be동사의 과거형   과거분사형태

「난 (예전에) 제리한테 관심있었지」라고 회상하는 표현이다. be동사가 과거로 '과거'의 상태·상황을 말하게 된다.

이렇게 쓰인다!

☐ **I was worried about him** 그 사람을 걱정했더랬어.

☐ **I was married to her** 그 여자하고는 전에 부부였지.

☐ **I was caught in a shower** 소나기를 만났어.

☐ **I was stuck in traffic** 차가 막혀서 꼼짝달싹 못했어.

 이렇게 써본다!

A: Did you ever date Mary?

B: No, but I was interested in her.

    A: 너 메리하고 데이트 한 적 있어?
    B: 아니, 하지만 예전에 걔한테 관심있었지.

A: My gosh! You are really soaked.

B: Yes, I am. I was caught in a shower.

    A: 세상에! 정말 흠뻑 젖었구나.
    B: 응. 소나기를 만났어.

 One Point Lesson!

(Are) You all right? vs All right?

Are you all right?은 are을 생략하고 You all right?이라고 쓰이기도 하는데 이는 상대방이 괜찮은지 물어보는 표현. 하지만 All right?은 문장 끝에서 자기가 한 말을 확인시킬 때 쓰는 말로 "알았어?"에 해당되는 말이다.

You look tired. You all right? 너 피곤해 보여. 괜찮아?
Go get some food, all right? 가서 음식 좀 사와. 알았어?

A: Are you all right? 괜찮아?
B: I'm fine. I just feel a little nervous. 좋아. 좀 신경이 예민해서.

I'm~ 다음에 다양한 전치사구를 넣어본다.

I'm on a diet
전치사구

「다이어트 중이다」라는 의미의 숙어 be on a diet를 활용한 표현. 아래의 표현들을 하나하나 외우면서 I'm+전치사 문형에 익숙해져본다.

📖 이렇게 쓰인다!

Answer: in love

☐ **I'm at work** 나 일하고 있어[일터에 있어].

☐ **I'm in trouble** 곤경에 처했어.

☐ **I'm with you** 나도 같은 생각이야[동감이야].

☐ **I'm against the policy** 난 그 정책에 반대해.

☐ **I'm on vacation** 나 휴가중이야.

☐ **I'm**   난 사랑에 빠져 있어.

🙌 이렇게 써본다!

A: Give me a hand. I'm in trouble.

B: What kind of help do you need?

     A: 도와줘. 난처한 일이 생겼어.
     B: 어떤 도움이 필요한 거야?

A: What would you like for dinner?

B: I'm on a diet. I'll have tuna salad without any dressing.

     A: 저녁 뭐 먹을래?
     B: 나 다이어트 중이야. 소스 아무 것도 뿌리지 않은 참치 샐러드를 먹을래.

🖼 One Point Lesson!

I'm happy for you

상대방의 기쁨에 나도 기쁘다고 함께 좋아할 때 쓰는 표현.

A: You know what? I got a job in New York. 저 말이야. 뉴욕에서 일자릴 구했어.

B: That is great. I'm so happy for you. 잘 됐네. 네가 잘 돼서 나도 기뻐.

I'm back
부사

I'm 다음에 달랑 부사 하나가 온 특이한 경우이다. 「나 돌아왔어」, 「다녀왔어」라는 의미로 경우의 수가 많지 않으니까 그냥 통문장(몇 단어 없지만 그래도 문장은 문장!)으로 외워둔다.

이렇게 쓰인다!

☐ **I'm in** 난 낄래(게임 등에).

☐ **I'm out** 난 빠질래.

☐ **I'm off tomorrow** 나 내일 비번이야.

이렇게 써본다!

A: I'm back. Did anyone call?

B: Yes, a woman named Clair called.

A: 다녀왔어요. 전화 왔었나요?
B: 네, 클레어라는 여자분이 전화했어요.

A: Do you want to join us for dinner?

B: I'm in. Where do you want to go?

A: 우리랑 같이 저녁 먹을래?
B: 같이 갈래. 어디 가려고 하는데?

One Point Lesson!
I'm in

I'm 혹은 You're 다음에 in 혹은 out만을 붙여 훌륭한 문장이 될 수 있다. I'm in하면 어떤 모임이나 게임 등에 나도 할래, 나도 낄래라는 의미고 반대로 out를 써서 I'm out하면 난 안해, 난 빠질래라는 의미가 된다. 특히 포커게임에서 많이 베팅을 계속 걸건지 아니면 죽을 건지 말할 때 쓰인다.

I'm sure I can do it
절

「난 그걸 할 수 있다고 확신해」, 즉 「난 틀림없이 할 수 있어」라는 말이다. I'm sure 뒤에 '주어+동사'가 오는 경우로, 「…를 확신한다」, 「…이 틀림없다」는 의미이다.

이렇게 쓰인다!

Answer: he[she] doesn't love you

☐ **I'm sure I locked the door** 난 틀림없이 문을 잠궜어.

☐ **I'm not sure Jimmy did it** 지미가 그 일을 했는지는 잘 모르겠어.

☐ **I'm not sure he will come** 걔가 올지 잘 모르겠어.

☐ **I'm sure she will help us** 걔는 틀림없이 우릴 도와줄 거야.

☐ **I'm sure** 걔는 널 사랑하지 않아, 틀림없어.

이렇게 써본다!

A: Did you invite Andy?

B: Yes, but I'm not sure he will come.

　　A: 앤디 초대했니?
　　B: 응, 하지만 올지 모르겠어.

A: I'm sure she doesn't love you.

B: How can you be so certain?

　　A: 걘 널 사랑하지 않아, 틀림없어.
　　B: 어떻게 그렇게 단정지어?

One Point Lesson!

I'm not sure

1. I'm not sure 잘 모르겠는데, 글쎄.

　상대방이 물어보는 말에 잘 모르거나 확실하지 않을 때 I'm not sure (yet)이라고 한다.

　A: Are you really thinking of going? 정말 갈 생각이야?
　B: I'm not sure. I haven't decided yet. 글쎄, 아직 결정하지 않았어

2. Are you sure? 정말야?

　상대방의 말이 믿기지 않거나 놀라운 이야기를 들었을 때 다시 한번 확인하는 표현. Are you serious?, Really? 등이 유사한 의미이다.

　A: Everything's fine. 다 괜찮아.
　B: Are you sure? 정말?

I'm afraid I didn't do it

전

「(유감이지만) 제가 한 게 아닌데요」란 말이다. I'm afraid는 상대방의 말이나 의견과 어긋난 얘기를 할 때, 혹은 안좋은 일에 대해서 「예상과 틀려서 유감이지만」, 「아니라면 좋겠지만」이라는 의미로 예의바르게 붙이는 말이다. 뒤에 '주어+동사'를 붙여 말해보자.

이렇게 쓰인다!

Answer: I can't help you

☐ **I'm afraid you have the wrong number** 잘못 거신 것 같네요. (전화에서)

☐ **I'm afraid so** (유감이지만) 그런 것 같네요.

☐ **I'm afraid not** (유감이지만) 그렇지 않은 것 같네요.

☐ **I'm afraid**   유감스럽지만 널 도와줄 수가 없어.

이렇게 써본다!

A: You always drink my orange juice.

B: I'm afraid I didn't do it this time.

    A: 넌 늘 내 오렌지주스를 마시더라.
    B: 미안하지만 이번엔 안그랬어.

A: Can I speak to your boss?

B: I'm afraid not. He's very busy right now.

    A: 윗분과 얘기할 수 있을까요?
    B: 죄송하지만 그럴 수 없겠네요. 지금 굉장히 바쁘세요.

One Point Lesson!

I'm afraid so

1. I'm afraid so 안됐지만 그런 것 같네요

   상대방에 안 좋은 일인 경우에는 직설적으로 Yes라고 말하는 대신 쓴다.

2. I'm afraid not 안됐지만 아닌 것 같네요

   반대로 No는 맞는데 역시 상대방에 안 좋은 일인 경우에 말한다.

3. I'm afraid of/to~ …가 무서워

   I'm afraid of her. 걔가 무서워.

   That's what I afraid of. 그게 바로 내가 걱정하는 거야.

   I'm afraid to be alone at night. 밤에 혼자 있는게 무서워.

012 ···하게 되어 기쁘다는 의미의 I'm glad~ 구문을 만들어본다.

I'm glad to hear that

to+동사원형 또는 절

「그 얘기를 들으니 기쁘구나」라는 말이다. 「···해서 기쁘다」는 의미의 I'm glad 뒤에는 'to+동사원형'이 올 수도 있고, '주어+동사'의 절이 올 수도 있다.

📖 **이렇게 쓰인다!**　　　　　　　　　　　　　　　　　　　Answer: you like it

☐ **I'm glad to meet you** 만나게 되어 반갑습니다.

☐ **I'm glad you are here** 네가 와줘서 기뻐.

☐ **I'm glad** 　　　　　　　　　맘에 든다니 기뻐.

* be here 여기 와 있다(보통 come이나 go 대신 be here, be there를 쓴다)

✍ **이렇게 써본다!**

A: She told me that she feels much better.

B: I'm glad to hear that.

　　A: 걔가 그러는데 훨씬 나은 것 같대.
　　B: 그 얘길 들으니 기쁘군.

A: Thank you for the present. These are lovely earrings.

B: I'm glad you like them.

　　A: 선물 고마워. 귀걸이 예쁘더라.
　　B: 맘에 든다니 기뻐.

📋 **One Point Lesson!**

Glad to see[hear] S+V

(I'm) Glad to see **you're so concerned about me.** 네가 내 걱정을 해준다니 기뻐.

(I'm) Glad to see **you're okay.** 네가 괜찮다니 기뻐.

(I'm) Glad to see **you're doing okay.** 네가 잘 지낸다니 좋아.

(I'm) Glad to hear **you're all right.** 네가 괜찮다니 기뻐.

미안하다고 할 땐 I'm sorry~ 다음에 about+명사를 넣어본다.

I'm sorry about that

about+명사

「그 일은 참 미안하게 됐어」, 또는 「그 일은 참 안됐다」는 의미이다. I'm sorry 뒤에 about+명사의 형태로 「…해서[하게 되어] 미안해」, 또는 「…해서[하게 되어] 안됐다」는 의미를 나타낼 수 있다.

이렇게 쓰인다!

Answer: about last night

☐ **I'm sorry about him** 그 사람 일은 참 안됐어[미안해].

☐ **I'm sorry about her behavior** 걔가 그런 식으로 굴다니, 미안해.

☐ **I'm sorry about your problems** 네 문제들은 유감이야.

☐ **I'm sorry**   어젯밤 일은 안됐다[미안해].

이렇게 써본다!

A: Do you want to break up with me?

B: I have to. I'm sorry about that.

A: 나하고 헤어지고 싶은 거야?
B: 그래야겠어. 미안해.

A: Oh no! My husband is drunk. I'm sorry about his behavior.

B: Don't worry about it.

A: 어머 이런! 제 남편이 취했네요. 죄송해요.
B: 괜찮아요.

One Point Lesson!

I'm sorry~

1. I'm sorry to say (that)~ 미안한 말이지만 …하다

   I'm sorry to say **I'm getting used to it.** 미안한 말이지만 난 이제 적응이 되고 있어.

2. I'm sorry to trouble you, but ~ 폐를 끼쳐서 미안합니다만…

   I'm sorry to trouble you, but **could I borrow a cell phone?**
   귀찮게 해 미안하지만 핸드폰 좀 빌릴 수 있을까요?

014 I'm sorry~ 다음에 다양한 to부정사를 넣어본다.

I'm sorry to hear that
to 부정사

「그런 얘길 듣게 되어 유감이구나」, 「안됐다」는 의미이다. I'm sorry 뒤에 to+동사원형의 형태가 오는 경우로, 「…해서[하게 되어] 미안해」, 또는 「…해서[하게 되어] 안됐다」는 의미의 문장을 만든다.

이렇게 쓰인다!

Answer: to trouble you

☐ **I'm sorry to bother you** 성가시게 하는 것 같아 죄송합니다.

☐ **I'm sorry to say we must break up** 이런 말 해서 미안하지만 우리 헤어져야겠어.

☐ **I'm sorry** 번거롭게 해서 미안해.

* bother …를 성가시게 하다 | break up (연인·부부가) 헤어지다, 갈라서다

이렇게 써본다!

A: I was fired from my job.

B: Really? I'm sorry to hear that.

A: 회사에서 짤렸어.
B: 진짜야? 안됐다.

One Point Lesson!
품사의 자유

1. 동사 → 명사

- do /don't 해야 할 사항 / 하지 말아야 할 사항
- must 해야 할 것
- have a say 발언권을 갖다
- have a go 시험삼아 한번 해보다
- in the know 사정을 잘 알고 있는, 내막에 밝은
- make a buy 물건을 구입하다

2. 접속사 → 명사

- if 가정(supposition), 조건(condition)
- when 시기, 때(time; occasion)

I'm sure that he will want to have a say in the matter.
그 친구는 그 문제에 대해 발언권을 갖길 바랄 게 틀림없다.

Jim says that he'd like to have a go with the system.
짐은 시스템을 한번 시험가동 해보겠다고 하고 있어.

I'm sorry I'm late

주어+동사의 절

「늦어서 죄송해요」라는 말. 무엇이 미안한지 미안한 '이유'를 I'm sorry 다음에 (that) 주어+동사의 형태로 나타내는 경우이다. 이때의 that은 보통 생략하는 경우가 많다. 아직 저지르지 않은 미안한 행동에 양해를 구하거나 변명을 할 때에도 I'm sorry , (but) 주어+동사의 형태로 말할 수 있다. 보통은 that이나 but을 생략하기 때문에 형식이 비슷해 보인다.

 이렇게 쓰인다!   Answer: I can't go to the game tonight

☐ **I'm sorry (that) I missed your birthday party** 미안해, 생일파티에 못갔네.

☐ **I'm sorry, (but) I didn't catch your name** 죄송해요, 이름을 못들었어요.

☐ **I'm sorry, (but) I can't say** 미안하지만 말할 수 없어.

☐ **I'm sorry, (but)**   미안하지만, 오늘 밤 경기에 못가.

* catch 알아듣다, 파악하다 | miss 놓치다, 빠뜨리다

 이렇게 써본다!

A: I'm sorry, I didn't catch your name. What is it?

B: Please call me Benson.

　　A: 죄송해요, 이름을 못들었어요. 이름이 뭐죠?
　　B: 벤슨이라고 불러주세요.

A: I'm sorry I missed your birthday party.

B: That's okay... but you owe me a gift!

　　A: 생일파티 못가서 미안해.
　　B: 괜찮아… 하지만 선물은 줘야 돼!

One Point Lesson!

I didn't mean to + 동사

I didn't mean to+동사는 …할 의도는 아니었어라는 말로 상대방이 오해할 수도 있는 부분을 구체적으로 말하면서 오해를 푸는 표현이다.

I'm sorry. I didn't mean to scare you. 미안, 널 겁줄려는게 아니었어.

Oh sorry I didn't mean to interrupt. 어 죄송해요, 방해할려고 한 게 아닌데.

I'm sorry! I didn't mean to do that! 미안! 그럴려고 그렇게 아니었어!

I'm just looking

be동사   동사의 ~ing

쇼핑시 점원에게 그냥 구경 중이라고 얘기할 때 쓰는 표현으로 「그냥(just) 둘러보는 중이에요」라는 뜻이다. I'm+~ing 혹은 I was +~ing의 형태로 내가 현재하고 있는 동작이나 가까운 미래에 할 일을 혹은 과거에 진행중인 일이나 과거시점에서 앞으로 할 일들을 표현할 수 있다.

이렇게 쓰인다!

Answer: watching TV

☐ **I'm working on it** 지금 그거 하고 있는 중이야.

☐ **I'm coming** 지금 가요. (누가 부를 때)

☐ **I'm going** 난 갈 거야. (참석 여부 등을 말할 때)

☐ **I'm waiting for the right moment** 적당한 시기를 기다리고 있는 중이야.

☐ **I'm going with Jack** 잭하고 같이 갈 거야.

☐ **I was talking about Jim when he called**
짐이 전화했을 때, 난 걔 얘길 하고 있는 중이었어.

☐ **I'm**   TV를 보고 있는 중이야.

* work on …에 대한 일을 하다.

이렇게 써본다!

A: Where is the report I asked for?

B: I'm working on it. I'll be finished soon.

A: 내가 부탁한 보고서는 어디있죠?
B: 지금 하고 있어요. 곧 끝낼게요.

A: Are you going to ask Kate on a date?

B: I'm waiting for the right moment.

A: 케이트한테 데이트 신청하려고?
B: 적당한 시기를 기다리고 있는 중이야.

One Point Lesson!

Shame on you!

상대방의 잘못된 행동에 던지는 말로 문맥에 따라 비난의 의미보다는 안타까움의 표현이 될 수도 있다.

A: Shh, they are talking about Tom and Jane. 쉿. 쟤네들이 탐과 제인 얘기를 하고 있다구.

B: Are you eavesdropping? Shame on you! 너 엿듣고 있는 거야? 챙피한 줄 알아!

He is talking on the phone

be동사+ ~ing

be+~ing 형은 아주 많이 쓰이는 표현방식으로 주어가 'I'일 때뿐만 아니라 He, She, They 등 다양한 주어와 함께 사용된다. 물론 You도 빠질 리는 없다. You're ~ing의 형태는 Chapter 02에 나와있다.

 이렇게 쓰인다!

Answer: waiting for you

☐ **He is having fun at the beach** 걘 해변에서 즐거운 시간을 보내고 있어.

☐ **They are hanging out at the mall** 걔들은 쇼핑몰에서 놀고 있어.

☐ **She is going to Paris tomorrow** 걘 내일 파리로 가.

☐ **She is** _____ 걘 널 기다리고 있는 중이야.

* hang out 특별히 하는 일 없이 빈둥거리며 놀다

 이렇게 써본다!

A: Do you know where Peter and Marc are?
B: They are hanging out at the mall.
   A: 피터하고 마크 어디 있는지 알아?
   B: 쇼핑몰에서 어슬렁거리고 있지.

A: I need to speak with your boss.
B: He is talking on the phone.
   A: 당신 상사하고 얘기해야겠어요.
   B: 통화중이십니다.

One Point Lesson!

주어자리

명사는 주어와 목적어자리에 올 수 있기 때문에 자연 명사상당어구인 to부정사, 동명사(~ing) 그리고 절 등도 주어와 명사자리에 올 수 있다. 하지만 실제 회화에서는 목적어자리에는 모두 다 가능하지만 주어자리의 경우에는 to부정사나 절을 주어로 쓰는 건 피하는 게 좋다. 다만 What I'd like to say is ~. All I'm asking is~ 와 같은 몇몇 절이 주어가 되는 표현들을 알아두면 된다.

What I'm trying to say to you is that you're a really great guy.
내가 하려는 말은 넌 정말 대단한 친구라는 거야.

What I'm saying is Kate likes you. 내 말은 케이트가 널 좋아한다는거야.

I'm going to the new restaurant

to+장소명사

「새로 생긴 그 식당에 갈 거야」라는 의미. 'I'm going+부사'나 'I'm going to+장소를 나타내는 명사'의 형태는 「…로 갈 것이다」, 「…로 가고 있는 중이다」라는 뜻이다.

이렇게 쓰인다!

Answer: to the game tonight

☐ **I'm going to the library** 나 도서관 가는 중이야[갈 거야].

☐ **I'm going to a night club** 나이트 클럽 가는 중이야[갈 거야].

☐ **I'm going to Canada this summer** 올 여름엔 캐나다에 갈 거야.

☐ **I'm going** 　　　　　　　　　　　　오늘 밤 경기에 갈 거야.

이렇게 써본다!

A: I'm going to an Indian restaurant for dinner.

B: I didn't know you liked Indian food.

　　A: 저녁 먹으러 인도 식당에 갈 거야.
　　B: 네가 인도 음식 좋아하는 줄은 몰랐네.

A: Where are you going?

B: I'm going to the library.

　　A: 어디 가?
　　B: 도서관 가는 중이야.

One Point Lesson!

to 다음엔 명사? 아니면 동사?

to는 뒤에 명사를 받는 「전치사」로도 쓰이고 to+동사원형이라는 'to부정사'의 모양새를 갖출 때도 쓰이기 때문에, 가끔씩은 to 다음에 명사를 써야 하는지 동사를 써야 하는지 헷갈릴 때가 있다. 하지만 무슨 법칙이 따로 있는 게 아니라 개별 단어의 쓰임새에 따라 달라지니, 되도록 많은 문장을 접하면서 어떤 단어에 'to부정사'를 쓰고 어떤 단어에 '전치사 to+명사'를 쓰는지 익히도록 해야 한다.

❶ He is trying to meet her again (to+동사원형) 걘 샐리를 한번더 만나려 애쓰고 있어.
❷ She is looking forward to the party tonight (to+명사) 걘 오늘 밤 파티를 기대하고 있어.
❸ They are looking forward to seeing you (to+~ing) 걔들은 널 만나는 걸 기대하고 있어.

참고로 try to+동사원형은 「…하려고 애쓰다」, 「한번…해보다」라는 의미이고, look forward to+명사는 어떤 일을 두근 두근하는 맘으로 「기대한다」는 의미이다. to를 비롯한 여러 전치사 다음에는 ❷번처럼 명사가 오거나 ❸번처럼 명사의 한 종류인 동명사(동사+~ing)가 오게 된다.

I'm going hiking on Sunday

동사의 ~ing

「일요일에 등산하러 갈 거야」라는 말이다. I'm going 다음에 동명사(~ing)가 오는 경우로「…하러 갈 것이다」라는 뜻이다.

이렇게 쓰인다!

Answer: shopping tomorrow

☐ **I'm going fishing next weekend** 다음 주에 낚시하러 갈 거야.

☐ **I'm going jogging tomorrow morning** 내일 아침에 조깅하러 갈 거야.

☐ **I'm going swimming after school** 학교 끝나고 수영하러 갈 거야.

☐ **I'm going**   내일 쇼핑하러 갈 거야.

이렇게 써본다!

A: What are your plans for this weekend?

B: I'm going hiking on Sunday.

A: 이번 주말에 뭐 하려고 해?
B: 일요일에 등산 갈 거야.

A: I'm going jogging tomorrow morning.

B: Can I join you?

A: 내일 아침에 조깅하러 갈 거야.
B: 같이 가도 될까?

One Point Lesson!

That's too bad

상대방이 불행한 일을 당했다는 소식을 접했을 때 말하는 표현. 특히 안좋은 일을 당했을 때는 어느 때보다도 빨리 자신의 안타까움을 표현해야 된다. 가장 대표적인 것으로 I'm sorry to hear that으로 유감을 표명하거나 혹은 That's too bad로 안타까움을 표명하면 된다.

That's too bad. 저런. 안됐네. 이를 어쩌나.

I'm sorry to hear that. 정말 유감야.

That's a shame! 저런!(= What a shame!)

I'm going to get a driver's license
to+동사

「운전면허(driver's license)를 딸 거야」라는 말. I'm going to+동사는 「…할 거야」라는 의미로, 미래의 일을 언급하는 표현이다. I'm planning to+동사의 형태로 바꿔 쓸 수도 있다.

이렇게 쓴다!

Answer: stay for a week

- ☐ **I'm going to marry her someday** 언젠가 걔랑 결혼할 거야.
- ☐ **I'm going to practice English every day** 매일 영어공부 할 거야.
- ☐ **I'm going to**   일주일간 머무를 거야.

이렇게 써본다!

A: Do you plan to buy a car?

B: Someday. I'm going to get a driver's license first.

A: 차를 살 거니?
B: 언젠가는 사야지. 먼저 운전면허를 따려고 해.

A: I'm going to marry her someday.

B: How long have you two been dating?

A: 언젠가는 걔하고 결혼할 거야.
B: 둘이 얼마나 사귀었는데?

One Point Lesson!
감탄사의 종류

- Ouch! 갑자기 다쳤을 때. '으악'에 해당된다.

  Ouch!! I just cut my leg. 으악. 다리를 베었어.

- Oops! 뭔가 실수를 했을 때. '앗 이런!' '아이쿠'에 해당된다.

  Whoops! I forgot my groceries in the car again. 이런! 차 안에 또 장봐온 걸 두고 왔네.

- Oh, my God! 세상에!. 하나님 맙소사!

  Oh my god! Why is your house such a mess? 맙소사! 너네 집 왜 이렇게 엉망이야?

- God bless you! 감사하기도 하지! [누군가 재채기를 했을 때에도]

  A: I think I'm catching a cold. Achoo! 감기가 올려나봐. 에취!
  B: God bless you! 신의 가호가 있기를.

Am I~ 다음에 다양한 형용사를 넣어 확인해본다.

Am I right?
형용사

「내 말이 맞지?」라는 의미이다. I'm 뒤에 「형용사」가 오는 문장을 의문문으로 만든 경우이다.

이렇게 쓰인다!   Answer: wrong

☐ **Am I late?** 제가 늦었나요?

☐ **Am I clear now?** 이제 이해가 가나요? (수업 등에서)

☐ **Am I late for the meeting?** 제가 회의에 늦었나요?

☐ **Am I** ? 내 말이 틀렸어?

이렇게 써본다!

A: We need to save more money. Am I right?

B: That's a good idea.

　A: 우린 돈을 좀더 저축해야 돼. 내 말이 맞지?
　B: 좋은 생각이야.

A: Has the meeting started? Am I late?

B: No, you're just in time.

　A: 회의 시작됐어요? 제가 늦었나요?
　B: 아뇨, 딱 맞게 왔어요.

One Point Lesson!

Don't get me wrong

모국어인 우리말로 이야기하면서도 오해가 많이 생기기 마련인데, 영어를 외국어로 배운 우리가 영어를 말하면서 오해가 생기지 않을 수 있을까? 이런 때를 대비해서 오해방지용 표현들을 알아두어야 하는데 Don't get me wrong은 그중 하나로 상대방에게 오해하지 말라고 하는 표현이다. 또한 I didn't mean that은 내가 말하려는 의도가 잘못 전달되었을 경우에 내 말은 그게 아니라는 의미이다.

Don't get me wrong. 오해하지마.
Sorry, I didn't mean that. 미안 그런 의미가 아니야.
That's not what I meant. 내 말은 그게 아냐.

Am I calling too late?

동사의 ~ing

상대방에게 밤늦게 전화한 경우에 「너무 늦게(too late) 전화한 건가요?」라고 물어보는 표현이다. 이렇게 I'm+~ing 형태의 현재진행형 문장을 의문문으로 만들어 지금 내가 하고 있는 행동에 대해 물어볼 수 있다.

이렇게 쓰인다!

Answer: talking too fast

☐ **Am I interrupting?** 제가 방해하는 건가요?

☐ **Am I wasting my time?** 내가 지금 시간낭비 하고 있는 건가?

☐ **Am I asking for too much?** 내가 요구하는 게 너무 많은가요?

☐ **Am I　　　　　　?** 제가 너무 빨리 말하나요?

* interrupt (남의 말이나 행동을) 중단시키다, 방해하다

이렇게 써본다!

A: Am I calling too late?

B: Actually, yes. I was sleeping. Let's talk tomorrow.

A: 내가 너무 늦게 전화했나?
B: 실은 좀 그래. 자고 있는 중이었어. 내일 얘기하자구.

A: Am I asking for too much?

B: No, not at all. Please request whatever you want.

A: 제가 요구하는 게 너무 많은가요?
B: 전혀 아니에요. 뭐든 요청하세요.

One Point Lesson!

matter

It doesn't matter (to me)를 통째로 상관없어라고 배운 탓에 동사 matter의 원래 의미에 좀 낯설어하고 matter가 긍정의 동사로 쓰인 경우에 생소해하는 경우가 있다. 물론 부정형태로 많이 쓰이기는 하지만 긍정형태로도 가끔은 쓰이니까 matter의 동사의미가 중요하다. 문제가 되다라는 걸 알아두도록 한다.

When it comes to love, what does age matter? 사랑에 관해서라면 나이가 뭐 중요한건가?
Does it matter?! 그게 문제가 돼?!
Does size matter? 크기가 문제돼?

Am I supposed to meet him today?

과거분사   동사

「내가 그 사람을 오늘 만나기로 되어 있나?」라는 말이다. 'be supposed to+동사'는 「…하기로 되어 있다」, 「…하는 것이 당연하게 받아들여지다」라는 의미. 건망증이 있는 사람이거나 상황 파악 잘 안되는 사람이라면 필히 알아두어야 할 의문문이다.

📖 이렇게 쓰인다!

☐ **Am I supposed to go there?** 내가 거기 가야 하나?

☐ **Am I supposed to be laughing?** 웃어야 되는 거야? (농담조로)

☐ **Am I supposed to stay?** 더 있어야 하나?

이렇게 써본다!

A: Am I supposed to meet the client today?

B: No, he'll be here to meet you tomorrow.

A: 내가 오늘 고객을 만나기로 되어있던가?
B: 아닙니다. 그분은 내일 만나러 오실 겁니다.

🖼 One Point Lesson!

be supposed to+V

'~하기로 되어 있다'라는 뜻으로 정해진 일이나 해야 되는 일을 말할 때 쓴다.

What am I supposed to **do?** 내가 무엇을 하기로 되어있지?/ 나 어쩌지?(= What should I do?)
You're supposed to **do the laundry.** 너는 오늘 빨래해야지.

A: **What** are you supposed to **do?** 뭐하기로 되어 있니?
B: **I'm** supposed to **meet Dr. Walf this afternoon.** 오늘 오후에 Walf 박사님을 만나기로 했어.

A: **You're** not supposed to **eat that!** 너, 그 과자, 먹으면 안돼!
B: **Don't worry, Mom won't miss one cookie!** 걱정 마, 하나쯤 없어져도 엄마는 모르실 거야!

MEMO

All NEW 2
SMART 3
영어회화공식 1
기본

Chapter
02

You are~

당신은 누구시길래…

요즘 세상에 '자기' 얘기만 하다가는
왕따 당하기 십상. 너(You)에 대한 관심도
충분히 나타내 주어야 밝은 세상(?)을 만들 수 있을게다.
You are~로 시작하는, 「너는…이다」라고 하는 표현들을 알아보기로 한다.

You're my best friend

소유격+형용사   명사

「넌 최고의 친구야」, 「넌 내 단짝 친구야」라는 말이다. 이렇게 You are~ 다음에 '명사' 혹은 '형용사+명사'가 와서 상대의 지위나 자격 등을 언급할 수 있다. You're a good cook에서와 같이 '잘한다는 뜻을 지닌 형용사+사람'의 형태로 「넌 정말 …을 잘하는구나」라는 의미를 나타낼 수도 있다. 여기서의 cook은 직업적인 「요리사」라기 보다는 「요리하는 사람」정도의 의미.

📖 이렇게 쓴다!   Answer: an amazing[a wonderful] swimmer

☐ **You're his girlfriend** 넌 걔 여자친구잖아.

☐ **You're a really nice guy** 정말 좋은 분이세요.

☐ **You're a loser** 형편없는 녀석 같으니라구.

☐ **You're a good cook** 요리를 잘하시네요.

☐ **You're**   너 수영을 놀라울 정도로 잘 하는구나.

👌 이렇게 써본다!

A: I really like Adam. He's so cute.

B: You're his girlfriend, so you must be happy.

　　A: 애덤이 아주 좋아. 걔 정말 매력있어.
　　B: 넌 걔 여자친구니까 행복하겠구나.

A: You're a very good piano player.

B: Thanks. Would you like me to play another song for you?

　　A: 넌 정말 피아노를 잘 치는구나.
　　B: 고마워. 한곡 더 쳐줄까?

🖼 One Point Lesson!

Forget it

사과하는 상대방에게 Forget it하면 괜찮으니까 신경쓰지 말라는 말이 되지만 뭔가를 계속 알려달라고 하는 등 상대방이 귀찮아 하는 경우에 Forget it하면 신경꺼. 그만 이야기하고 싶어라는 의미가 되기도 한다.

A: I'm really sorry I stood you up on Friday. 금요일날 바람맞혀서 정말 미안해.
B: Never mind. Forget it. 신경쓰지마. 잊어버리라고.

You're the only person that I can trust

명사　　　　　　　that절 혹은 전치사구

「넌 내가 믿을 수 있는(I can trust) 단 한 사람이야」, 즉 「믿을 만한 사람은 너밖에 없어」라는 말이다. You're+명사 뒤에 명사를 수식하는 전치사구나 that절을 이어서 말해본다.

 이렇게 쓰인다!

☐ **You're the worst husband in the world** 세상에서 제일 형편없는 남편같으니.

☐ **You're the right person for this job** 이 일에는 당신이 적임자입니다.

 이렇게 써본다!

A: Why are you telling me your secrets?

B: You're the only person that I can trust.

　　A: 왜 네 비밀들을 나한테 말하는 거야?
　　B: 너는 내가 유일하게 믿을 수 있는 사람이니까.

A: Are you going to offer me a chance to work here?

B: Yes, you're the right person for this job.

　　A: 제가 여기서 일할 기회를 주실 건가요?
　　B: 그럼요, 이 일에는 당신이 적임자입니다.

One Point Lesson!

「the last + 명사 + to + 동사원형」

'~할 마지막 …이다,' 즉 '결코 ~하지 않을 …이다'라는 뜻이다.

Shiela is the last one to know the truth.
Shiela는 진실을 알 마지막사람이다. → Shiela는 진실을 결코 모를 사람이다.

Tom is the last one to tell a lie.
Tom은 거짓말을 할 마지막 사람이다. → Tom은 결코 거짓말을 할 사람이 아니다.

You're such a great student

형용사+명사

「넌 정말 훌륭한 학생이야」라는 말이다. such a+형용사+명사는 「굉장히 …한 사람이나 사물」을 나타내는 표현이다. 상대방을 칭찬할 때 쓸 수 있는 표현으로 계속 You're very kind만 고집할 게 아니라 You're such a kind person이라고 한번 세련되게 말해보도록 한다.

 이렇게 쓰인다!   Answer: such a kind person

☐ **You're such a good driver** 운전을 참 잘하시네요.

☐ **You're such an idiot** 너 정말 멍청하다.

☐ **You're such a partier** 정말 굉장한 파티광이로구나.

☐ **You're** _____ 굉장히 친절한 분이군요[고마워요].

* idiot 바보, 멍청이 | partier 파티에 자주 가는 사람(= partygoer)

 이렇게 써본다!

A: **You look beautiful tonight.**

B: **Thanks.** You're such a kind person.

A: 오늘 참 예쁘시네요.
B: 고마워요. 정말 다정한 분이세요.

A: **I'm going to go to Jim's party tonight.**

B: **Go to a party again?** I didn't know you were such a partier.

A: 오늘 밤에 짐이 여는 파티에 갈 거야.
B: 또 파티에 가? 이렇게 파티광인 줄은 몰랐는걸.

One Point Lesson!

Don't be such a babe!

주어+be such a ~ 문형외에도 일반적으로 such a + 사람/사물 형태로 아주 …한, 매우… 한 이라는 의미로도 쓰인다.

Maybe it's not such a **bad idea.** 아마도 그렇게 나쁠 것 같진 않아
Why is he in such a **bad mood?** 사람 왜 그렇게 기분이 나쁜거야?
Don't be such a **babe!** 애기같이 굴지 말라고!

You're amazing
형용사

「넌 대단해」라는 의미. 상대방 칭찬에 탁월(?)한 네이티브들이 즐겨찾는 표현이다. You're~ 다음에 다양한 형용사를 써서 상대방에 대한 자신의 생각을 말해보도록 한다.

이렇게 쓰인다!

Answer: right

☐ **You're lucky** 넌 운이 좋구나.

☐ **You're so cute** 너 굉장히 멋있다[예쁘다].

☐ **You're pathetic** 너 참 딱하다.

☐ **You're so mean** 너 정말 못됐어.

☐ **You're**   네가[네 말이] 맞아.

이렇게 써본다!

A: Did you like the food I cooked?

B: It was great. You're amazing.

> A: 내가 만든 음식 맛있었어?
> B: 정말 맛있었어. 너 정말 대단해.

A: Can you loan me ten dollars?

B: You're pathetic. You always borrow money.

> A: 10달러만 빌려줄래?
> B: 너 참 딱하다. 늘 돈을 빌리고만 사니.

One Point Lesson!

Good job!

잘됐다와 잘했다는 한끝 차이지만 의미가 전혀 다르다. 잘됐다(Good for you!)는 상대방의 기쁨을 함께 공유할 때 하는 말이고, 잘했다(Good job!)은 상대방이 일을 잘 처리했다고 칭찬하는 말이다. 더 강조하려면 good를 바꿔 Super job!. Excellent job!이라고 하면 된다. 비슷한 표현으로 Well done!. Nice going!도 있다.

A: I got an A+ on my English test last week! 지난주 영어시험에서 A+를 받았어!

B: Good job! Let's go out and celebrate! 잘했다! 나가서 축하하자!

You're ~ 다음에 다양한 과거분사 형태를 넣어본다.

You're supposed to pick up Stan
과거분사형

과거분사 또한 형용사처럼 쓰여 역시 주어가 어떤 상황인지를 말한다. 특히 숙어화된 You're supposed to+동사, You're allowed to+동사 등을 잘 기억해두었다가 활용하시면 도움이 많이 될 것이다.

이렇게 쓰인다!
Answer: smoke here

☐ **You're fired** 당신은 해고예요.

☐ **You're married** 넌 결혼한 몸이잖아.

☐ **You're supposed to meet Mr. Hyde** 너 하이드 씨 만나기로 되어있잖아.

☐ **You're not supposed to do that** 너 그러면 안돼.

☐ **You're not allowed to have drinks out here**
음료는 밖으로 가지고 나가실 수 없어요.

☐ **You're not allowed to**   여기서 담배 피우시면 안됩니다.

* fire 해고하다

이렇게 써본다!

A: You're not allowed to have drinks out here.

B: Oh, I didn't know that.
A: 음료는 밖으로 가지고 나가실 수 없습니다.
B: 어머, 몰랐어요.

A: You're married. Don't act like a single guy.

B: I'm not. I was just talking to these girls.
A: 넌 결혼한 몸이야. 총각처럼 행동하지 마.
B: 안그래. 그냥 이 여자분들하고 얘기 좀 나눴을 뿐이야.

One Point Lesson!
You went where?

상대방 말의 일부분을 못들었을 경우 혹은 믿기지 않는 이야기를 들었을 경우에 사용하는 표현으로 모르는 부분만 의문사로 바꾸면 된다. 따라서 You did what?은 네가 뭘했다고?라는 뜻이 된다.

A: I went to the library to get a book. 책 빌리러 도서관에 갔었어.

B: You went where? 어디에 갔다구?

You're ~ 다음에 다양한 ~ing 형태를 넣어본다.

You're doing great

동사의 ~ing

「넌 지금 잘 하고 있는 거야」하고 기운을 북돋워주면서 하는 말이다. You're~ 뒤에 동사의 현재진행형(~ing)이 오는 경우이다.

이렇게 쓰인다!

Answer: talking too much

☐ **You're kidding** 농담이겠지.

☐ **You're scaring me** 겁주지 매[네가 날 겁먹게 하고 있어].

☐ **You're making me nervous** 너땜에 신경쓰여[네가 날 신경 날카롭게 만들고 있어].

☐ **You're making a big mistake** 너 지금 크게 실수하고 있는 거야.

☐ **You're**   넌 말을 너무 많이 해.

* kid 놀리다, 농담하다 | nervous 신경이 날카로운, 긴장되는

이렇게 써본다!

A: Stop that noise. You're bothering me.

B: I'll try to be more quiet.

A: 시끄러운 소리 좀 그만 내. 신경쓰여.
B: 좀더 조용히 해볼게.

A: I heard this house has a ghost.

B: Stop it! You're scaring me.

A: 이 집에 귀신이 있다더라.
B: 그만 해! 겁나잖아.

One Point Lesson!

Good for you!

상대방이 복권에 당첨되었거나 승진했거나 등 좋은 일을 생겼을 때 Yes나 Yeah만을 되뇌이며 멀뚱하게 있으면 투기의 화신으로 오해받을 수도 있다. 이때는 재빠른 사교술을 발휘하여 잘됐구나!, 나도 기뻐!라는 인사를 해야 한다. 이럴 때 쓰는 전형적인 표현이 바로 Good for you!이다.

I'm happy for you 네가 잘돼서 나도 기뻐
I'm glad to hear that 그것 참 잘됐다.
You deserve it 넌 받을 만해.

You're ~ 다음에 다양한 전치사나 전치사구, 부사를 넣어본다.

You're in trouble

전치사구

「넌 곤경에 처해 있어」, 「너 이제 큰일났다」라는 의미이다. You're~ 뒤에 전치사(구), 부사 등이 오는 경우를 살펴본다.

이렇게 쓰인다!

☐ **You're in love** 넌 사랑에 빠진 거라구.

☐ **You're here** 왔구나[네가 여기 와 있구나].

☐ **You're on** 좋을대로 해[알았어].

☐ **You're on a roll** 넌 승승장구로구나.

☐ **be on a roll** 잘 나가고 있다, 승승장구하다

이렇게 써본다!

A: You're in trouble. The boss wants to see you.

B: Really? What did I do?

    A: 너 큰일났어. 사장님이 널 보자셔.
    B: 정말이야? 내가 무슨 짓을 했길래?

A: Look at all the money that I won.

B: You're on a roll. I envy you.

    A: 내가 딴 돈을 좀 봐.
    B: 넌 승승장구로구나. 부럽다, 야.

A: Oh, you're here. Come on in.

B: Long time no see. How have you been?

    A: 어머, 너 왔구나. 어서 들어와.
    B: 오랜만이네요. 어떻게 지냈어요?

One Point Lesson!

I'm with you

상대방의 말에 동의를 표현하는 것으로 '그점'에 동의한다고 할 때는 I'm with you there이라고 하면 된다. 유사한 표현으로는 I'm on your side(난 네 편이야), I'm like you(너랑 같은 생각이야), I'm for it(난 찬성이야), I feel the same way(나도 그렇게 생각해) 등이 있다.

Are you Korean?

명사

「한국인이세요?」라는 말이다. 가장 기본적인 Are you+명사? 문형으로, 주로 상대방의 국적이나 신분, 자격 등을 묻게 된다.

이렇게 쓰인다!

- ☐ **Are you an employee here?** 여기 직원인가요?
- ☐ **Are you an only child?** 형제가 없나요[외동아들[딸]이세요]?
- ☐ **Are you the oldest?** 맏이예요?
- ☐ **Are you Denis?** 당신이 데니스예요?
- ☐ **Are you a good dancer?** 춤 잘 추세요?
- ☐ **Are you an experienced snowboarder?** 스노우보더 많이 타보셨어요?

    * experienced 숙달된, 경험많은

이렇게 써본다!

A: Are you an only child?

B: **No, I have one brother.**

A: 형제가 없나요?
B: 아뇨, 남동생이 한 명 있어요.

A: Are you Korean?

B: **Yes, I'm from an area south of Seoul.**

A: 한국인이세요?
B: 네, 서울 남쪽에 있는 지역에서 왔어요.

One Point Lesson!

You can say that again!

대놓고 상대방의 말에 적극적으로 동의하는 표현. 누가 아니래!, 그렇고말고! 정도의 뉘앙스를 띄는 표현들로 You can say that again!, You said it!, You're telling me! 등이다. 내용상 단조롭게 읽기보다는 연극배우인양 상대방의 말에 동의한다는 생각을 가득 품고 억양을 강하게 넣어 발음해봐야 살아있는 영어가 된다.

You can say that again! 그렇고 말고!
You said it! 네말이 맞아!
You're telling me! 누가 아니래!, 정말 그래!
I couldn't agree with you more. 정말 네 말이 맞아.

Are you a friend of Kate?

<u>명사</u>   <u>전치사구</u>

「네가 케이트 친구니?」라는 물음이다. 이처럼 명사에 '전치사+명사' 형태의 수식어구를 붙여 어떤 사람인지 좀 더 자세히 물어볼 수 있다.

이렇게 쓰인다!

Answer: a cousin of Cathy[Cathy's cousin]

☐ **Are you a member of the gym?** 이 헬스클럽 회원이세요?

☐ **Are you an ex-girlfriend of Terry?** 당신이 테리의 옛애인이에요?

☐ **Are you**   **?** 네가 캐시의 사촌이니?

이렇게 써본다!

A: Are you a member of the gym?

B: Yes, I come here several times a week.

     A: 이 헬스클럽 회원이세요?
     B: 네, 일주일에 몇번 여기 와요.

A: Are you a friend of Jake?

B: Not really, I've met him a few times though.

     A: 제이크의 친구분인가요?
     B: 그렇지는 않아요. 짐을 몇번 만나본 적은 있지만요.

One Point Lesson!

You did?

대화는 자기 이야기를 잘 전달하는 것도 중요하지만 그에 못지 않게 상대방의 말을 잘 들어야 한다. You did?는 상대방의 말에 화답하는 것으로 대화를 부드럽게 유도하는 표현중의 하나이다. 우리말로는 "그랬어?"에 해당된다. 물음표가 있어서 답을 요구하는 문장이 아니니까 착각하지 말자. 또 이 표현은 상대방이 쓴 주어와 동사의 종류 및 시제에 따라 Are you? Were you?. Have you? You do? 등 다양하게 바꿔 사용해야 되기 때문에 순발력을 요구하는데 간단히 말해서 좀 어렵다는 말. 그럴 땐 그냥 Really? Are you sure? Is that so? 등의 표현을 써도 무방하다.

You did? 무슨 일인데?
You do? Are you? 그래?
You did? Were you? Have you? 그랬어?
Are you sure? 정말?

Are you okay?

형용사

「괜찮아?」라는 말로 Are you all right?이라고 해도 된다. 아래처럼 Are you~ 다음에 다양한 형용사를 써보면서 연습을 해본다. 한가지 유의할 건 네이티브들이 워낙 말을 빨리하다보니 Are you ~?에서 'Are'는 거의 들리지 않을 때가 많고 어떤 경우에는 아예 발음하지 않고 You okay?, You ready?, You sure? 등으로 말할 수도 있으니 기억해두기로 한다.

이렇게 쓰인다!

Answer: busy

- [ ] **Are you serious?** 정말이야?
- [ ] **Are you available?** 손이 비나요?
- [ ] **Are you happy with that?** 거기에 대해 만족해?
- [ ] **Are you free this weekend?** 이번 주말에 시간 있어?
- [ ] **Are you** **right now?** 지금 바빠?

* available 손이 비는, 사용 가능한

이렇게 써본다!

A: I was in a car accident this morning.

B: Oh no! Are you okay?

A: 오늘 아침에 차 사고를 당했어.
B: 저런! 괜찮아?

A: Are you free this weekend?

B: Yeah, I don't have any special plans.

A: 이번 주말에 한가해?
B: 응, 특별한 계획 없어.

One Point Lesson!

You're welcome

Welcome to Seoul(서울에 오신 것을 환영합니다)와 같이 welcome의 동사 용법에만 익숙다면 You're 다음에 welcome이 온 것에 대해 한번쯤 고개를 갸우뚱했을 법도 하다. welcome은 동사뿐 아니라 여기서처럼 형용사로 쓰이기도 하고 명사의 용법도 있다. 여기서는 Thank you 류의 감사인사에 대해 「괜찮습니다」라고 답하는 예의바른 표현. You're welcome 대신 쓸 수 있는 여러 표현들을 살펴보고자 한다.

| Not at all | That's all right | No problem | (It's) My pleasure |
| The pleasure is mine | Don't mention it | Never mind | |

Are you ready to go?
형용사   to+부정사

「갈 준비됐어?」라는 의미로 상대방이 뭔가 할 준비가 되어 있는지를 물어볼 때 사용한다. 준비하는 내용은 ready 다음에 to부정사를 붙여서 말하면 된다.

 이렇게 쓰인다!   Answer: order

☐ **Are you ready to go shopping?** 쇼핑 갈 준비 다 됐어?

☐ **Are you ready to take the test?** 시험 볼 준비 됐나요?

☐ **Are you ready to talk about it?** 그 일에 대해 얘기할 준비 됐니?

☐ **Are you ready to**   **?** 주문할 준비 됐나요?[주문하시겠어요?]

    * take the test 시험보다

 이렇게 써본다!

A: **We have to leave.** Are you ready to go?

B: **I will be in five minutes.**

    A: 우리 가야 돼. 갈 준비 다 됐어?
    B: 5분 후엔 준비될 거야.

A: Are you ready to order?

B: **Yes. I'll have a shrimp salad.**

    A: 주문하시겠습니까?
    B: 네, 저는 새우 샐러드로 주세요.

One Point Lesson!

So what?, ~ or what? and For what?

So what?은 그래서 어쨌다는 거냐?라는 핀잔의 의미이고 or what?은 그게 아니면 뭐야?, 그렇지 않아?라는 뜻으로 자기가 하는 말에 대한 상대방에게 강력한 동의를 구하는 표현. 또한 For what?은 상대방의 행동에 이유를 물어보는 간편한 표현이다.

It's raining out there - So what? 밖에 비가 내리에 – 그래서 어쨌다는 거야?
Are we going to get together or what? 우리 다시 만나는 거지 그지 않아?
We're so sorry? For what? 정말 미안해? 뭐 때문에?

Are you sure about that?

형용사   about+명사(또는 that 주어+동사)

앞에서 보듯 단순히 Are you sure?라고만 해도 되지만 좀 더 강조하고 싶을 때 Are you sure about that?이라고 해도 된다. 「그것에 대해 확실해?」, 「그거 확실한거야?」라는 말이다. 이처럼 Are you sure~는 뒤에 전치사구나 주어+동사의 절을 붙여 자기가 궁금한 내용을 자세히 언급할 수 있는 유용한 문형이다.

 이렇게 쓰인다!   Answer: you locked the door

☐ **Are you sure you're okay?** 정말 괜찮아?

☐ **Are you sure you don't want to come?** 정말 안오려는 거야?

☐ **Are you sure you did it?** 정말로 네가 그랬니?

☐ **Are you sure**   **?** 문 잠근 거 확실해?

 이렇게 써본다!

A: I've decided to move to Europe this year.

B: Really? Are you sure about that?

     A: 올해 유럽으로 이사가기로 했어.
     B: 정말? 확실한 거야?

A: I decided not to go to the party.

B: Are you sure you don't want to come?

     A: 그 파티에는 가지 않기로 했어.
     B: 정말 안오려는 거야?

One Point Lesson!

Sure

Sure을 아직도 확실한이란 의미로만 알고 있으면 안된다. 물론 sure가 형용사로써 be sure to, make sure 등 알짜 표현을 양산하는 건 사실이지만 부사로서의 sure를 회화에서 빼놓을 수는 없기 때문이다. 구어체에서 일반적으로 yes을 대신해서 가볍게 '그래'라는 의미로 쓰이고 또한 상대방이 감사인사를 할 때 가볍게 "Sure"하면 괜찮아, 뭘요 정도의 의미의 답변인사가 되기도 한다.

A: Do you have time for a coffee? 커피 한잔 할 시간 있어요?

B: Sure. 물론이죠.

Are you done?
과거분사형태

「다했어?」, 「다끝났어?」라는 말이다. 역시 Are가 생략되어 You done?이라고 쓰이기도 한다. 특히 계속 빈번하게 모습을 보이는 be supposed to+동사(…하기로 되어 있다), be interested in+명사(…에 관심있다) 등의 표현은 꼭 외워두도록 한다.

 이렇게 쓰인다!

Answer: lost

☐ **Are you almost finished?** 거의 끝났니?

☐ **Are you supposed to do it?** 네가 이걸 하기로 되어있든가?

☐ **Are you interested in American culture?** 미국문화에 관심 있나요?

☐ **Are you qualified for this job?** 이 일에 필요한 자격조건을 갖추었나요?

☐ **Are you married?** 결혼했나요?

☐ **Are you   ?** 길을 잃었나요?

    * qualified 필요한 지식 · 기술 등의 자격조건을 갖춘

 이렇게 써본다!

A: Are you done?

B: I'm almost finished. Please wait five minutes.

     A: 다 했어요?
     B: 거의 끝났어요. 5분만 기다려 주세요.

A: What is the perfect birthday present for my wife?

B: Are you married? I thought you were single.

     A: 아내한테 줄 완벽한 생일선물이 뭐가 있을까요?
     B: 결혼했어요? 독신인 줄 알았는데.

One Point Lesson!

on Sunday, on Sundays, on a Sunday

on Sunday는 가장 근접한 일요일 즉, 다가오는 일요일이나 지난주 일요일을 의미하고 on Sundays처럼 복수가 되면 매일요일마다라는 뜻이 된다. 또한 좀 생소한 on a Sunday는 "Have you ever been to the zoo on a Sunday?"에서 보듯 언제인지는 모르지만 과거의 어느 한 일요일을 말한다. 정해지지 않은 일요일을 말하는 것으로 이는 Have you ever been~이 현재완료로 역시 과거부터 현재까지의 시간을 쭉 말하는 것으로 역시 정해지지 않은 시간을 뜻한다는 것을 생각하면 이해가 쉬울 것이다.

Are you ~ 다음에 다양한 ~ing형태를 넣어 상대방이 뭐하는지 물어본다.

Are you still smoking?

동사의 ~ing

「너 아직도 담배 피우니?」라는 말. Are you~ 뒤에 동사의 ~ing를 붙여 상대방이 현재 하고 있는 일을 물어보거나 앞으로 상대방의 예정사항을 물어볼 때 사용하는 문형이다.

 이렇게 쓰인다!

Answer: leaving tomorrow

☐ **Are you kidding?** 지금 농담하니?

☐ **Are you taking any medication?** 요즘 먹고 있는 약이 있나요?

☐ **Are you being helped?** 누가 봐드리고 있나요?(상점에서)

☐ **Are you coming with us?** 우리랑 같이 갈 거지?

☐ **Are you   ?** 내일 떠나니?

* take medication 약[약물]을 복용하다

 이렇게 써본다!

A: Are you still smoking?

B: Yes, but I'm going to try to quit.

　　A: 아직도 담배 피우니?
　　B: 응. 하지만 끊어보려고 해.

A: I've been feeling very sick lately.

B: Are you taking any medication?

　　A: 요즘 계속 속이 메슥거려.
　　B: 약은 먹고 있는 거니?

One Point Lesson!

You know what?

자기가 전달할 내용에 앞서 상대방의 관심을 불러일으키는 표현. 놀랍거나 흥미로운 사실을 전달할 때 곧잘 사용되는 문장으로 You know what?은 있잖아? 그거 알아? 정도의 의미로 I'll tell you what. Guess what?이라고도 한다.

You know what? Let's not talk. 있잖아, 얘기하지 말자고.
You know what? I'm going to finish this later. 저말야, 이거 나중에 끝낼게.
Guess what? I have a date with Monna. 저기 말야, 나 모나랑 데이트있어.

All NEW SMART 231

영어회화공식

기본

This is~ >>

내 주변의 것들에 대해 말할 때

「이것」으로 유명한 This.
자기 주변에 있는, 즉 상대방보다
자신에게 더 가까운 물건을 가리키는 지시대명사이다.
그런데 This는 꼭 사물만이 아니라 가까이에 있는 '사람,'
가까이에 있는 '장소,' 현재에서 가까운 '시점' 등을 두루 나타낸다.

This is~ 다음에 다양한 사람 이름을 넣어본다.

This is Sun-woo speaking

사랑 혹은 사랑이름

기본적인 전화영어 표현으로 「저는 선우라고 하는데요」라는 말이다. '이것(This)'이 감히 신성한 (?) 사람을 가리킨다는게 거북할 수도 있겠지만 전화할 때와 사람을 소개할 때에는 반드시 사람을 가리키면서 This is+사람명사의 문형을 쓴다. 우리도 사람 소개시 "이쪽은~"이라고 하는 걸 생각해보면 이해가 쉽다.

 이렇게 쓴다!

☐ **This is Min-hee** (남에게 소개할 때) 얘는 민희라고 해. (전화에서) 나 민희야.

☐ **This is my friend, Jennifer** 얘는 내 친구 제니퍼야.

☐ **This is Allen Manders, head of personnel for ERY Corp.**
이쪽은 ERY 사의 인사부장 앨런 맨더스 씨입니다.

☐ **This is**   이쪽은 제 상사인 드레이크 씨입니다.

* head of personnel 인사부서의 책임자

 이렇게 써본다!

A: **Hi, Harry.** This is my friend, Eric.

B: **Nice to meet you, Eric.**

A: 안녕, 해리. 이쪽은 내 친구 에릭이야.
B: 에릭, 만나서 반가워.

A: **Hello.** This is Steve Parel speaking.

B: **Hello there. Can I ask you a few questions?**

A: 여보세요. 스티브 패럴입니다.
B: 안녕하세요. 몇가지 좀 여쭤봐도 될까요?

🖼 One Point Lesson!

for a while

for a minute[second]와 같은 계열의 표현으로 for a while. for the time being 등이 있는데 모두 당분간이라는 의미이다.

You stay here for a while? 너 여기 좀 있을거야?

Are you planning to stay in town for a while? 여기서 잠시 얼마간 있을 건가요?

Actually, I'm staying at the Waldorf for the time being. 사실은 당분간 월도프 호텔에 머무르고 있어요.

This is my favorite song
명사

「이거 내가 좋아하는 노래야」라는 의미이다. This is 다음에는 만질 수 있는 「구체적인 사물」뿐 아니라 「추상적인 사물」, 「사건」 등을 나타내는 명사도 올 수 있다.

이렇게 쓰인다! Answer: a great party

☐ **This is my[your] last chance** 이번이 내겐[너에겐] 마지막 기회야.

☐ **This is my treat** 이건 내가 낼게. (음식값 계산)

☐ **This is not my style** 이건 내 취향이 아냐.

☐ **This is a great place** 근사한 곳이네요.

☐ **This is** 훌륭한 파티네요.

이렇게 써본다!

A: This is Bob's favorite food, but I don't like it.

B: Well, do you want to eat something else?

A: 이건 밥이 좋아하는 음식이지만 난 별로야.
B: 그럼, 뭐 다른 거 먹고 싶어?

A: This is a great place.

B: I'm glad you liked it. My parents own it.

A: 근사한 곳이네요.
B: 맘에 드신다니 기쁘네요. 저희 부모님 가게예요.

One Point Lesson!

I'm on my way

현재 '길위에 있는'이란 의미로 뭔가 한 곳에서 다른 지점으로 이동 중이란 뜻을 갖는다. on the way (over) here하면 이쪽으로 오는 도중에, on the way back하면 돌아오는 도중에라는 뜻이 된다. 또한 소유격으로 바꾼 on my way로도 쓰는데 on my way home은 내가 집에 오는 도중에 on my way to work는 내가 출근하는 길에 등의 의미가 된다.

The funniest thing happened to me on the way here. 여기 오는 도중에 아주 웃기는 일이 벌어졌어.
Bring me a coffee on your way back. 돌아 오는 길에 커피 좀 가져오세요.
I'll stop by you on my way home. 집에 가는 길에 네게 들를게.

This is the worst date ever

최상급 표현

「이건 이제껏 했던 것 중에 최악의 데이트야」라는 의미이다. date는 「데이트」나 「데이트 상대」 모두를 가리키고, 「데이트하다」란 동사로 쓰이기도 한다. This is~ 다음에 '최상급표현(the+-est)+ever' 또는 '최상급 표현+I've ever+과거분사' 형태가 오면 「지금껏 했던 것 중 가장 …한 것」, 즉「이렇게 …한 건 처음이야」라는 뜻이 된다.

📖 **이렇게 쓴다!** Answer: the best birthday party ever

☐ **This is the best movie I've ever seen** 이렇게 재밌는 영화 처음 봐.

☐ **This is the happiest day I've ever had** 이렇게 행복했던 날은 이제껏 없었어요.

☐ **This is**   이제까지 이렇게 멋진 생일파티는 없었어.

🙌 **이렇게 써본다!**

A: **I have to go.** This is the worst date ever.

B: **Why are you so angry?**

A: 나 갈래. 이건 정말 최악의 데이트야.
B: 왜 그렇게 화가 난 건데?

🖼 **One Point Lesson!**

Wait a minute

잠깐 기다리라는 의미로 Wait a minute, Just a minute, Hold on a minute, 그리고 Hang on a minute이 있는데 모두 잠깐만 기다려 혹은 (상대의 말과 행동을 멈추게 하며) 그만이라는 뜻. minute자리에는 second나 moment를 써도 된다.

Wait a minute, **did you say, you love her?** 잠깐만, 너 걔 사랑한다고 말했어?

Hold on a second, **I have another call.** 잠깐만, 다른 전화온 게 있어서.

A: **Is there someone who can speak Korean?** 한국어하는 사람있나요?
B: Wait a minute **and I'll get Chris.** 잠시만요 크리스 바꿔줄게요.

A: **May I have his cell phone number?** 걔 핸드폰 번호 좀 알 수 있을까요?
B: **Sure. Just** hold on a second **and I'll find it.** 예. 잠깐 기다리시면 찾아드릴게요.

This is ~ 다음에 다양한 형용사를 넣어본다.

This is so cool
<u>형용사</u>

「이거 정말 근사하구나」, 「정말 좋아」라는 말이다. cool은 원래 「시원한」이라는 뜻이지만 구어에서는「근사한」, 「멋진」이라는 의미로 많이 쓰인다. 이렇게 This is 뒤에 「형용사」를 넣어 상태를 표현할 수 있는데, so나 very, really 등의 수식어를 넣어 감정을 강조할 수 있다.

이렇게 쓰인다!

Answer: so unfair

☐ **This is unbelievable** 이건 믿을 수 없는 일이야.

☐ **This is ridiculous** 이러는 거 우스워[이건 말도 안돼].

☐ **This is romantic** 낭만적이야.

☐ **This is really important to me** 이건 나한테 굉장히 중요한 일이야.

☐ **This is terrible** 너무한다.

☐ **This is** 이건 정말 불공평해.

이렇게 써본다!

A: This is so unfair. I'm at the office today and she has a holiday.

B: Stop complaining and get back to work.

A: 너무 불공평해. 난 오늘 사무실에 나오고 걘 휴가라니.
B: 불평 그만하고 일해.

A: It's snowing outside.

B: In the middle of April? This is unbelievable!

A: 밖에 눈와.
B: 4월 중순에? 말도 안돼!

One Point Lesson!

This is+명사/형용사/전치사+명사

This is ridiculous. 말도 안돼.

This is great. 대단하다.

This is so nice. 정말 고마워.

This is my job. 내가 할 일인데.

This is your last chance. 이게 너에겐 마지막 기회야.

This is bad. 이건 안 좋은데.

This is much better. 훨씬 낫다.

This is unbelievable! 말도 안돼!

This is so exciting

~ing 형태

「이거 정말 흥미진진한걸」이란 말이다. 이처럼 동사에 ~ing를 붙인 형태라든가 ~ed를 붙인 형태의 단어, 즉 현재분사나 과거분사가 형용사처럼 쓰인 경우를 살펴보기로 한다.

이렇게 쓰인다!

☐ **This is very flattering** 과찬이세요.

☐ **This is so messed up** 엉망이 됐잖아.

☐ **This is boring** 이건 따분한 일이야.

   * messed up (계획했던 것이) 엉망이 된 ∣ flattering 듣기 좋은 말로 치켜세우는

이렇게 써본다!

A: Wow, he hit a home run. This is so exciting.

B: Yeah, now the score is tied.

   A: 이야, 저 선수가 홈런을 쳤군. 이거 정말 흥미진진한걸.
   B: 그래, 이제 동점이네.

A: You are the most beautiful woman I've seen.

B: Thank you. This is very flattering.

   A: 당신은 내가 본 사람들 중 가장 아름다운 여성이에요.
   B: 고맙습니다. 과찬이세요.

One Point Lesson!

excited vs. exciting

exciting은 동사를 변형시켜 형용사처럼 쓰는 '분사'이다. 분사를 만드는 방법은 두 가지가 있다.

❶ 현재분사의 형태(동사의 끝부분이 ~ing로) 변화시킨다 (ex. excite → exciting)

❷ 과거분사의 형태(동사 끝부분이 ~ed. 혹은 불규칙 변화형)로 변화시킨다 (ex. excite → excited)

이때 ❶ 현재분사(~ing 형태)는 '능동'의 의미를, ❷ 과거분사(~ed 형태)이면 '수동'의 의미를 띠게 된다. 수동태를 만들 때 기본 형태가 'be+과거분사'인 것을 떠올리면 쉽게 기억할 수 있다.

excite (신나게 하다)   exciting (신나게 만드는)   excited (신이 난)
flatter (치켜세우다)   flattering (치켜세우는. 칭찬하는)   flattered (칭찬받은)

분사들은 주어(또는 수식하는 명사)가 무엇이냐에 따라 잘 가려 써야 한다. 현재분사냐 과거분사냐에 따라 의미가 달라지니 말이다.

The game is exciting. 게임이 흥미진진한걸.

I'm very excited. 나 정말 신나.

This is what I want to do

명사적(be 동사의 보어)

「이게 바로 내가 하고 싶은 일이야」라는 의미이다. 'This is what+주어+동사'의 형태로 「이게 바로 주어가 …하는거야」라고 하는 표현이다. 과거형을 써서 This is what 'I wanted' to do라고 하면 「원하던 일이야」, 「바라던바야」라는 말이 된다.

이렇게 쓰인다!

Answer: what you're looking for

☐ **This is what we're going to do** 이게 바로 우리가 앞으로 할 일이야.

☐ **This is what I was afraid of** 이게 바로 내가 걱정하던 거야.

☐ **This is what you have to do** 이게 바로 네가 해야 할 일이야.

☐ **This is what I'm trying to say** 이게 바로 내가 지금 얘기하려는 거야.

☐ **This is** 이게 바로 네가 지금 찾고 있는 거잖아.

이렇게 써본다!

A: This is what I'm afraid of. They might decide to refuse my offer.

B: Don't worry about that too much.

> A: 내가 걱정하는 건 바로 이거야. 그 사람들은 내 제안을 거절할지도 모른다구.
> B: 너무 걱정하지 마.

A: I'm glad we're going to Hawaii.

B: Me too. This is what I wanted to do.

> A: 하와이로 가게 되다니 기뻐.
> B: 나도 그래. 내가 바라던 바거든.

One Point Lesson!

That/This is (not) what I/you~

That/This is (not) what I/you ~형태의 표현들 문장이다.

This is just what I wanted. 내가 원했던 게 바로 그거야.

This is what I want to do. 이게 바로 내가 하고 싶은 거야.

That's what I was going to say. 바로 그게 내가 말하려고 한거야.

That's what I thought! 누가 아니래!

Is that what you want? 이게 네가 바라는 거냐?

This is not what I ordered

명사절

「이건 내가 주문한 게 아닌데」라는 말이다. 앞의 This is what~에 not을 붙이면 「이건 주어가 … 하는 게 아니야」라는 의미가 된다.

📖 **이렇게 쓰인다!**

Answer: what I was thinking of

☐ **This is not what I want to do** 이건 내가 하고 싶은 일이 아냐.

☐ **This is not what you have to do** 이건 네가 해야 할 일이 아니야.

☐ **This is not what I was looking for** 이건 내가 찾고 있던 게 아니야.

☐ **This is not**   이건 내가 생각했던 게 아냐.

🙌 **이렇게 써본다!**

A: **Waiter!** This is not what I ordered.

B: **I'm sorry, sir. I'll bring you the right food.**

　　A: 종업원! 이건 내가 시킨 게 아닌데요.
　　B: 죄송합니다, 손님. 주문하신 음식을 가져오겠습니다.

A: This is not what I was thinking of.

B: **What were you expecting?**

　　A: 이건 내가 생각했던 게 아닌데.
　　B: 어떠리라고 생각했었는데?

🖼 **One Point Lesson!**

then

- -

by then은 그때까지(는)이라는 의미로 then이 명사처럼 쓰였는데, before then(그 이전에), since then(그 때 이후로) 등의 표현도 같은 경우이다.

You'll be all grown up by then. 그때가 되면 넌 다 자라있을게다.

We haven't seen each other since then. 그때 이후로 우리 서로 안만났어.

I'll be done by then. 그때까지는 끝낼거야.

A: **Will the stage be ready by Friday?** 금요일까지 무대가 완성될까?

B: **They should be able to get it ready** by then. 그 사람들이 그때까지 모든 준비를 마칠거야.

This is~ 다음에 다양한 why로 시작하는 명사절을 넣어본다.

This is why you need to exercise

명사절

「이것이 바로 네가 운동을 해야 하는 이유야」, 「이래서 네가 운동을 해야 하는거야」라는 의미이다. 'This is why+주어+동사'의 형태로 「이게 바로 주어가 …하는 이유야」, 「그래서 주어가…하는 거야」라는 의미의 표현을 만들어본다.

 이렇게 쓰인다!　　　　　　　　　　　　　　　　　　　　　Answer: why I told

☐ **This is why she doesn't date tall guys**

이래서 걔가 키큰 남자들하고 데이트하지 않는 거라구.

☐ **This is　　　　　　　　　　　you about that**

이래서 내가 너한테 그 얘길 했던 거야.

  * date+사람 …와 데이트하다

 이렇게 써본다!

A: I have no energy and feel sick.

B: This is why you need to exercise.

　　A: 나 힘이 하나도 없고 메슥거려.
　　B: 이래서 네가 운동을 해야 하는 거야.

A: That guy is too tall, and his girlfriend is too short... They look odd.

B: This is why I don't go out with tall guys.

　　A: 저 남자는 너무 크고 여자는 너무 작네… 이상해보여.
　　B: 이래서 내가 키큰 남자들하고 데이트 안하는 거야.

One Point Lesson!

be more specific

상대방이 말이 모호해서 이해하기가 어려울 때 좀 더 구체적으로 말해달라고 부탁하는 표현.

A: Your performance has not been adequate this week. 이번 주에 실적이 충분치 않군요.

B: Would you please be more specific? 좀더 구체적으로 말씀해주시겠어요?

This is going to be so cool

<u>be동사</u>   <u>형용사</u>

This is going to~ 다음에 동사로 be 동사가 와서 This is going to be+명사[형용사]의 문형이 된 경우이다. 「이건 아주 근사하게 될거야」, 「아주 근사한거야」라는 의미이다.

 이렇게 쓰인다!   Answer: be perfect

☐ **This is going to be so much fun** 굉장히 재밌을 거야.

☐ **This is going to be romantic** 낭만적일 거야.

☐ **This is going to be harder than you thought**
네가 생각했던 것보다 더 힘들 거야.

☐ **This is going to be a big break for me** 나한테 커다란 전환점이 될 거야.

☐ **This is going to** 　　　　　　　　　　　 완벽한 일이 될 거야.

* break 전환점, 분기점

 이렇게 써본다!

A: Let's work on the project together.
B: OK. This is going to be so much fun.

　　A: 그 프로젝트 같이 하자.
　　B: 좋아. 굉장히 재미있을 거야.

A: This is going to be harder than we thought.
B: Come on. We can do it.

　　A: 이거 우리가 생각했던 것보다 더 힘들어 지는 걸.
　　B: 왜 이래. 우린 할 수 있어.

One Point Lesson!

Actually,

Actually는 방금 자신이 말한 내용에 추가정보를 주거나 혹은 새로운 화제를 꺼낼 때 혹은 사람들이 생각하는 바와 다른 실제의 상황을 이야기 할 때 사용된다.

Actually, I must go now. 실은 지금 가야 돼.
Actually, I'm not good at using computers. 실은 난 컴맹에 가까워.
Actually, things seem to be getting better. 실은 상황이 점점 좋아지고 있는 것 같긴 해.
You mean people actually **eat dogs?** 사람들이 실제로 개를 먹는다는 말인가요?

This is going to sound crazy
일반동사

이번에는 This is going to+일반동사의 형태이다. 동사의 종류만 달라졌을 뿐, 앞의 문형과 마찬가지로 앞으로의 상황이 어떨거라고 언급할 때 사용하면 된다. sound+형용사는 「…하게 들리다」, 「…라고 생각되다」라는 의미로 This is going to sound crazy는 「이건 말도 안되는 소리로 들릴거야」라는 뜻이 된다.

 이렇게 쓰인다!

Answer: sound really stupid

☐ **This is going to sound selfish** 이기적으로 들릴 거야.

☐ **This is going to look ridiculous** 우스꽝스럽게 보일 거야.

☐ **This is going to** _____ 정말 바보같은 소리로 들릴 거야.

* selfish 이기적인

 이렇게 써본다!

A: This is going to sound crazy. Will you marry me?

B: No way! That's a ridiculous idea!

    A: 말도 안되는 소리 같겠지만, 나랑 결혼해줄래?
    B: 말도 안돼! 정말 엉뚱한 생각이네!

A: Do you need to talk to me about something?

B: This is going to sound selfish, but I want a raise.

    A: 나한테 얘기하고 싶은 게 있는 건가?
    B: 이기적인 소리로 들리겠지만, 월급 좀 올려주시면 좋겠어요.

One Point Lesson!

Like what? 예를 들면?

대화를 하다보면 상대방의 이야기가 추상적이거나 모호해서 구체적인 예를 들어야 할 때가 있다. 이럴 때 쓸 수 있는 표현이 바로 Like what? 예를 들면 어떤 것들 말야?라는 의미로 상대방의 구체적인 대답을 요구하는 문장이다. Such as도 같은 맥락으로 쓰이며 전통적으로 잘 알려진 for example(instance)도 함께 알아둔다. Such as나 for example은 Like what?처럼 단독으로 쓰이기도 하지만 "~the family name, such as Kim. Lee or Park"에서처럼 문장 내에서도 쓰인다는 점은 다르다.

A: Please bring me some information on the company. 그 회사에 대한 정보를 몇가지 가져다 주세요.

B: Like what? 이를 테면?

Is this free?
형용사

free는 가격으로부터 자유롭다는 뜻도 돼서 위 문장은 「이거 공짜예요?」라는 말이 된다. Is this 뒤에 다양한 「형용사」를 붙여서 this(이 물건 혹은 이 일)의 상태에 대해 물어볼 수 있다.

이렇게 쓰인다!
Answer: polite

☐ **Is this safe?** 이거 안전한가요?

☐ **Is this really necessary?** 꼭 이래야 하니?

☐ **Is this true?** 진짜야?

☐ **Is this　　　　　　　?** 이러면 예의바른 걸까?

이렇게 써본다!

A: Please wear your seatbelt in my car.

B: Is this really necessary?

> A: 내 차에서는 안전벨트를 매 줘.
> B: 꼭 이래야 하니?

A: The buffet smells good. Is this food free?

B: No, you have to pay for it.

> A: 부페 음식 냄새 좋네요. 이 음식 공짜예요?
> B: 아뇨, 돈을 내셔야 해요.

One Point Lesson!

In fact

In fact는 앞의 자기가 말한 내용과 좀 다른 이야기나 놀라운 이야기를 꺼내거나 혹은 상대방이 예상하는 것과 반대되는 이야기를 꺼낼 때 사용한다. 사실은, 실은이라는 의미이다. 같은 맥락의 표현으로는 as a matter of fact나 Actually가 있다.

In fact, I'm going to go call her right now. 사실, 지금 당장 걔한테 전화할거야.
As a matter of fact I didn't go to bed last night. 사실, 지난밤 못잤어.

A: Have you ever been to Disneyland? 디즈니랜드에 가본 적 있어?
B: No, as a matter of fact, I haven't. 아니, 실은 가본 적 없어.

049 ▸ Is this~ 다음에 다양한 명사를 넣어본다.

Is this **yours**?
명사

「이거 네 거(yours)니?」라는 말이다. 이번에는 Is this 뒤에 명사를 붙여본다. 좀 어려울지 모르겠지만, 수식어로 전치사구가 명사 뒤에 붙거나 what 등을 이용한 명사절이 오는 것 역시 가능하다.

📖 이렇게 쓰인다!
Answer: my fault

☐ **Is this your car?** 이거 당신 차예요?

☐ **Is this Ms. Sullivan?** 설리반 씨세요? (전화상에서)

☐ **Is this a convenient time to talk?** 얘기하기 편한 시간인지요?

☐ **Is this what you were looking for?** 이게 네가 찾고 있던 거니?

☐ **Is this** ? 이게 내 잘못인가?

🙌 이렇게 써본다!

A: Is this a convenient time to talk?

B: Sure. What's the matter?

A: 얘기하기 편한 시간인가요?
B: 그럼요. 무슨 일인데요?

A: Is this your car?

B: Yes. Would you like me to move it?

A: 이거 선생님 차인가요?
B: 네. 차를 뺄까요?

🖼 One Point Lesson!

S sure+V

주어+sure+동사~의 형태로 sure가 부사로 surely의 대용으로 쓰인 경우이다. sure가 주어와 동사사이에서도 쓰인다는 점에 주목한다.

It sure is hot out there. 정말이지 밖에 쩌.
Man, I sure miss Julie. 야 정말 줄리가 보고 싶네.

Is this for New York?

<u>전치사+명사</u>

버스나 기차 등의 목적지를 물어보는 표현이다. 「이거 뉴욕으로 가나요?」라는 말이다. Is this~ 다음에 명사나 형용사 없이 바로 '전치사+명사,' 즉 '전치사구'가 온 경우이다.

이렇게 쓰인다!   Answer: on sale

☐ **Is this for me?** 이거 나 주는 거야?[날 위한 거야?]

☐ **Is this about Mark?** 마크에 관한 얘기니?

☐ **Is this**   **?** 이거 세일 중이에요?

이렇게 써본다!

A: Here is a present we bought.

B: Is this for me? Thanks so much!

    A: 이거 우리가 산 선물이야.
    B: 이거 내 거야? 정말 고마워!

A: I want to talk to you privately.

B: Is this about Vanessa?

    A: 개인적으로 얘기 좀 나누고 싶은데요.
    B: 바네사에 관한 건가요?

One Point Lesson!

Let me see if I can~

Let me see if I can ~은 내가 ~할 수 있는지 한번 볼게라는 의미. 내가 뭔가를 할 수 있는지 가능여부를 알아보겠다고 하는 말로 거의 굳어진 표현. Let me see if I can 까지 달달 외우고 다음에 동사부터 바꿔가면 하고 싶은 말을 하도록 연습하도록 한다.

Let me see if I can **reschedule the appointment** 약속을 다시 조정할 수 있는 지 알아볼게.

Is this seat taken?
<u>과거분사</u>

수동태(be+과거분사)를 이용한 질문이다. 「이 자리 누가 맡아 놨나요?」, 「이 자리 임자 있나요?」라고 물어보는 표현. 이렇게 'Is this+과거분사?' 형태로도 this의 상태를 확인할 수 있다. 단 위 문장은 this가 지시대명사가 아니라 지시형용사로 명사와 어울려 this seat 두 단어가 주어가 된 경우이다.

 이렇게 쓰인다!

☐ **Is this drink included?** 이 음료도 포함되는 건가요? (음식값 등을 물어볼 때)

☐ **Is this supposed to be funny?** 이거 원래 우스워야 하는 거지?

    * be included 포함되다 | be supposed to+동사 …인 것이 당연하다

 이렇게 써본다!

A: Hi. Is this seat taken?

B: Yes, I'm sorry. I'm waiting for my friend.
    A: 안녕하세요. 이 자리 임자 있습니까?
    B: 네, 죄송해요. 친구를 기다리는 중이에요.

A: Here is the bill for your dinner.

B: Is this drink included? I just ordered it.
    A: 저녁식사 계산서 여기 있습니다.
    B: 이 음료도 포함됐나요? 방금 주문했는데.

One Point Lesson!

It is high time to do/that~

time앞에 high를 써서 시기가 뒤늦음을 그래서 의당 더 빨리 해야 함을 강조하는 표현이다.

It's high time that **we took some holidays.** 휴가를 받을 때가 되었어요.

It's high time **we took a vacation and enjoyed ourselves.** 휴가를 얻어 즐길 때가 되었다.

Is this your first time to do this?

명사   to+부정사(혹은 절)

「이 일을 하는게(to do this) 이번이 처음이니?」, 「이거 처음해보니?」라는 말이다. Is this your first time~ 다음에 to+동사원형의 형태를 붙여 처음이냐고 물어보는 표현이다.

이렇게 쓰인다!

Answer: to play golf

☐ **Is this your first time to try Korean food?** 한국음식 처음 드셔보세요?

☐ **Is this your first time to meet Julie?** 줄리를 만나는 거 이번이 처음인가요?

☐ **Is this your first time to climb Mt. Hanra?** 한라산에 오르는 게 이번이 처음이죠?

☐ **Is this your first time**   **?** 골프 처음 쳐보는 건가요?

이렇게 써본다!

A: What is this?

B: A taco. Is this your first time to try Mexican food?

A: 이건 뭐야?
B: 타코라고 해. 멕시코 음식 먹어보는 건 이번이 처음이니?

A: Is this your first time to meet Julie?

B: No, but I don't know her very well.

A: 줄리를 만나는 거 이번이 처음이야?
B: 처음은 아니지만 그리 친하지는 않아.

One Point Lesson!
관계대명사 관용표현

1. There's something (that) + 주어 + 동사 …할 …가 있다.

   There's something I got to tell you. 네게 할 말이 있어.

2. You're the one who + 동사 네가 …한 사람이야

   You're the one who ended it, remember? 그걸 끝낸 건 너냐. 기억해?

053

Is this~ 다음에 다양한 your first+명사를 넣어본다.

Is this your first visit to America?

명사   전치사+명사

「미국 방문(visit to America)은 이번이 처음이니?」라는 말이다. Is this your first~ 다음에 time 이외의 여러 명사를 붙여서 처음 하는 일인지 물어볼 수 있다. 위 문장에서는 visit 다음에 전치사+명사(to America)가 왔지만, 앞서 time의 경우처럼 to부정사가 올 수도 있다. (아래 네번째 예문 참고)

 이렇게 쓰인다!   Answer: first trip to Korea

☐ **Is this your first attempt at bungee jumping?** 번지점프 처음 시도해보나요?

☐ **Is this your first speech in public?** 사람들 앞에서 처음 연설하는 거죠?

☐ **Is this your first date with Lisa?** 리사하고 처음 데이트하는 거지?

☐ **Is this your first step to make up for it?** 이게 네 잘못에 대한 보상 첫단계니?

☐ **Is this your**   **?** 한국여행은 처음이신가요?

    * attempt 시도 | make up for 잘못한 일 등에 대해 보상하다, 벌충하다

 이렇게 써본다!

A: Is this your first visit to America?

B: Yes. It's also my first trip abroad.

    A: 이번이 미국에 처음 오신 건가요?
    B: 네. 처음 해외 여행 온 것이기도 하죠.

A: Is this your first attempt at bungee jumping?

B: Actually, it's my third time. But whenever I try to jump, I get scared.

    A: 번지점프 처음이신가요?
    B: 실은 이번이 세번째인데, 뛸 때마다 무섭네요.

One Point Lesson!

Let's get started

Let's get started는 자 시작합시다라는 의미로 같은 의미는 Let's get going. Let's get down to business 등이 있다.

A: Well, why don't we get down to business? 자. 본론으로 들어갈까요?
B: Sounds good. Let's get started. 좋습니다. 시작합시다.

All NEW
SMART
영어회화공식

기본

2
3
1

That is~

상대방의 말에 반응을 보일 때

That은 나에게서 조금 떨어진 곳에 있는 사물,
즉 「저것」을 가리키는 지시대명사이다. 그런데 이 That이
상대방이 한 말 또는 행동 전체를 받아서 쓰이기도 한다.
그래서 상대방의 말에 반응을 보이는 표현은
That is...로 시작하는 경우가 많다.

That's right
형용사

상대방의 말을 받아 「맞아」라고 할 때 쓰는 표현이다. That is~ 다음에 다양한 '형용사'나 '전치사구'를 써서 느낌을 말해본다.

이렇게 쓴다!
Answer: not true

☐ **That's all right** 괜찮아.

☐ **That's great** 근사한걸.

☐ **That's so sweet** 고맙기도 해라.

☐ **That's too bad** 정말 안됐다.

☐ **That's out of the question** 그건 불가능해[절대 안돼].

☐ **That's** _____ 사실이 아니야.

* out of the question 불가능한(= impossible)

이렇게 써본다!

A: I heard that you wrote a book.
B: That's right. It was a mystery novel.

A: 책을 한 권 쓰셨다고 들었는데요.
B: 맞아요. 미스터리 소설이었죠.

A: Why don't we get married?
B: Never. That's out of the question.

A: 우리 결혼하면 어떨까?
B: 싫어. 그건 절대 안돼.

One Point Lesson!
That is+명사/형용사

That's too bad. 정말 안됐다.
That's not fair. 공평하지 않아.
That's so sweet. 고맙기도 해라.
That's okay. 괜찮아.
That's true. 정말야.
That's better. 그게 더 낫다.

That's a good idea
명사

상대방의 말을 받아 「그거 좋은 생각이네」하고 맞장구치는 표현이다. That is~ 다음에 '명사'가 들어간 문형이다. 특히 실생활 회화에서 무척 많이 쓰이는 That's it!도 바로 여기에 해당되는 표현으로, 의미는 억양에 따라 「바로 그거야」, 「이게 다야」 등 다양한 뜻을 나타낸다.

이렇게 쓰인다!

Answer: the problem

☐ **That's not the point** 요점은 그게 아니잖아.

☐ **That's a rip-off** 그건 바가지야.

☐ **That's it** 그게 다야[바로 그거야].

☐ **That's my favorite** 그건 내가 좋아하는 건데.

☐ **That's**   그게 문제야.

＊ rip-off 물건의 값어치에 비해 지나치게 비싼 것, 바가지

이렇게 써본다!

A: The new computer will cost five thousand dollars.

B: That's a rip-off.

A: 새 컴퓨터가 5천 달러야.
B: 그거 바가지다.

A: Let's stop working and finish this tomorrow.

B: That's a good idea. I'm tired.

A: 그만 일하고 내일 마무리하자.
B: 좋은 생각이야. 나 피곤해.

One Point Lesson!

Get out of here!

Get out of here!는 영화나 미드를 보다보면 자주 들리는 표현중의 하나. 상대방과 다툼 끝에 꼴도 보기 싫으니 여기서 나가라, 즉 꺼져라는 의미로도 쓰이고 또한 Give me a break처럼 상대방이 말도 안되는 이야기를 늘어놓을 때 웃기지마!, 그만 웃겨라는 뜻으로도 쓰인다.

That is~ 다음에 what으로 시작하는 다양한 명사절을 넣어본다.

That's what I was looking for

명사절

「그게 바로 내가 찾고 있던 거야」라는 말이다. 상대방이 언급한 내용을 That~으로 받아 뒤에 'what+주어+동사~'의 명사절로 만들어본다.

 이렇게 쓰인다! Answer: what I'm going to do

☐ **That's exactly what I'm trying to say** 내가 말하려는 게 바로 그거라구.

☐ **That's not what I meant** 내 말은 그게 아니야.

☐ **That's not what I want to hear** 내가 듣고 싶은 말은 그게 아냐.

☐ **That's** 내가 하려고 하는 일이 바로 그거야.

*mean 의미하다, 뜻하다

 이렇게 써본다!

A: Do you think he's cruel?

B: That's not what I meant. I think he's selfish.

　　A: 넌 걔가 인정사정 없다고 생각하니?
　　B: 내 말은 그게 아니야. 걔가 이기적인 것 같다구.

A: You want to rent a small apartment?

B: Yes. That's what I'm looking for.

　　A: 작은 집에 세들고 싶다는 거죠?
　　B: 네, 그게 바로 제가 찾고 있는 겁니다.

One Point Lesson!

Go easy on me

Go easy on은 숙어로 뒤에 사람이 와서 go easy on somebody하면 …을 살살 다루다, 덜 엄하게 대하다라는 의미이고, 뒤에 사물이 와서 go easy on something하면 …을 지나치게 이용하지 않다라는 뜻이 된다.

Tell him to go easy on her, it's her first time. 그 사람보고 걔한테 살살하라고 해. 처음이잖아.

That is~ 다음에 why로 시작하는 다양한 명사절을 넣어본다.

That's why I want to go there

명사절

「그게 바로 내가 거기 가고 싶어하는 이유야」, 「그래서 내가 거기 가고 싶어하는 거야」라는 의미이다. 주어인 That~이 바로 「이유」가 되므로 why 다음에는 그 이유에 따른 '결과'가 나오게 된다.

이렇게 쓰인다!

Answer: why I decided to quit

☐ **That's why we're here** 그게 바로 우리가 여기 온 이유야.

☐ **That's why he's so tired all the time** 그래서 걔가 늘 그토록 피곤한 거야.

☐ **That's why everybody loves Raymond** 그래서 다들 레이먼드를 좋아하는 거야.

☐ **That's** 바로 그래서 내가 그만두기로 한 거야.

* be here 와 있다 | quit 그만두다, 끝다

이렇게 써본다!

A: I can't clean up this place alone.

B: That's why we're here. **We'll help you.**

    A: 나 혼자서는 여기 못 치워.
    B: 그래서 우리가 왔잖아. 우리가 도와줄게.

A: There are a lot of cute girls in the gym.

B: That's why I want to go there every day.

    A: 그 헬스클럽엔 예쁜 여자애들이 많아.
    B: 그래서 내가 매일 거기 가고 싶어하는 거잖아.

One Point Lesson!

Give me a break!

형태로는 명령의 모양새를 갖추고 있지만 내용상 상대방에게 부탁하는 표현들이 있다. Give me a break! 는 회화에서 참 많이 쓰이는 표현인데 크게 두가지 의미가 있다. 첫번째로는 내 사정 좀 봐달라고 상대방에게 부탁하는거 다른 하나는 어처구니 없는 말을 말도 안되는 소리를 하는 사람에게 그만 좀 해라, 작작 좀 해라 라는 의미이다.

A: You must stop! You are a bad actor. 그만해! 연기 정말 못하네.

B: Please give me a break! 제발 한번만 더 기회를 줘요!

That's because I don't have enough money
명사절

「그건 내가 돈이 충분치 않기 때문이야」라는 말이다. 앞의 That's why~와 반대로 That~이 '결과 가 되는 행동'이고 because 다음에는 '이유'가 나오게 된다.

📖 **이렇게 쓰인다!**

Answer: because she is busy right now

☐ **That's because I don't want her to come** 난 걔가 오기를 바라지 않기 때문이야.

☐ **That's because he did a great job** 그 사람이 일을 잘 했으니까 그렇지.

☐ **That's** 그 여잔 지금 바쁘니까 그렇지.

* do a good[great] job 잘하다

🙌 **이렇게 써본다!**

A: **You didn't invite Andrea to lunch.**

B: That's because I don't want her to come.

　　A: 앤드리아를 점심에 초대하지 않았네.
　　B: 그야 난 걔가 안왔으면 하니까.

A: **You never fixed the broken window in your car.**

B: That's because I don't have enough money.

　　A: 차에 깨진 유리창을 안바꿨네.
　　B: 그야 그럴 돈이 없으니까.

🖼 **One Point Lesson!**

Cheers!

Cheer이 복수명사형태로 Cheers!라고 쓰면 술자리에서 건배!, 위하여라는 뜻으로 Bottoms up!과 의미가 비슷하다. 또한 이렇게 건배를 하자고 제의할 때는 I'd like to propose [make] a toast. I'd like to toast (to+사람)이라고 하면 된다.

A: I propose a toast to Bill for all the hard work he's done.
　　빌이 기울인 모든 노고에 대해 건배를 제안합니다.

B: I'll drink to that. 저도 동감이에요.

A: Cheers! 위하여!

That will[would]~ 다음에 다양한 be+형용사를 넣어본다.

That would be nice
be+형용사

「그거 근사하겠다」, 「그거 좋겠다」라는 말이다. That will~ 또는 That would~ 다음에 'be동사+형용사'가 오는 경우이다.

이렇게 쓰인다!

Answer: That would be so exciting

- [ ] **That will be fine** 괜찮을 거야.
- [ ] **That would be perfect for us** 우리한테는 딱일 거야.
- [ ] **That would be terrible** 형편없을 거야.
- [ ] **That would be better** 그게 더 나을 거야.
- [ ] 굉장히 흥미진진할 거야.

이렇게 써본다!

A: We can deliver your new car on Saturday.

B: That would be perfect for us.

A: 고객님의 새 차는 토요일에 배달해드리겠습니다.
B: 딱 좋네요.

A: Let's go to Venice during summer vacation.

B: That would be romantic.

A: 여름휴가 동안 베니스에 가자.
B: 낭만적이겠다.

One Point Lesson!

Keep going!

Keep ~ing은 계속해서 …하다라는 의미인데 특히 keep going은 명령문의 형태로 상대방에게 계속해라고 격려할 때 쓰는 표현이다. Keep it up!(계속해서 열심히 해!)나 Keep up the good work!(계속 열심히 해!)도 많이 쓰이는 표현들. 특히 스포츠 경기에서 잘한다!라는 의미로 우리팀을 응원할 때 쓰는 표현으로 일상생활에서도 칭찬을 하거나 앞으로 더 잘하라고 격려할 때 사용하는 Way to go!도 함께 알아두도록 한다.

A: Shall we take a break now? 잠시 좀 쉴까?
B: No, let's keep going. 아니. 계속하자.

That will[would]~ 다음에 다양한 be+명사를 넣어본다.

That will be a big help

be+명사

「큰 도움이 될 거다」라는 말이죠. 이번에는 That will~ 혹은 That would~ 다음에 'be+명사'가 오는 경우이다.

이렇게 쓰인다!

Answer: an important part

☐ **That would be a good idea** 그게 좋겠다.

☐ **That would be** **of it** 그 일에선 그게 중요한 부분일 거야.

이렇게 써본다!

A: I'll take care of your cat when you're on vacation.

B: That would be a big help.

A: 네가 휴가를 가면 네 고양이를 맡아줄게.
B: 그래주면 크게 도움이 될 거야.

One Point Lesson!

If 주어 + 현재동사, (then) 명령문

If 주어 + 현재동사, (then) 명령문은 상대방에게 …하면 …해라라는 문장이다.

If you can't come on time, then don't come at all. 제시간에 못올바엔 아예 오지마라.
Just let me know if you need a hand! 필요하면 말해!
If you have any questions, give me a call. 혹 물어볼 거 있으면 전화하고.

일반명사 주어도 사용해 본다.

Saturday would be fine

일반명사   be+형용사

약속을 정할 때 할 수 있는 말로, 「토요일이 괜찮을거예요」, 「토요일이 좋겠어」라는 말이다. 앞의 경우와 달리 주어로 That 대신에 다른 일반명사가 온 경우이다. 특히 약속을 잡거나 메뉴 등을 정할 때 요긴하게 쓰이는 표현들이다.

이렇게 쓰인다!

Answer: 2:30(two-thirty) would be fine

☐ **A hot dog will be fine for me** 난 핫도그 좋아[핫도그 먹을래].

☐ **5th Avenue would be great** 5번가가 좋겠어.

☐ **Water would be great for me** 저는 물이면 됐어요. (음료 권할 때)

☐   2시 30분이 좋겠어.

이렇게 써본다!

A: Can I visit your office and discuss these details on Monday?

B: Okay. Monday would be fine.

A: 월요일에 그쪽 사무실로 들러서 자세한 사항들을 의논해도 될까요?
B: 좋아요. 월요일 괜찮아요.

One Point Lesson!

every day vs everyday

every day는 매일이라는 부사구로 every week(매주), every year(매년), every month(매달)과 같은 구조이다. every와 day를 붙여서 everyday가 되면 이는 형용사로 명사 앞에서 일상의, 평상의라는 의미가 된다.

이와 비슷한 경우로 some time, sometime, sometimes가 있는데 some time은 「(짧지 않은) 얼마간의 시간」(a considerable amount of time; quite a lot of time)을, sometime은 명확하지 않은 시간으로 (앞으로) 언젠가라는 뜻으로 그리고 sometime에 s를 붙인 sometimes는 「어떤 때는」(on some occasions), 「때때로」(more than once)라는 의미의 빈도부사로 사용된다.

I don't want to work overtime every day. 매일 야근하고 싶지는 않아.
That will save us some time. 그러면 시간을 좀 벌 수 있겠네.
Just try to get it done sometime soon. 조만간에 꼭 끝내놓도록 해.
Everyone needs a little help sometimes. 누구나 때로는 도움이 약간 필요하잖아요.

That makes sense

일반동사

make sense는 「이치에 닿다」라는 뜻으로 That makes sense하면 「그거 말되네」라는 말이 된다. That 다음에 be동사가 아닌 일반동사가 온 대표적인 경우이다. 특히 That이 단수이기 때문에 다음에 나오는 동사는 3인칭 단수형태(-s, -es)로 바꿔주어야 한다.

 이렇게 쓰인다!

☐ **That depends** 사정에 따라 달라져.

☐ **That reminds me** 그걸 보니[그 말을 들으니] 생각나는 게 있네.

☐ **That explains it** 그말을 들으니 이해가 되네.

* depend 달려있다, 좌우되다 | remind A (of B) A에게 (B를) 생각나게 하다

 이렇게 써본다!

A: Can you attend the conference?
B: That depends. I may be busy.

A: 총회에 참석할 수 있어요?
B: 상황이 어떠냐에 달려있지요. 바쁠지도 모르거든요.

A: The power went out because of the storm.
B: That explains it. I wondered why the computer wouldn't work.

A: 폭풍우 때문에 정전이 됐었어요.
B: 그래서 그런 거였구나. 왜 컴퓨터가 작동 안되나 했죠.

One Point Lesson!

Where am I(are we)? Vs Where was I(were we)?

동사가 현재일 때는 인칭과 단복수에 상관없이 길을 잃었을 때 하는 표현으로 "여기가 어디야?"라는 말. 무식하게 Where is here?혹은 Where is it?이라고 하면 안된다. 길잃었을 때는 무조건 be동사가 현재임을 기억하도록 한다. 두번째 경우인 Where was I?/ Where were we?는 이야기가 끊어졌다 다시 이어질 때 내가 무슨 얘기하고 있었지?라는 말로 우리 어디까지 했지?라는 뜻이다. 역시 be동사가 과거임을 기억해두도록 한다.

A: Good morning class. So where were we? 여러분 안녕. 어디 할 차례지?
B: Page 27, Professor. 27페이지요, 선생님.

That sounds great
형용사

「괜찮겠는걸」, 「괜찮은 소리로 들리네」라는 말이다. That sounds~ 혹은 Sounds~ 뒤에 「형용사」를 써서 내 느낌·내 생각을 말할 수 있다.

📖 **이렇게 쓰인다!**
Answer: a little boring

☐ **That sounds good to me** 내 생각엔 괜찮은 것 같아.

☐ **That sounds interesting** 그거 흥미로운데.

☐ **That sounds lovely** 근사하겠다.

☐ **That sounds weird** 이상한 것 같은데.

☐ **That sounds**   좀 지루한 것 같아.

    * weird 기묘한, 이상한

🙌 **이렇게 써본다!**

A: Let's celebrate our anniversary at a nice restaurant.

B: That sounds lovely. Where shall we go?

    A: 우리 결혼기념일은 근사한 레스토랑에서 지내자.
    B: 그거 멋지겠다. 어딜 가지?

A: Do you want to go to a seminar at my university?

B: That sounds a little boring.

    A: 우리 학교에서 열리는 세미나에 갈래?
    B: 좀 지루하겠는걸.

🖼 **One Point Lesson!**

Sounds good (to me)

Sound의 경우 주어 It을 생략하는 경우가 많아 Sounds good (to me). Sounds interesting(재미있겠는데) 라고 쓰일 때가 많다.

A: Shall we get together on Thursday after five? 목요일 5시 이후에 만날래요?

B: Sounds good to me. 저는 괜찮아요.

That sounds like a good idea
명사

「좋은 생각 같은데」라는 말. That sounds~ 다음에 like를 추가하여 'That sounds like +명사' 형태로 쓴다. 의미는 That sounds~와 같지만 형태가 약간 틀린 것뿐이다. '주어+동사'로 된 명사절도 명사의 범주에 포함된다는 것도 잊지 말자.

이렇게 쓰인다!

Answer: good advice

☐ **That sounds like a bad idea to me** 내 생각엔 좋은 생각이 아닌 것 같아.

☐ **That sounds like a problem** 문제가 있어 보이는데.

☐ **That sounds like a lot of fun** 굉장히 재미있겠다.

☐ **That sounds like you need a new mouse** 새 마우스가 필요하다는 얘기 같은데.

☐ **That sounds like** 　　　　　좋은 충고 같구나.

이렇게 써본다!

A: I'm going to let him borrow five hundred dollars.
B: That sounds like a bad idea to me.
A: 걔한테 500달러 빌려주려고 해.
B: 내가 보기엔 별로 좋은 생각 같지 않은데.

A: William invited us to his party tonight.
B: That sounds like a lot of fun.
A: 윌리엄이 오늘 밤 자기가 여는 파티에 우릴 초대했어.
B: 진짜 재미있겠는걸.

One Point Lesson!
부사 this, that

this는 '이만큼', '이 정도로'의 뜻으로 that은 '그만큼', '그 정도로'의 뜻으로 쓴다.

I didn't expect you to come this early. 네가 이렇게 일찍 오리라 예상하지 못했어.
I can't eat that much. 나는 그렇게 많이 못 먹어.
His English is not that good. 그의 영어는 그렇게 훌륭하지 않아.
I have never seen anyone drink that much. 그렇게 마셔대는 사람은 처음 봤다니까.
I wish my garden looked this good. 우리 집 정원도 이렇게 멋있으면 좋을텐데.

MEMO

All NEW 2
SMART 3
영어회화공식 1

기본

Chapter
05

It is~

주어가 명확하지 않을 땐 만만한 가주어 It

It은 「그것」으로 통용되는 지시대명사.
일반적인 사물뿐 아니라 성별을 따지지 않는 아기나
동물을 가리킬 때도 사용하고, 주어가 너무 길거나
애매모호한 경우 "가주어"로도 사용한다.

It's okay
형용사 또는 과거분사

「괜찮아」라는 말로, It's all right이라고 해도 같은 의미. It's~ 다음에 「형용사」 또는 「과거분사」가 오는 경우이다. 사물의 외양·성질을 나타낼 때, 그리고 어떤 행동이나 사건, 상대의 말을 언급할 때 쓰인다.

이렇게 쓰인다!

Answer: very kind of you

☐ **It's not true** 사실이 아냐.

☐ **It's so hard for me** 나한테는 꽤 힘들어.

☐ **It's broken** 부서졌어[망가졌어].

☐ **It's a little complicated** 좀 복잡해.

☐ **It's close to where I live** 내가 사는 곳에서 가까워.

☐ **It's** ＿＿＿＿＿＿＿ 고마워[넌 정말 친절하구나].

* hard 힘든, 어려운 | broken 망가진, 부서진 | complicated 복잡한

이렇게 써본다!

A: Can I give you a lift home in my car?

B: Thanks. It's very kind of you.

A: 내 차로 집까지 태워다줄까?
B: 고마워. 정말 친절하구나.

A: Do you have an MP3 player?

B: Yes, but you can't use it. It's broken.

A: 너 MP3플레이어 있니?
B: 응, 그런데 사용 못해. 망가졌어.

One Point Lesson!

It's+명사/형용사/전치사+명사

It's boring. 지겨워.
It's up to you. 네 맘이지.
It's not true. 사실이 아냐.
It's so complicated. 좀 복잡해.

It's your turn

명사

turn에는 「차례」라는 뜻이 있어서, 위 문장은 「네 차례야」라는 말이 된다. It's 다음에 「명사」가
오는 경우를 알아본다.

📖 이렇게 쓰인다!   Answer: It's not your fault

☐ **It's nothing** 아무것도 아냐.

☐ **It's the same with me** 나하고 같네.

☐ **It's 3:00 in the morning!** 지금 새벽 세시라구!

☐   네 잘못이 아냐.

✍ 이렇게 써본다!

A: My boss gives me too much work.

B: It's the same with me. I'm always stressed.
    A: 우리 사장님은 일을 너무 많이 시키셔.
    B: 나하고 같네. 항상 스트레스를 받지.

A: I just called to talk to you.

B: It's 3:00 in the morning. Go to sleep.
    A: 너하고 얘기하려고 전화했어.
    B: 새벽 세시야. 좀 자라.

🖼 **One Point Lesson!**

Are you~ ?와 Is it~?

1. Are you ~? 형태의 회화표현

   Are you married? 결혼했어?
   Are you serious? 진심야?
   Are you all right? 괜찮겠어?
   Are you insane? 너 미쳤어?

2. Is it ~? 형태의 회화표현

   Is it true? 정말야?
   Is it expensive? 비싸?

It's next to the coffee shop
전치사구

「그건 커피숍 옆에 있어요」라는 의미이다. next to~는 「…옆에」라는 뜻. It's 다음에 여러 가지 '전치사구'도 올 수 있는데, 주로 위치를 말할 때 많이 쓰인다.

📖 **이렇게 쓰인다!**
Answer: across the street

☐ **It's just around the corner** 바로 골목어귀에 있어[가까워].

☐ **It's right over there** 바로 저기야.

☐ **It's up to you** 너한테 달린 일이야.

☐ **It's**   길 건너에 있어.

🖐 **이렇게 써본다!**

A: Where is the post office?
B: It's just around the corner.

   A: 우체국이 어디 있나요?
   B: 길 모퉁이에 있어요.

A: Would you like me to visit you?
B: It's up to you. Do you have time?

   A: 내가 너 있는 데로 갈까?
   B: 그야 네 맘이지. 시간은 있어?

🖼 **One Point Lesson!**
비인칭 It

'it'이 시간, 날씨, 요일, 날짜, 거리, 상황 등을 나타내는 경우 비인칭 또는 무인칭 주어라고 하는데 이 때 it은 해석하지 않는다.

It's nine thirty. 9시 30분이다.
It's freezing out there. 밖이 몹시 춥다.
It's Monday again. 또 다시 월요일이다.
It's January 1st. 1월 1일이다.
It's ten miles to the nearest bank. 가장 가까운 은행까지 10마일이다.
"How is it going?" "Terrific." 어떻게 지내니?. 아주 좋아.

068 It(가주어) is+형용사~ 다음에 다양한 to부정사를 붙여본다.

It's easy to get there
형용사　　　to+동사원형

「거기에 도착하는 건(to get there) 쉬워」라는 말이다. It is~ 뒤에 '형용사+to부정사'의 형태가
나온 경우이다. It이 실제적으로는 to~ 이하를 가리키는 역할을 하는 것이다. 또한 to~ 이하의 행동
을 하는 주체, 즉 의미상의 주어를 나타내 주려면 to부정사 앞에 'for+사람'을 붙이면 된다.

이렇게 쓰인다!

Answer: so hard to lose weight

☐ **It's good for you to eat some vegetables** 야채를 먹는 게 너한테 좋아.

☐ **It's not good for you to stay up too late** 너무 늦게까지 안자고 있는 건 좋지 않아.

☐ **It's hard to forget about it** 그걸 잊기는 어렵지.

☐ **It's** 　　　　　　　　　　　　몸무게를 줄이기가 굉장히 어려워.

* stay up 자지 않고 일어나있다 | lose weight 몸무게를 줄이다

이렇게 써본다!

A: I don't like the taste of lettuce.

B: It's good for you to eat some vegetables.
A: 양배추 맛이 싫어.
B: 야채를 먹는 게 네 몸에 좋아.

A: God, I feel so tired today.

B: It's not good for you to stay up too late.
A: 어휴, 오늘 정말 피곤하다.
B: 너무 늦게까지 일어나 있는 건 너한테 안좋아.

One Point Lesson!

It's hard to~의 응용표현.

1. It's hard to believe that S+V …라는 게 믿기지 않아

   It's hard to believe he's gone. 걔가 떠났다는 게 믿기지 않아.

2. It's hard to tell[say] 의문사 S+V …을 말하기(구분하기) 어려워

   It's hard to say where it's from. 그게 어디서 난건지 말하기 어려워.

It's important that you trust your boss
형용사   that 절

「네 상사를 믿는다는 게 중요해」라는 말로, 진주어로 that절이 오는 경우이다. It is~ 다음에는 important와 같은 형용사뿐만 아니라 명사도 나올 수 있다.

 이렇게 쓰인다!
Answer: that we have to do something

☐ **It's obvious that he knows something** 걘 뭔가 알고 있는 게 틀림없어.

☐ **It's not my fault that I'm late** 늦은 건 내 잘못이 아냐.

☐ **It's clear**   뭔가를 해야만 한다는 건 분명해.

* obvious 명백한, 확실한 | clear 분명한, 명료한

 이렇게 써본다!

A: You are late for class.

B: It's not my fault I'm late. **The bus broke down.**

    A: 수업에 늦었구나.
    B: 지각한 건 제 잘못이 아니에요. 버스가 고장났었다구요.

A: It's obvious that he knows something.

B: What makes you think so?

    A: 걔가 뭔가 알고 있는 게 틀림없어.
    B: 어째서 그렇게 생각해?

One Point Lesson!

How come~ ?

How come은 한마디로 Why에 해당되는 단어로 상대방에게 이유를 물어보는 말. 다만 why의 경우는 뒤에 주어와 동사를 도치시켜야 하지만 How come의 경우는 시제가 현재이건 과거이건 뒤에 바로 주어+동사를 도치없이 그대로 갖다 붙이기만 하면 완벽한 영어문장이 되기 때문에 외국어로 영어를 배우는 우리에게는 상당히 user-friendly한 구문이다. 단독으로 How come?으로 쓰이기도 한다.

How come you're late? 왜 늦은 거야?

A: I kind of need a divorce. 나 좀 이혼해야 되겠어.
B: Ohh...K. How come? 그…래. 어째서?

It is[was]~ 다음에 강조하고 싶은 명사, 대명사, 부사를 넣어본다.

It was you that I wanted to dance with

강조하고 싶은 말   that 절

「내가 함께 춤추고 싶었던 사람은 바로 너였어」라는 말이다. 그 유명한 'It~ that~'「강조용법」이다. 강조하고 싶은 '명사나 대명사, 부사' 등을 It's~와 that~ 사이에 끼워넣으면 된다.

이렇게 쓰인다!

Answer: yesterday that they met

☐ **It was peace that they fought for** 그 사람들이 싸운 것은 평화를 위해서였다구.

☐ **It was**   걔들이 만난 건 바로 어제였어.

이렇게 써본다!

A: I like Diane so much. I'm going to marry her.

B: What? It was yesterday that you met her.

A: 다이앤이 너무 좋아. 걔랑 결혼할래.
B: 뭐? 걜 만난 건 바로 어제였잖아.

One Point Lesson!

How's it going?

How is/are + 명사 ~ing?는 How와 진행형이 만난 경우로 역시 인사표현들을 만든다.

How's it going? 어때?
How's it going with **your new job?** 새로운 일은 어떠니?
How are you doing? 안녕?

A: **Chris,** how's it going? 크리스, 어떻게 지내?
B: **I'm doing okay.** 잘 지내고 있어.

A: How are you doing? 잘 지냈어?
B: **I'm great.** How's everything with **you these days?** 좋아. 요즘음 너는 어때?

Is it true?

형용사

「그거 정말이야?」라는 말이다. Is it~ 뒤에 형용사나 명사 그리고 전치사구 등을 다양하게 바꾸어 가면서 원하는 정보를 얻어본다.

📖 이렇게 쓰인다!

Answer: far to Central Park

☐ **Is it free?** 그거 공짜니?

☐ **Is it far from here?** 여기서 멀어?

☐ **Is it his birthday already?** 벌써 걔 생일이니?

☐ **Is it over there?** 그거 저기 있어?

☐ **Is it**   **?** Central Park까지 머니?

* far from ⋯에서부터 먼 | over there 저쪽에

🙋 이렇게 써본다!

A: **A great new shopping center just opened.**

B: **Really? Is it far from here?**

A: 근사한 새 쇼핑몰이 영업을 시작했어.
B: 정말? 여기서 머니?

A: **Let's go to the student's concert.**

B: **Is it free or do we have to buy tickets?**

A: 학생들이 여는 콘서트에 가자.
B: 공짜니, 아니면 티켓을 사야 하니?

🖼 **One Point Lesson!**

Say when?

Say when은 됐으면 그만이라고 말해요라는 말. 파티나 술좌석에서 하는 표현으로 상대방에게 술을 따라주면서 혹은 음식을 덜어주면서 얼마나 (따라)줘야 하는지 몰라 언제 멈춰야 하는지를 상대방에 말하라고 할 때 쓰는 말이다. "술(음식)이 원하는 만큼 찼으면 그만이라고 말해요"라는 의미. 여기에 대답은 술이 원하는 만큼 찼을 때 "When." "Stop." 혹은 "That's enough, thank you"라고 하면 된다.

Is it hard to learn French grammar?

<u>형용사 혹은 명사</u>   <u>to부정사</u>

「프랑스어 문법 배우는 게 어렵니?」라는 말이다. Is it +형용사~ 뒤에 to부정사가 진주어로 오는 경우이다. necessary, hard 등 많이 사용되는 형용사 몇 개를 중심으로 to부정사를 다양하게 바꾸어 문장을 만들어보는 연습을 해본다.

이렇게 쓰인다!

Answer: to visit them today

☐ **Is it safe to walk the streets at night?** 밤에 그 거리를 걸어다니는 거 안전하니?

☐ **Is it too early to check in?** 체크인하기엔 너무 이른가요?

☐ **Is it necessary**   **?** 개들을 꼭 오늘 찾아가야 하니?

* check in 호텔 등에서 투숙절차를 밟다

이렇게 써본다!

A: Is it hard to learn Japanese grammar?

B: Yes, but it's easier than Chinese.

A: 일본어 문법 배우기 어렵니?
B: 응 어렵지. 하지만 중국어보다는 쉬워.

A: Let's hurry. We'll be on time if we leave now.

B: Is it necessary to visit them today?

A: 서두르자. 지금 출발하면 제시간에 도착할 거야.
B: 개들을 꼭 오늘 찾아가야 하니?

One Point Lesson!

What did you say?

Sorry, what did you say? 죄송하지만 뭐라고 하셨죠?

특히 앞에 Sorry나 Excuse me를 말한 다음 What did you say?하면 앞서 상대방이 말한 내용을 듣지 못하거나 이해하지 못했을 때 다시 한번 말해달라고 할 때 쓰는 표현이다. 문맥에 따라 다툴 때도 사용된다.

Is it okay to come in?

형용사 　　　　to부정사 혹은 if절

「들어가도 되나요?」라는 말이다. 상대방의 의사를 묻거나 가볍게 허락을 구하는 의문문으로 대표적인 Is it+형용사+to+동사원형~?의 문형이다. okay 대신 all right을 써도 되며 또한 to+동사원형 대신 if+주어+동사를 넣어 말하기도 한다.

이렇게 쓰인다!

Answer: to use your computer (또는 앞의 for me를 빼고 if I use your computer?)

☐ **Is it okay for me to sit down here?** 내가 여기 앉아도 될까?

☐ **Is it okay if I phone after lunch?** 점심먹고 나서 전화해도 될까요?

☐ **Is it all right if I ask you one more question?** 하나만 더 물어봐도 될까?

☐ **Is it all right if I finish the apple juice?** 이 사과주스 다 마셔도 될까?

☐ **Is it okay for me   ?** 내가 네 컴퓨터를 써도 될까?

이렇게 써본다!

A: Is it okay to come in?

B: Sure. What's the matter?

A: 들어가도 될까요?
B: 그럼요. 무슨 일 있어요?

A: I can't talk. I'm very busy now.

B: Is it okay if I phone after lunch?

A: 얘기할 수가 없어. 지금 굉장히 바쁘거든.
B: 점심식사 후에 전화해도 될까?

One Point Lesson!

What's ~ing?

What 다음에 현재진행형이 오는 경우로 What's ~ing?하면 무엇이 …되는 거야?라는 의미이다.

What's **cook**ing? 무슨 일이야?

What's **eat**ing you? 뭐가 문제야?. 무슨 걱정거리라도 있어?

What's **happen**ing? 어떻게 지내?. 잘 지내니?

It looks good
이반동사   형용사

「근사해보이네」라는 말이다. 주어 It~ 다음에 look, sound, smell 처럼 감각동사가 오는 경우에는 뒤에 보어인 형용사(good, sweet, delicious…)를 써주거나 혹은 like+명사(절)을 넣어 말하면 된다.

 이렇게 쓰인다!

Answer: smells delicious[good]

☐ **It looks like it will rain** 비가 올 것 같아.

☐ **It hurts** 아파.

☐ **It works** 효과가 있네.

☐ **It doesn't matter** 그건 중요하지 않아[상관없어].

☐ **It**   맛있는 냄새가 나네.

  * work 효과가 있다, 작용하다 | matter 중요하다

 이렇게 써본다!

A: Do you like my drawing?

B: It looks good. You should study art.

    A: 내가 그린 그림 맘에 들어?
    B: 멋있다. 미술을 공부해야겠네.

A: It looks like it will rain.

B: It doesn't matter. We'll be inside.

    A: 비가 올 것 같아.
    B: 상관없어. 우린 실내에 있을 거니까.

One Point Lesson!

It looks like fun

It seems like 다음에 명사 등이 올 수 있듯이 looks like의 경우도 같아 뒤에 명사 등이 와서 …같아라는 의미로 쓰인다.

It looks like her. 그 여자 같아.

Looks like it. 그럴 것 같아.

This looks like a really nice place. 아주 멋있는 곳 같아.

It takes 10 minutes to go there
시간명사   to부정사

「거기 가는 데 10분 걸려」라는 말이다. It takes~ 다음에 '시간'을 나타내는 명사가 와서 「…만큼 걸리다」라는 의미를 나타낸다. 몇분, 몇시간뿐 아니라 며칠, 몇달, 몇 년까지도 올 수 있으며, 'to+ 동사원형'을 뒤에 붙여 '뭘하는 데' 그 만큼의 시간이 걸리는지는 말할 수 있다.

 이렇게 쓰인다!

Answer: It takes 30 minutes

☐ **It takes only a couple of days** 이틀이면 돼요.

☐ **It takes about 1 hour to get to work** 출근하는 데 1시간 정도 걸려.

☐ **It takes a month to review them all** 그것들을 다 검토하는 데 한 달 걸려요.

☐ **It took a year to get over him** 걜 잊는 데 일년 걸렸어.

☐ **It takes at least a week to finish this type of work**
이런 종류의 일은 끝내는 데 적어도 일주일은 걸리지.

☐   **to walk there** 거기까지 걸어서 30분 걸려.

* about 약, 대략 │ review 검토하다 │ get over 잊다, 극복하다

 이렇게 써본다!

A: How far do you live from your office?

B: It takes about 1 hour to get to work.
A: 직장에서 얼마나 떨어진 곳에 살아요?
B: 출근하는 데 1시간 정도 걸려요.

A: It takes at least a week to finish this type of work.

B: That's too long. Couldn't you finish a little earlier?
A: 이런 유형의 일을 끝내려면 적어도 일주일은 걸려요
B: 일주일은 너무 길어요. 좀더 일찍 마칠 수는 없나요?

One Point Lesson!

What kind[time]~?

What이 단독이 아니라 뒤에 명사를 붙여서 의문문을 만드는 경우로 What kind of +명사 ~? 및 What time ~? 가 많이 쓰인다.

What time do you want to start the meeting? 몇 시에 회의를 시작할래요?
What kind of car are you going to buy? 어떤 종류의 차를 살거야?

It takes~ 다음에 다양한 명사를 넣어본다.

It takes two men to do this job

명사(사람, 노력, 공간 등)   to부정사

「이 일을 하는 데는 두 명이 들어」 즉 「두 명이 필요해」라는 말이다. It takes~ 다음에는 앞서 말한 것과 같은 '시간명사'뿐만 아니라 '사람, 노력, 공간 등을 나타내는 명사'가 와서 다양한 문장을 만들 수 있다.

이렇게 쓰인다!

Answer: It takes 3 people

☐ **It takes a lot of hard work** 각고의 노력이 필요해.

☐ **It takes courage to do so** 그러려면 용기가 필요해.

☐ **It takes a lot of focus to be good** 잘하려면 꽤나 집중을 해야 해.

☐ **It takes a large place to hold a party** 파티를 열려면 넓은 장소가 필요해.

☐   **to play this game** 이 게임을 하려면 세 명이 필요해.

* courage 용기 | focus 집중, 초점

이렇게 써본다!

A: It takes two men to do this job.

B: We'd both better work on it.

A: 이 일을 하려면 두 사람이 필요해.
B: 우리 둘이 하면 되겠네.

A: Those professional athletes are amazing.

B: It takes a lot of focus to be good.

A: 저 프로 선수들은 대단해.
B: 잘하려면 꽤나 집중을 해야 해.

One Point Lesson!

comes with~

식당에서 한 음식에 무엇이 달려나오는지 혹은 어떤 제품에 무엇이 달려나오는지를 물어볼 때 쓰는 전형적인 표현이다. 역시 what이 주어로 쓰인 경우로 What comes with 다음에 자기가 주문한 혹은 주문할 음식이나 제품을 말하면 된다.

What comes with **the lunch special?** 점심 특식에는 뭐가 함께 나오나요?

What comes with **the service?** 서비스에 포함된 것은 뭐죠?

It seems~ 다음에 다양한 절을 넣어본다.

It seems he's always busy

that절(that은 생략가능)

「걔 항상 바쁜 것 같아」라는 말. It seems (that) ~ 뒤에 「절」이 와서 「…인 것 같아」라는 의미를 나타낸다. 이때 that은 생략하는 경우가 많다.

이렇게 쓰인다!

Answer: I have lost my wallet

☐ **It seems that you've got a problem** 문제가 있는 것 같군요.

☐ **It seems to me she doesn't love you** 내 생각에 걔 널 사랑하지 않는 것 같아.

☐ **It seems to me I've seen it before somewhere**
그걸 전에 어디선가 본 것 같아.

☐ **It seems** 지갑을 잃어버린 것 같아.

  * have got   have의 의미

이렇게 써본다!

A: What do you think about our project?

B: It seems that you've got a problem.
  A: 우리 프로젝트에 대해 어떻게 생각해?
  B: 문제가 있는 것 같네요.

A: Why do you fight so much with your husband?

B: It seems that he's always busy.
  A: 남편하고 왜 그렇게 많이 싸워?
  B: 항상 바쁜 것 같아서.

One Point Lesson!

What ~ for?

What is + 명사 + for? …은 뭐하려고 그래라는 의미로 그냥 What for?하게 되면 뭐 때문에?라는 표현이 된다.

What is he taking TOEFL for? 그 남자는 왜 토플을 보려는거야?
What are friends for? 친구 좋다는 게 뭐야?

It seems~ 다음에 다양한 like+명사(절)를 넣어본다.

It seems like a good idea

명사

「좋은 생각인 것 같아」라는 의미이다. It seems like+명사(또는 명사절)의 형태로, It seems ~ 보다 좀더 완곡하게 느껴지는 표현이다. It seems like 다음에는 '명사'가 오거나 '절'이 온다.

이렇게 쓰인다!

Answer: she is always late

☐ **It seems like he has a lot of friends** 걘 친구가 많은 것 같아.

☐ **It seems like it's time to break up with her** 걔랑 헤어질 때도 된 거 같은데.

☐ **It seems like yesterday that she was a kid** 걔가 꼬마였을 때가 엊그제 같은데.

☐ **It seems like** 　　　　　　　　그 여잔 항상 늦는 것 같네요.

* break up with+사람 (연인 · 부부 사이에) …와 헤어지다.

이렇게 써본다!

A: It seems like he has a lot of friends.

B: Yes, he's a nice guy.

　A: 걘 친구가 많은 것 같아.
　B: 응, 걘 성격 좋은 녀석이니까.

A: Have you looked at their investment plan?

B: Yeah. It seems like a good idea.

　A: 그쪽의 투자전략은 훑어봤어?
　B: 응, 좋은 생각인 것 같아.

One Point Lesson!

It seems like+명사[부사구]

It seems like 다음에 무조건 절이 온다고 생각하면 안된다. like 다음에는 명사나 부사 등이 다양하게 와서 …인 것 같아라는 뜻으로 사용되기 때문이다.

It seems like **all of a sudden**. 갑자기 인 것 같아.

It seems like **yesterday**. 어제인 것 같아.

He seems nervous
형용사 (또는 명사)

「걘 신경이 날카로운 것 같아」, 「긴장한 것 같아」라는 말이다. 앞의 경우와 달리 seem의 주어로 It이 아니라 사람주어가 온 경우이다. 이때는 seem 뒤에 형용사나 명사 등의 보어가 오게 된다.

이렇게 쓰인다!

Answer: very smart

☐ **They seemed an ideal couple** 걔들은 이상적인 커플같았는데.

☐ **Sean seems tired this morning** 션은 오늘 아침 피곤한 것 같네.

☐ **She seems** 그 여잔 굉장히 똑똑해 보여.

* ideal 이상적인

이렇게 써본다!

A: He seems nervous. What's wrong?

B: He's had a lot of stress lately.

A: 걔가 신경이 날카로운 것 같은데. 무슨 일 있어?
B: 요새 스트레스를 많이 받아서 그래.

One Point Lesson!

It's like~

like는 …와 같은이라는 의미로 It's like~하면 …와 같은 거네, …하는 것 같아, …하는 것과 같은 셈야 등의 뜻으로 쓰이는 표현. It seems 등이 외관상, 주관상 …한 것처럼 보인다라는 느낌인데 반해 It's like는 바로 앞 대화에서 이야기하고 있는 사물이나 상황을 비유적으로 다시 한번 이야기할 때 쓰는 말이다. 네이티브들이 무척 즐겨 사용하는 It's like 다음에는 명사, ~ing, 절 등이 다양하게 올 수 있다. 물론 부정으로 해서 …하는 것 같지 않아라고 말하려면 It's not like+명사/~ing/절이라고 하면 된다.

It's like it's raining! 비가 오는 것 같아!
It's like something's changed. 뭔가 바뀐 것 같아.
It's not like we agreed to live together forever. 평생 같이 살기로 약속한 것 같지 않아.
It's like you don't believe it. 너 믿지 않는 거야.

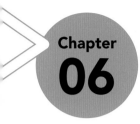

Chapter
06

사물주어+동사 >>

나도 어엿한 주어! 사물주어의 활용법

TV나 radio, 자동차 등의 사물 역시
주어로 많이 쓰인다. 주로 동작의 주체는 따로 있는
'수동태'(주어+be+과거분사)의 형태가 많지만,
여기에서는 어엿한 '능동태' 문장에서 주어로 쓰이는
사물주어의 당당한 모습을 확인해보도록 한다.

사물주어 다음에 다양한 일반동사를 넣어본다.

My leg hurts

사물주어   일반동사

「다리가 아파」라는 말. 여기서 hurt는 「아프다」라는 의미인데, 「아프게하다」, 「다치게하다」라는 의미로도 쓰인다. '사물주어+동사'의 긍정문 형태이다. 지금 소개한 My leg hurts라든가 The sign says~ 와 같은 문장들은 꼭 기억해두도록 한다.

이렇게 쓰인다!

Answer: goes to New York

☐ **The concert began** 콘서트가 시작됐어.

☐ **The telephone works fine** 전화가 작동이 잘 돼.

☐ **The sign says, "Don't Cross"** 표지판에 「건너지마시오」라고 쓰여 있어.

☐ **The coat fits you** 이 코트가 너한테 (사이즈가) 맞아.

☐ **This train**   이 기차는 뉴욕으로 가요.

  * say …라고 쓰여있다

이렇게 써본다!

A: You're very late. The concert began at six.

B: Sorry. The traffic was heavy.

    A: 꽤 늦었네. 콘서트는 6시에 시작했는데.
    B: 미안해. 차가 막혀서.

A: The sign says, "Don't Cross."

B: How can I get across the street?

    A: 표지판에 "건너지 마시오"라고 쓰여 있어.
    B: 그럼 어떻게 길을 건너면 되는 거야?

One Point Lesson!

She said yes

주어+said+명사의 표현으로 반대로 걔가 아니라고 했어는 She said no. 그리고 걔가 네게 안부 전해달래라고 하려면 He said hello to you라고 하면 된다.

She said yes. 걔가 그렇다고 했어.

사물주어 다음에 다양한 don't[doesn't]+동사를 넣어본다.

The TV doesn't work

사물주어   일반동사의 부정형

「TV가 작동이 안돼」, 「안나와」라는 의미. work는 무생물을 주어로 「작동하다」란 의미이다. '사물 주어+don't[doesn't]+동사'의 부정문이다. 현재의 일이면 don't나 doesn't를, 과거의 일을 말하면 didn't를 써야 된다.

 이렇게 쓰인다!   Answer: didn't go to Manhattan

☐ **The car doesn't run** 자동차가 꼼짝도 안해.

☐ **The water won't come out** 물이 안나와.

☐ **The bus**   그 버스는 맨해튼으로 가지 않았어.

   * won't will not의 축약

 이렇게 써본다!

A: Darn it! The TV doesn't work.

B: You'd better call a TV repairman.

     A: 젠장! TV가 안나오네.
     B: TV 수리공을 불러야겠네.

A: The car doesn't run because of an engine problem.

B: I'll bet it will be expensive to fix.

     A: 엔진에 문제가 있어서 차가 꼼짝도 안해.
     B: 분명 고치는 데 돈이 많이 들 거야.

One Point Lesson!

You'd better hurry

had better + 동사의 경우는 동사 앞에 to가 생략된 경우. …하는 것이 낫다라는 의미로 조언이나 충고의 표현인 You'd better+동사는 보통 친구나 아랫사람에게 하는 말이다. …해라, …하는 게 좋을 것이라는 뜻으로 충고내지는 문맥에 따라서는 경고로 쓰일 수도 있다. 보통 줄여서 You'd better, I'd better, we'd better로 쓰고 아예 had를 빼고 I(We, You) better라고 쓰기도 하고 심지어는 인칭도 빼고 Better + V 라 쓰기도 한다. 부정형은 You'd better not do this처럼 better 다음에 not을 붙이면 된다.

A: You'd better hurry up so we can go. 같이 나가려면 서둘러.
B: OK, I will. 알았어, 그렇게.

Does this train go to San Francisco?

조동사   사물주어   동사원형

「이 기차는 샌프란시스코로 가나요?」라는 말이다. 조동사를 문장 맨 앞으로 뺀 의문문이다. 이 역시 마찬가지로 현재의 일이면 do나 does를, 과거이면 did를 써야 한다.

이렇게 쓰인다!

Answer: work well

- ☐ **Does this bus stop at Broadway?** 이 버스, 브로드웨이에 서나요?

- ☐ **Does it need batteries?** 이거 배터리가 필요한 건가요?

- ☐ **Does the machine**   **?** 이 기계는 작동이 잘 되나요?

  * work (기계 등이) 작동되다

이렇게 써본다!

A: Does this train go to Chicago?

B: No, it's going to go to New Orleans.

    A: 이 기차 시카고로 가나요?
    B: 아뇨, 뉴올리언즈로 가는 건데요.

A: The toy I bought for my kid isn't working.

B: Does it need batteries?

    A: 아이한테 사준 장난감이 작동이 안돼요.
    B: 배터리가 들어가는 건가요?

One Point Lesson!

hear sb[sth]

I heard가 명사를 목적어로 받아 …을 들었다라는 의미로 만든 표현들이 있다.

I heard you. 네말 들었어.
I heard that. 그거 들었어.
You heard me. 내 말 명심해.
Did you hear that? 너 그 얘기 들었니?

083 사물주어 다음에 다양한 be+형용사를 넣어본다.

Her performance was perfect

사물 주어   be+형용사

「그 여자 연기는(또는 공연은) 완벽했어」, 「끝내줬어」라는 말이다. 사물주어 다음에 'be+형용사'로 사물의 '상태'를 나타내는 문장이다. be동사 혹은 조동사를 앞으로 끌어내 의문문의 형태로도 만들어본다.

이렇게 쓰인다!

☐ **The schedule is very tight** 일정이 굉장히 빡빡해.

☐ **Is the subway station near here?** 전철역이 이 근처에 있니?

☐ **Was the room nice and warm?** 방은 쾌적했니?

이렇게 써본다!

A: Did you enjoy the new Nicole Kidman movie? I know you like her.

B: Yes, her performance was perfect.

    A: 니콜 키드먼의 새 영화 재밌었니? 너 그 배우 좋아하잖아.
    B: 응, 니콜 키드먼의 연기는 최고였어.

A: Was the room nice and warm?

B: No, it was pretty cold in there.

    A: 방은 쾌적했니?
    B: 아니, 방안이 굉장히 춥더라구.

One Point Lesson!

You told me S+V

You told me (that) 주어+동사는 네가 …라고 했잖아라는 의미로 상대방이 예전에 한 말을 다시 되새김할 때 사용하는 표현으로 회화에서 많이 사용되는 과거형 문장중의 하나.

You told me Jane was pregnant. 네가 제인이 임신했다고 했잖아.

You told me you like her, so why don't you ask her out on a date?
너 그 여자가 좋다고 그랬잖아. 데이트 신청을 하지 그래?

You told me you didn't see anything. 넌 아무것도 못봤다고 했잖아

A: You told me that you didn't like Mindy. 민디 싫어한다고 했잖아.

B: I didn't mean to say that. 그렇게 말하려는 것은 아니었어.

The phone is ringing

사물주어   진행형(be+~ing)

「전화벨이 울리고 있어」라는 말. 사물주어 다음에 'be +~ing'의 현재진행 형태로 사물의 '작동'이 진행중임을 나타내거나 '현재' 어떤 상태인지 강조하는 문장이다.

 이렇게 쓰인다!

Answer: is working now

☐ **The book is sitting on the shelf** 책은 선반 위에 놓여있어.

☐ **Sweat is running down my shirt** 땀이 셔츠 속에서 흘러.

☐ **It is killing me** 그것때문에 미치겠어.

☐ **The machine**   기계는 지금 작동중이에요.

   * kill 짜증나게 하다, 불쾌하게 하다

 이렇게 써본다!

A: The phone is ringing.

B: Can you answer it? I'm kind of busy.

     A: 전화벨이 울리네.
     B: 받아줄래? 내가 좀 바빠서.

A: Did you go to the gym today?

B: Yes, I exercised. Sweat is running down my shirt.

     A: 오늘 헬스클럽 갔니?
     B: 응, 운동했어. 땀이 셔츠 속에서 흘러.

One Point Lesson!

You didn't even try!

You didn't +동사하게 되면 넌 …하지 않았어, …를 안했구나라는 의미의 표현이 된다.

You didn't **love me.** 넌 날 사랑하지 않았구나.

You didn't **tell me your boyfriend smoked.** 네 남자친구가 담배핀다는 얘기 안했어.

You didn't **say anything about that.** 넌 그거에 관해 아무말도 안했어.

A: You didn't **answer your cell phone last night.** 지난밤 너 핸드폰 안받던대.

B: I forgot it in my office yesterday. 어제 사무실에 두고 왔어.

사물주어 다음에 다양한 수동태(be+과거분사) 문장을 만들어본다.

The door is locked

<u>사물주어</u>　　　　　<u>수동태(be+과거분사)</u>

「문이 잠겨 있어」라는 말이다. 「잠그다」라는 동사 lock을 'be+과거분사' 형태의 수동태로 바꿔 be locked(잠겨 있다)로 만들었다. 주로 동사의 주체가 애매하거나, 동사의 주체보다는 사물의 상태에 초점을 맞출 경우, 사물을 주어로 한 수동태 문장을 쓴다.

 이렇게 쓰인다!

☐ **The flight to Miami is delayed** 마이애미 비행 일정이 연기되었어.

☐ **The street is filled with people** 길이 사람들로 가득해.

☐ **The poster is being displayed on the wall** 포스터는 벽에 걸려 있어.

☐ **It is called a "dashboard"** 그건 "계기판"이라고 불러요.

* delay 연기하다 | be filled with …로 가득 차다 | dashboard 자동차 계기판

 이렇게 써본다!

A: **What are you doing standing outside the office?**

B: **Well,** the door is locked.

A: 사무실 밖에 서서 뭐하는 거야?
B: 그게, 문이 잠겨 있어.

A: The street is filled with people.

B: **They're watching the Independence Day parade. Today is the 4th of July.**

A: 길이 사람들로 가득해.
B: 독립기념일 퍼레이드를 구경하는 거야. 오늘이 7월 4일이잖아.

One Point Lesson!

과거

과거시제는 현재와는 주로 관련이 없는 그냥 과거에 어떤 행동이 이루어졌다는 것을 말할 때 사용하는 것으로 We went to high school together(우린 함께 고등학교에 갔어)처럼 먼 과거의 이야기를 할 수도 있고 She went to beauty salon(걔 미장원에 갔어)처럼 방금 전의 이야기도 말할 수 있다. 과거라고 자꾸 먼 과거만 생각하면 안된다.

A: I think it would be better if you went to **bed.** 잠자러 가는게 좋을 것 같은데.
B: I'm not tired yet. I think I will watch TV. 아직 피곤하지 않아. TV볼래.

All NEW
SMART
영어회화공식

231

Here
[There] is~

여기, 저기로 해석되지 않는 Here와 There

Here는 「여기」, There는 「저기」를 가리키는 말이지만
Here나 There가 주어로 쓰일 때는
그렇게 해석되지 않는다. 주로 물건을 건네주면서
「자, 이거 받아」라고 하는 표현에 많이 쓰이는 Here is...의 표현들과
「...이 있다」라는 의미로 쓰이는 There is...의 표현들을
살펴보기로 한다.

Here is[are]~ 다음에 다양한 명사를 넣어 상대방에게 건네본다.

Here's <u>something</u> for you
명사

「이거 받아, 너 주려는거야」, 「이거 너줄려고」라는 표현이다. 'Here is[are]+명사'의 문형이다. 물건·정보 등을 건네며 「자, 여기 있어」라는 의미로 하는 말. 단수명사의 경우에는 Here "is," 복수명사의 경우에는 Here "are"가 되어야 한다.

 이렇게 쓰인다!

Answer: my (business) card

☐ **Here's your change and receipt** 자, 여기 거스름돈과 영수증이요.

☐ **Here's your order** 주문하신 음식 나왔습니다.

☐ **Here's good news for you** 너한테 좋은 소식 있어.

☐ **Here are the papers you asked for** 부탁하신 서류 여기있어요.

☐ **Here's my (phone) number** 여기, 내 전화번호예요.

☐ **Here's** _____ 이거 제 명함이에요.

＊ change 거스름돈 | receipt 영수증 | ask for …을 부탁하다, 요구하다

 이렇게 써본다!

A: I'll give you the money for the tickets.
B: Thank you. Here's your change and receipt.

A: 티켓 값 드리겠습니다.
B: 감사합니다. 여기 거스름돈과 영수증이요.

A: Here's my card. Call me at this number.
B: Okay. When is a good time for you to talk?

A: 제 명함입니다. 이 번호로 전화하세요.
B: 알겠습니다. 언제가 통화하기 편한 시간인가요?

One Point Lesson!

I'm getting~

만능동사 get이 빠지면 섭하다. 이 역시 굳어진 표현으로 getting + 비교급의 형태로 쓰이는데 반대로 점점 더 나빠지고 있다고 하려면 I'm getting worse라고 하면 된다.

I'm getting **little tired of this.** 이게 점점 지겨워지네.
I'm getting **better** 점점 나아지고 있어

087 Here+주어+동사 형태의 다양한 관용표현들을 알아본다.

Here you are
주어+동사

「자 받아」, 「여기 있어요」라는 말이다. 'Here+주어+동사'의 문형이다.

이렇게 쓰인다!

☐ **Here we are** 드디어 도착했다. / 자, 여기있다.

☐ **Here we go** 시작해볼까. / 자, 여기있다.

☐ **Here it is** 자, 받아.

☐ **Here it comes** 자, 받아. / 또 시작이군.

☐ **Here she comes** 걔가 온다.

이렇게 써본다!

A: Where is your new girlfriend?

B: Here she comes. I'll introduce you.

A: 새로 사귄 여자친구는 어딨어?
B: 지금 오네. 소개시켜줄게.

A: It's 20 dollars and 50 cents. By cash or credit card?

B: Uh... cash, please. Here you are.

A: 20달러 50센트입니다. 현금으로 내시겠습니까, 카드로 내시겠습니까?
B: 어, 현금으로요. 여기 있어요.

One Point Lesson!

Here's to~

Here와 관련해서 빼놓을 수 없는 관용표현이 한가지 더 있다. 술자리, 축하연 등에서 분위기가 무르익으면 자신의 술잔을 높이 쳐들면서 「자, 우리 …를 위하여 건배!」라고 외치는 사람들이 있기 마련이다. 실생활에서나 영화·드라마에서 숱하게 접할 수 있는 모습이다. 이럴 때 쓸 수 있는 표현이 바로 'Here's to+건배하고 싶은 내용'이다. "Here's to your health!"(건강을 위하여 건배)," Here's to our bright future!"(밝은 미래를 위하여 건배) 등과 같이 쓸 수 있다. 혹은 그냥 "To your happiness!"(너의 행복을 기원하며 건배!)와 같이 써도 된다. 그럼 나머지 사람들은 "Cheers!"(건배)라고 응수하며 자기 잔을 들면 된다.

There's a phone call for you
단수명사

「너한테 전화가 와 있어」라는 말. There is~ 다음에 '단수명사'가 와서 「…이 있다」는 의미를 나타낸다. furniture(가구)나 advice(충고)와 같이 셀 수 없는 명사도 단수취급한다는 것을 잊지 않도록 한다.

 이렇게 쓰인다!

Answer: Is there a restaurant

☐ **There's a gas station on the corner** 길모퉁이에 주유소가 있어요.

☐ **There's only one way to get there** 거기 가는 길은 딱 하나야.

☐ **There's nothing to tell** 말할 게 없어.

☐ **Is there any problem?** 무슨 문제라도 있나요?

☐   **nearby?** 근처에 식당이 있나요?

* gas station 주유소

 이렇게 써본다!

A: There's a phone call for you.

B: Thank you. I'll take it in my office.

     A: 전화 왔어요.
     B: 고마워요. 내 사무실에서 받을게요.

A: Isn't there a short cut to get home?

B: No, there's only one way to get there.

     A: 집으로 가는 지름길은 없나?
     B: 없어. 가는 길은 딱 하나야.

One Point Lesson!

I'm really looking forward to~

- -

I'm looking forward to ~ing는 …하기를 몹시 기대하다, 바라다라는 표현. to 다음에는 명사나 동명사가 오면 된다.

I'm looking forward to **seeing you soon.** 곧 만나기를 기대하고 있어.

I'm looking forward to **it.** 그게 몹시 기다려져.

I'm really looking forward to **Saturday night!** 토요일 밤이 기다려져!

There are cute girls at the bar

복수명사

「바에 예쁜 여자애들이 있어」라는 말이다. '복수명사'를 쓰려면 There "are"~의 형태로, be동사도 복수형으로 바꿔주면 된다.

이렇게 쓰인다!

Answer: many things

☐ **There are a lot of reasons for that** 거기에 대한 이유라면 많아.

☐ **There are a few things you should know** 네가 알아야 할 것들이 몇가지 있어.

☐ **Are there cheaper ones in the store?** 가게 안에 좀더 싼 게 있나요?

☐ **There are** _____ **to think about** 생각할 것들이 많이 있어.

이렇게 써본다!

A: There are cute girls at the bar.

B: Let's go over and introduce ourselves.

> A: 바에 예쁜 여자애들이 있어.
> B: 가서 우리 소개를 하자.

A: Why did you change your major at university?

B: There are many reasons for that.

> A: 대학에서 전공을 왜 바꿨어?
> B: 여러 가지 이유가 있어.

One Point Lesson!

how to+V

1. learn how to ～ …하는 법을 배우다

   Learn how to hide your feelings! 네 감정을 숨기는 법을 배워라!

2. teach sb how to ～ …에게 ～하는 법을 가르쳐주다

   I'm going to teach her how to sing a rap. 재한테 랩부르는 방법을 알려줄거야.

There you are
주어+동사

「자 받아」, 또는 「거봐 내가 뭐랬어」라고 할 때 쓰는 표현이다. 'There+주어+동사' 역시 앞의 Here+주어+동사와 더불어 일상 생활영어에서 많이 쓰이는 표현으로 잘 외워두도록 한다.

이렇게 쓰인다!

☐ **There you go** 자, 받아. / 거봐, 내말이 맞지. / 그래 그렇게 하는 거야.

☐ **There you go again** 또 시작이로군.

☐ **There it is** 그래 이거야! / 자, 받아.

☐ **There he is** 그 사람 왔네.

이렇게 써본다!

A: Where is my notebook?

B: There it is. You are too disorganized.

A: 내 노트 어디 있지?
B: 자 받아. 넌 너무 정리를 안하는구나.

A: These are the books you requested. There you go.

B: Thank you for your help.

A: 요청하신 책들입니다. 자 받으세요.
B: 도와주셔서 감사합니다.

One Point Lesson!

She tries not to smile vs She tries to not smile

to 부정사를 접하면서 「to 부정사의 부정은 to 앞에 not을 붙인다」라는 규칙은 누구나 배우게 되는 기본 사항이다. 따라서 She tries not to smile이 문법에 충실한 맞는 문장. 하지만 실제 대화로 들어가 보면 마치 우리가 우리말을 흔히 문법에 맞지 않게 쓰는 것처럼 Native들도 ～not to+동사가 아니라 ～to not+동사 형태로 쓰곤 한다.

I thought I told you not to come. 오지 말라고 한 것 같은데.

I just really need to not be with you right now. 난 정말 지금 네가 옆에 없어도 돼.

My resolution is to not make fun of my friends 나의 결심은 내 친구들을 놀리지 않는거야.

MEMO

All NEW
SMART
영어회화공식

2
3
1

기본

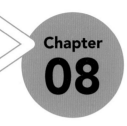

Chapter
08

would~ >>

유능한 동사 도우미, 조동사의 세계로

조동사는 그야말로 동사를 도와주는
도우미의 역할을 해서 시제나 의미를 보다 확실하게 만들어준다.
당연히 도와줄 동사가 함께 나와야 하는데,
조동사 뒤의 동사는 언제나 「동사원형」 이어야 한다는 것을 기억한다.

I'd like a window seat

명사

「창가쪽 자리(window seat)로 주세요」라는 의미. 이렇게 'I'd like+명사'의 형태로 원하는 바를 얘기할 수 있다. I'd는 I would의 축약형으로 I'd like~라고 하면 「…하고 싶은데요」에 해당되는 표현으로 일상회화에서 빈번하게 사용된다. 자기가 '지금,' '현재' 원하는거나 하고 싶은 행위를 말할 때 사용하면 된다. 비슷하게 생긴 'I like+명사/to+동사'는 좋아하기는 좋아하는 거지만 I'd like~처럼 '지금,' '현재'를 강조하는 게 아니라 '일반적인 기호'를 말하는 것이다.

이렇게 쓰인다!

Answer: the same

☐ **I'd like another beer** 맥주 한잔 더 마실래요.

☐ **I'd like that** 그렇게 하고싶어. (상대의 말을 that으로 받아서)

☐ **I'd like**   같은 걸로 할게요. (음식주문 등의 경우)

이렇게 써본다!

A: I'd like a window seat.

B: I'm sorry, but those are all sold out.

    A: 창가 쪽 자리로 하고 싶은데요.
    B: 죄송하지만 그쪽 티켓은 다 팔렸어요.

A: I'm going to order a cafe latte with no cream.

B: I'd like the same. They make great coffee here.

    A: 난 프림 넣지 않은 까페라떼 주문할래.
    B: 나도 같은 걸로 할래. 여긴 커피 맛있게 끓여주더라.

One Point Lesson!

take/give/have+명사

take/give/have + 동사의 명사 형태의 표현

take a walk 산책하다

I'm going to go out and take a walk. 나가서 산책할래.

take a trip 여행하다

We should take a trip with your parents. 너의 부모님과 여행해야돼.

get some rest 쉬다

Why don't you get some rest? 좀 쉬어라.

I'd like~ 다음에 다양한 to부정사를 넣어본다.

I'd like to go with you
to+동사원형

「너하고 같이 가고 싶어」라는 의미이다. 'I'd like to+동사원형'의 형태로 뭘하고 싶은지 얘기하는 표현이다. 'I'd love to+동사원형'도 같은 의미.

이렇게 쓰인다!

Answer: talk[speak] to Simon

☐ **I'd like to check in** 체크인 하고 싶은데요.

☐ **I'd like to order a large pizza** 라지 사이즈 피자를 주문하고 싶어요.

☐ **I'd like to know what you're thinking about** 네가 뭘 생각하는지 알고 싶어.

☐ **I'd like to**
사이먼하고 얘기하고 싶어. (전화통화시 바꿔달라는 의미로도 쓰임)

* check in (호텔 · 비행기 등에서) 투숙[탑승] 절차를 밟다

이렇게 써본다!

A: I'd like to check in.

B: OK. Do you have any luggage with you?

A: 체크인 하고 싶은데요.
B: 알겠습니다. 짐은 있으신가요?

A: This is Pizza Hut. Can I help you?

B: Yes, I'd like to order a large pizza.

A: 피자헛입니다. 도와드릴까요?
B: 네, 피자 라지 한 판 주문하고 싶은데요.

One Point Lesson!

make+명사

make + 동사의 목적어명사 형태의 표현

make an appointment 약속하다   make a suggestion 제안하다
make a recommendation 추천하다   make a guess 추측하다
make a difference 차이가 나다   make a list 표를 만들다
make an exception 예외로 하다

I'd like to, but I have other plans
문장

「그러고는 싶지만, 다른 계획이 있어요」라는 말. I'd like to, but~은 제안, 권유 등에 대한 예의 바른 거절답변으로, 「그러고는 싶지만~」이라는 의미이다. but 뒤에는 상대의 말대로 할 수 없다는 내용이나 할 수 없는 이유를 문장으로 만들어 붙이면 된다.

이렇게 쓰인다!
Answer: I don't have enough time

☐ **I'd like to, but I can't go with you** 그러고는 싶지만 너하고 같이 못가.

☐ **I'd like to, but I have to get back to work** 그러고는 싶지만 일하러 가야 돼.

☐ **I'd like to, but** 그러고는 싶지만 시간이 충분치 않아.

이렇게 써본다!

A: You should go out with us on Friday night.

B: I'd like to, but I have other plans.

A: 금요일 밤엔 우리랑 같이 나가자.
B: 그러고는 싶지만 다른 계획이 있어.

A: Hey Frank, have a beer with us.

B: I'd like to, but I have to get back to work.

A: 야, 프랭크. 우리랑 맥주 한잔 하자.
B: 그러고는 싶지만 다시 일하러 가봐야 해.

One Point Lesson!
see 지각동사

1. I saw her walk in the street.(see+사람+동사)
   = She walked in the street.

2. I saw her walking in the street.(see+사람+~ing)
   = She was walking in the street.

3. I heard my name called.(hear+사람+pp)
   = My name was called.

I'd rather stay home
동사원형

「집에 있는게 낫겠어」, 「그냥 집에 있을래」라는 말이다. I would rather~ 다음에 '동사원형'이 와서 「…하고 싶다」는 의미를 나타내는 경우를 연습해보기로 한다. I would rather ~는 굳이 어느 쪽인지 선택을 한다면 「…가 하고 싶다」는 뉘앙스의 표현으로 상대의 제안이나 기대와는 좀 어긋나더라도 기분 상하지 않도록 조심스럽게 말한다는 느낌이 드는 표현이다. 이 표현의 부정형은 I'd rather 뒤에 not만 붙여주면 된다.

📖 이렇게 쓰인다!   Answer: I'd rather not go out

☐ **I'd rather go to the party all by myself** 그냥 파티에 혼자 갈래.

☐ **I'd rather not** 난 안그러는 게 낫겠어.

☐ **I'd rather not go out with Chuck** 척하고 데이트하지 않는 게 낫겠어.

☐ **I'd rather take a cab** 택시를 타는 게 낫겠어.

☐   **tonight** 오늘 밤엔 외출하지 않는 게 좋겠어.

    * go out with+사람 …와 데이트하다 | go out 외출하다

🙆 이렇게 써본다!

A: Will you go out with me tonight?

B: I'd rather stay home and study.
    A: 오늘 나하고 데이트할래?
    B: 그냥 집에서 공부할래.

A: I'm going to fix you up with a date.

B: I'd rather go to the party all by myself.
    A: 내가 소개팅 시켜줄게.
    B: 그 파티에 그냥 혼자 갈래.

🖼 **One Point Lesson!**

I'd rather+V

I'd rather **take a subway.** 차라리 전철을 탈래.
I'd rather **talk to you.** 네게 이야기하는게 낫겠어.
I'd rather **not.** 그러지 않는게 낫겠어.

I'd rather have fun than save money

A than B

「난 저축을 하느니 즐기고 싶어」라는 말. I'd rather A than B의 구조로 「B하기보다는 차라리 A가 하고 싶다」는 의미이다. I'd rather~ 다음에는 일단 '동사원형'이 나와주어야 하고, 동사 자체를 비교하는 경우에는 '동사 than 동사,' 동사의 목적어를 비교하는 경우에는 '동사+명사 than 명사'의 구조가 되어야 한다.

📖 **이렇게 쓴다!**   Answer: I'd rather do it today than tomorrow

☐ **I'd rather die than speak in front of people**
사람들 앞에서 연설을 하느니 차라리 죽는 게 나아.

☐ **I'd rather go with her than anyone else** 다른 사람하고 가느니 걔하고 같이 갈래.

☐   내일보다는 오늘 하는 게 낫겠어.

🙋 **이렇게 써본다!**

A: Why are you taking your sister to the dance?

B: I'd rather go with her than anyone else.
> A: 춤추는 데 왜 여동생을 데리고 가는 거야?
> B: 다른 사람하고 가느니 걔하고 가는 게 나아.

A: I'd rather have fun than save money.

B: You should worry about your future more.
> A: 저축을 하느니 즐기는 게 나아.
> B: 미래를 좀더 걱정해야지.

 One Point Lesson!

let

1. Let me. (초인종 소리에) 내가 열게라는 뜻으로 I'll get it과 같은 의미이다.

2. Let me out/in! 내보내줘/들여보내줘!

3. Let it go. 그냥 잊어버려, 그냥 놔둬.

4. Let me see(know) if ~ …여부를 알려줘

Let me know if **she likes it, okay?** 쟤가 그걸 좋아하는 지 아닌지 알려줘, 응?

Would you turn the radio down?

Could도 가능   동사원형

「라디오 소리를 낮춰줄래요?」라는 말이다. turn down은 소리나 열 등을 「낮추다」, 「죽이다」라는 뜻이다. 뭔가 공손하게 부탁하고 싶을 때는 이렇게 Would you~나 Could you~ 다음에 동사를 붙여서 말하면 된다. 자, 한번 다양한 동사구를 바꾸어가면서 이것저것 다 부탁해보자.

이렇게 쓰인다!

☐ **Would you have dinner with me sometime?**
언제 한번 저하고 같이 저녁식사 할래요?

☐ **Would you lend me your phone?** 전화 좀 써도 될까요?

☐ **Would you hold the line for a second?** 잠깐 끊지 말고 기다려 주실래요?

☐ **Could you do me a favor?** 부탁 하나 들어 줄래요?

☐ **Could you recommend one for me?** 저한테 하나 추천해 주실래요?

☐ **Would you   ?** 소금 좀 건네 주실래요?

* do me a favor 내 부탁을 들어주다 | recommend 추천하다

이렇게 써본다!

A: Would you turn the radio down?

B: Sorry. I didn't realize it was too loud.
A: 라디오 소리 좀 줄여줄래?
B: 미안해. 소리가 너무 큰 줄 몰랐네.

A: This store sells many fine wines.

B: Could you recommend one for me?
A: 이 가게에서는 고급 와인을 많이 팔지.
B: 하나 추천해주겠어?

One Point Lesson!

help+V

목적어가 빠진 help+동사원형도 쓰이는데 …하는데 도움이 되다라는 뜻이다.

It will help solve the traffic problems. 교통문제를 해결하는 데 도움이 될거야.

Would you please give him a message for me?
동사원형

「그 사람에게 제 메시지를 전해주시겠어요?」라는 말이다. 전화통화시 흔히 들을 수 있는 표현이다. 'Would[Could] you please+동사~?'의 형태는 좀 더 공손한 느낌을 준다. please를 문장 끝으로 옮겨 'Would[Could] you+동사~, please?'라고 하기도 한다.

📖 **이렇게 쓰인다!** 　　　　　　　　　　　　　　　　　Answer: speak more slowly

☐ **Would you fill out this form, please?** 이 서식을 써 넣어 주시겠어요?

☐ **Could you please repeat what you said?** 다시 한번 말씀해 주시겠어요?

☐ **Could you please tell me why?** 이유를 말씀해 주시겠어요?

☐ **Would you 　　　　　　　　　　, please?** 좀더 천천히 말해 주실래요?

* fill out (빈칸 등을) 채워넣다

🙋 **이렇게 써본다!**

A: I'm sorry, but Tony isn't here now.

B: Would you please give him a message for me?

A: 미안하지만 토니는 지금 없어요.
B: 토니에게 메시지를 전해 주시겠어요?

A: Unfortunately, you're going to fail this course.

B: Could you please tell me why?

A: 안됐지만 자네 이 과목은 낙제야.
B: 이유를 말씀해 주시겠어요?

🖼 **One Point Lesson!**

call sb names

1. call sb names는 숙어로 …를 욕하다, 험담하다라는 뜻이다.

   Don't call me names! 욕하지마!

2. S+be called+ N…라고 불린다, …라고들 한다

   It's(They're) called Sun-nal 설날이라고 불러.

Would you like <u>something</u> to drink?

명사   수식어구

「마실 것 좀 드릴까요?」라는 의미이다. 'Would you like+명사?'의 형태로, 주로 음식 등을 권할 때 상대방의 의향을 물어보는 표현으로 쓰인다. 명사 앞에 형용사로 수식어를 붙이거나 위 문장처럼 뒤에 to부정사나 전치사구 형태의 수식어구를 붙여서 말할 수도 있다.

 이렇게 쓰인다! Answer: Would you like a glass of wine

☐ **Would you like some beer?** 맥주 좀 드릴까요?

☐ **Would you like a small or a large size?** 작은 걸로 드실래요, 큰 걸로 드실래요?

☐ **Would you like soup or salad with your lunch?**
　　점심식사에 곁들여서 수프를 드시겠습니까, 샐러드를 드시겠습니까?

☐ 　　　　　　　　**before dinner?** 저녁 먹기 전에 와인 한잔 하실래요?

 이렇게 써본다!

A: What a long day. I'm really tired.

B: **Me too.** Would you like some beer?
　　A: 정말 힘든 하루였어. 굉장히 피곤하다.
　　B: 나도 그래. 맥주 좀 마실래?

A: Give me a coke, please.

B: **No problem.** Would you like a large or a small size?
　　A: 콜라 한 잔 주세요.
　　B: 네. 큰 걸로 드릴까요, 작은 걸로 드릴까요?

One Point Lesson!

Would you like + 명사 + pp?

한 단계 응용된 표현으로 단순히 명사를 원하는 게 아니라 명사를 어떤 상태로 하기를 원하느냐고 물어보는 문장이다.

Would you like **these items** delivered? 이 물건들을 발송할까요?

Would you like to join us?

to+동사원형

「우리랑 같이 할래?」하고 제안하는 표현이다. join은 「합류하다」, 「끼다」라는 의미의 동사.
'Would you like to+동사원형?'의 형태는 주로 어떤 일을 함께 하자고 제안하면서 상대의 의향을
물어보는 말로 쓰인다.

이렇게 쓰인다!

Answer: Would you like to try

☐ **Would you like to go for a drive?** 드라이브 갈래요?

☐ **Would you like to go out with me sometime?** 언제 한번 나랑 데이트 할래요?

☐ **Would you like to come for dinner?** 저녁 먹으러 올래요?

☐ **Would you like to eat at McDonald's?** 맥도널즈에서 먹을래요?

☐   **another one?** 다른 걸로 입어[먹어]보실래요?

이렇게 써본다!

A: Would you like to come for dinner?

B: That sounds good. What will you cook?

A: 저녁 먹으러 올래?
B: 좋지. 뭐 해줄 건데?

A: I'm going to go for lunch with Frank. Would you like to join us?

B: Sure.

A: 프랭크하고 점심먹을 건데. 같이 갈래?
B: 좋아.

One Point Lesson!

Would you like~ ?

1. Would you like to + 동사? 표현들

Would you like to get together? 한번 만날래요?
Would you like to begin? 시작할까요?

2. Would you like me to + 동사? 내가 …할까요?

상대방에게 내가 뭔가 하기를 바라냐고 묻는 말로 상대방의 허락을 공손히 구하는 표현.

Would you like me to read them to everyone? 사람들에게 읽어줄까요?

Would you mind smoking here?

동사의 ~ing

「여기서 담배피우면 싫으세요?」, 즉 「여기서 담배피우면 안될까요?」라는 말. Would[Do] you mind ~ing?의 형태로 상대의 양해를 구하는 표현이다. 「…하는것, 괜찮아요?」라는 의미가 된다. 상대의 양해를 구하는 표현으로 여기서 mind는 「꺼리다」, 「싫어하다」라는 부정적인 뜻을 담고 있어 대답을 할 때는 부정의문문에 대한 답처럼 해야 한다. No나 Not at all이라고 하면 「싫지 않다」, 즉 「그렇게 하라」는 의미이고 Yes라고 대답하면 「싫다」, 그러니 「하지말라」는 의미가 된다.

이렇게 쓰인다!

Answer: telling me your (phone) number

☐ **Would you mind giving me a hand?** 나 좀 도와주면 안될까?

☐ **Would you mind not smoking here?** 여기서 담배 안 피우시면 안돼요?

☐ **Do you mind picking me up tomorrow?** 내일 날 데리러 와주면 안될까?

☐ **Do you mind explaining it to me?** 나한테 설명을 좀 해주면 안될까?

☐ **Would you mind**   **?** 전화번호를 말씀해 주시면 안될까요?

   * give+사람+a hand …를 도와주다 | pick up …를 차로 마중나가다

이렇게 써본다!

A: Would you mind giving me a hand?

B: Sorry, but I'm really busy at the moment.

    A: 좀 도와주면 안될까?
    B: 미안하지만 지금은 정말 바빠.

A: Do you mind picking me up tomorrow?

B: It's no problem. I'll be there at 7 a.m.

    A: 내일 나 좀 데리러 와주면 안될까?
    B: 문제없어. 아침 7시에 갈게.

One Point Lesson!

I cannot wait to ask her out!

ask가 들어간 표현으로 ask sb out이 있는데 이는 …에게 데이트 신청하다라는 의미. 마찬가지로 …와 사귀고 있다고 할 때는 go out with sb라고 하면 된다.

I cannot wait to ask her out! 쟤한테 데이트신청하고 싶어 죽겠어!
Samantha's going to go out with **a millionaire.** 사만다는 백만장자와 사귈거야.

Would you mind <u>if I smoke here</u>?

if절

「여기서 담배피우면 안될까요?」라고 양해를 구하는 표현으로, 의미는 앞의 표현과 같다. 다만 if절
(if+주어+동사)를 이용해서 표현했을 뿐이다.

 이렇게 쓰인다! Answer: Would[Do] you mind if I sit here

☐ **Would you mind if I use your car this weekend?**
이번 주말에 네 자동차를 쓰면 안될까?

☐ **Do you mind if I don't go?** 내가 안가면 안될까요?

☐ **Do you mind if I take a look around?** 한번 둘러봐도 괜찮을까요?

☐ **Do you mind if I turn the heat down?** (난방기구의) 온도를 낮추면 안될까요?

☐   **for a second?** 잠깐 여기 앉아도 괜찮을까요?

* turn down (온도 · 소리 등을) 낮추다 | for a second 잠시

 이렇게 써본다!

A: Do you mind if I smoke?

B: Not at all. Please feel free to.

    A: 담배 피우면 안될까?
    B: 안되긴. 편안하게 피워.

A: Are you comfortable in this room, Miss Jocelyn?

B: Do you mind if I turn the heat down?

    A: 조슬린 씨, 방은 편안하세요?
    B: 방 온도를 낮추면 안될까요?

One Point Lesson!

Give it to me!

간접목적어(사람)이 뒤로 갈 때 전치사 to가 필요하며 send, show, teach, tell 등도 마찬가지이다.

I'll give you a chance ⇒ I'll give a chance to you.
Send me an e-mail ⇒ Send an e-mail to me.
I'll teach her a lesson ⇒ I'll teach a lesson to her.

I can~ 다음에 다양한 동사를 넣어본다.

I can do it
동사원형

「난 할 수 있어」라는 말이다. I can~ 다음에 동사원형이 와서 「할 수 있다」는 것을 나타낸다. see 나 hear 등의 지각동사가 오면 '능력' 보다는 '가능'하다는 데 초점이 맞춰져 「보인다」, 「들린다」 등과 같이 해석된다.

이렇게 쓰인다!

Answer: handle it by myself

☐ **I can type this for you** 이거 내가 타이핑해 줄게.

☐ **I can drop you off when I leave** 내가 갈 때 널 태워다 줄게.

☐ **I can imagine** 상상이 가네.

☐ **I can see that** 그거 보여, 알겠어

☐ **I can remember** 기억하고 있어.

☐ **I can** 　　　　　　　혼자(내힘으로) 처리할 수 있어.

* drop+사람+off (차 등을 타고 가다가) …를 내려주다, 데려다주다 ㅣ handle 처리하다

이렇게 써본다!

A: Do you need help cleaning your kitchen?

B: No, I can handle it by myself.
A: 부엌 치우는 것 도와줄까?
B: 아니, 혼자 할 수 있어.

A: Look, there's the Statue of Liberty.

B: Oh, I can see it.
A: 야, 자유의 여신상이다.
B: 아, 나도 보여.

One Point Lesson!

I'm not sure that/if/what~

I'm not sure 처럼 부정형이 되면 접속사는 that 뿐만 아니라 if, what 등의 접속사가 붙을 수 있다는 점을 유의해두면 된다.

I'm not sure if I am available Friday, but I will check with my wife.
금요일에 시간이 되는지 모르겠지만 아내한테 확인해볼게요.

I can't believe it
동사원형

「믿을 수가 없어」라는 말. 앞의 'I can+동사'의 부정형태인 'I can't+동사'의 문형이다. I can~과 I can't~은 정반대의 의미지만 발음구별이 쉽지 않아 애를 먹는다. 아래 One Point Lesson 참고!

📖 **이렇게 쓰인다!**   Answer: explain it

- ☐ **I can't hear you very well** 네 목소리가 잘 안들려.
- ☐ **I can't stop thinking about you** 네 생각이 떠나질 않아.
- ☐ **I can't watch a movie without popcorn** 난 팝콘 없이는 영화 못봐.
- ☐ **I can't do this anymore** 더 이상은 이렇게 못해.
- ☐ **I can't find my passport** 내 여권이 안보여.
- ☐ **I can't**   설명하지 못하겠어.

 이렇게 써본다!

A: I can't watch a movie without popcorn.

B: Don't be so picky.

     A: 난 팝콘 없이는 영화를 못봐.
     B: 너무 까다롭게 굴지 마.

A: I can't do this anymore. It makes me crazy.

B: You should take a break.

     A: 더 이상은 이렇게 못해. 이것 때문에 미치겠다구.
     B: 잠깐 쉬어.

🖼 **One Point Lesson!**

can vs. can't

영어에서 /t/ 발음은 단어 끝에 올 때 그리 비중을 두어 발음하지 않는다. 특히 point, accident 등과 같이 -nt로 끝나는 단어일 경우에는 /t/가 더욱 더 들릴락 말락, 흔적만 남거나 아예 발음이 안되는 경우가 허다하다. 그래서 서로 정반대의 의미인 can과 can't를 소리로만 구분하기는 쉽지 않은데, 그래도 구분 가능한 포인트는 있다.

❶ can이 들어간 문장에서는 can 다음에 오는 동사가 강조되므로 can은 /큰/ 정도로 약하게 들린다.
❷ can't의 경우에는 can't 자체를 힘주어 말하게 되어 /캐앤/ 하고 약간 끌듯이 발음된다.

※ 비교해보자. I can tell [아큰 테얼] / I can't tell [아 캐앤 테얼]

You can do anything
동사원형

「넌 뭐든 할 수 있어」라는 격려의 표현이다. 'You can+동사원형'으로 당신의 '능력'이 어떻다는 것 뿐 아니라 '허가' 및 '명령'의 뉘앙스를 나타낼 수 있다.

📖 **이렇게 쓰인다!**　　　　　　　　　　　　　　　　　　Answer: You can call me

☐ **You can run faster than me** 넌 나보다 빨리 달리잖아.

☐ **You can go** 그만 가봐.

☐ **You can come in** 들어와.

☐ **You can call me Bill** 빌이라고 불러.

☐ **You can board the plane now** 이제 승선해주십시오.

☐　　　　　　　　　　　**any time** 언제든 내게 전화해.

* board (비행기, 배 등에) 타다, 승선하다

🙋 **이렇게 써본다!**

A: Do you need me to stay longer?

B: No, we're all finished. You can go.

　　　A: 내가 좀더 있어야 하나요?
　　　B: 아뇨, 우리 일은 다 끝났어요. 가도 좋아요.

A: You can board the plane now.

B: Good. I was getting tired of waiting.

　　　A: 이제 비행기에 탑승해 주십시오.
　　　B: 잘됐군요. 기다리는 데 지쳐가는 중이었어요.

🖼 **One Point Lesson!**

Isn't he there?

Isn't he there?(그 친구 거기 없어?)의 대답, 즉 부정의문문 답변요령.

1. 친구가 있을 때 : 아니 있어 ⇒ Yes. Of course

2. 친구가 없을 때 : 응 없어 ⇒ No. Not at all

You can't~ 다음에 다양한 동사를 넣어본다.

You can't **do** this to me

동사원형

「너 나한테 이럴 수는 없어」, 즉 「이러면 안돼」라는 의미이다. 'You can't+동사원형'은 '금지'의 의미로 빈번하게 쓰인다.

 이렇게 쓰인다! Answer: You can't give up

☐ **You can't change your parents** 부모를 바꿀 수는 없잖아.

☐ **You can't smoke in here** 이 안에서는 담배 피우면 안돼.

☐ **You can't miss it** 놓칠래야 놓칠 수가 없어[길을 가르쳐 줄 때 쉽게 찾을 거라는 의미로].

☐ **You can't talk to her** 걔한테 말하면 안돼.

☐　　　　　　　　　　　　포기하지 마.

　* miss 놓치다 ｜ give up 포기하다

 이렇게 써본다!

A: We're letting you go from this job.

B: You can't do this to me. I'm a good employee.

　A: 이 일에서 자네를 해고해야겠어.
　B: 저한테 이러실 수는 없어요. 전 성실한 직원이라구요.

A: Turn left and go straight for 2 blocks. You can't miss it.

B: Thank you so much.

　A: 왼쪽으로 돌아서 두 블럭 곧장 가세요. 쉽게 찾을 거예요.
　B: 정말 고맙습니다.

One Point Lesson!

I want you+부사구

목적어인 네(you)가 어떤 동작(to+동사)을 하도록 하는 게 아니라 간단히 부사의 상태로 될거라고 말하는 것으로 주로 상대방을 오게 하거나 혹은 내쫓을 때 사용한다.

I want you right here. 당장 이리와.

I want you out. 나가.

I want you out of here. 꺼지라고.

Can I~ 다음에 다양한 동사를 넣어본다.

Can I get you something?
동사원형

「내가 너한테 뭐 좀 갖다줄까?」혹은 「사다줄까?」라는 표현. 식당 등에서 종업원이 「뭘 드릴까요?」라는 의미로 쓰는 표현이기도 하다. 「…해도 되는지」혹은 「…해줄까」라는 의미의 'Can I+동사~?'의 다양한 문장을 살펴보도록 한다.

이렇게 쓰인다!

Answer: ask you a question

☐ **Can I pay by credit card?** 신용카드로 계산해도 돼요?

☐ **Can I try this on?** 이거 입어봐도 돼요?

☐ **Can I give you a ride?** 태워다줄까?

☐ **Can I talk to you for a second?** 잠깐 얘기 좀 할 수 있을까?

☐ **Can I borrow your cell phone?** 핸드폰 좀 빌려줄래?

☐ **Can I** ? 뭐 하나 물어봐도 될까?

* try on (옷 등을) 입어보다, 신어보다 | give+사람+a ride …를 태워주다

이렇게 써본다!

A: Can I get you something?

B: I'd like to look at one of your menus.

A: 뭐 좀 갖다드릴까요?
B: 메뉴 좀 보고요.

A: Can I talk to you for a second?

B: OK. What's on your mind?

A: 잠깐 얘기 좀 할 수 있을까?
B: 그럼. 무슨 얘긴데?

One Point Lesson!

wanna

물론 아직 흉내내서는 안되지만 want to는 영화나 미드 등의 구어체 스크립트에서는 발음나는 대로 표기하기도 한다.

I wanna go with you 너하고 함께 가고 싶어.
I wanna marry you 너하고 결혼하고파.

Can I have your phone number?
<u>동사원형</u>   <u>명사</u>

직역하면 「내가 네 전화번호를 가져도 될까?」, 즉 「전화번호 좀 알려줄래?」라는 요청의 표현이다. 'Can I+동사원형?'의 대표적인 표현 중의 하나인 'Can I have+명사?'의 형태로 해당 명사를 「달라고」 상대방에게 부탁하는 표현이다. 좀 정중하게 보이려면 끝에 please를 붙이면 된다.

 이렇게 쓰인다!   Answer: Can I have a tissue?

☐ **Can I have a refund for this?** 이거 환불해 주시겠어요?

☐ **Can I have a subway map?** 지하철 노선표 좀 보여 줄래요?

☐ **Can I have a bill, please?** 계산서 좀 갖다 주시겠어요?

☐ **＿＿＿＿＿＿＿＿＿＿＿?** 휴지 좀 줄래?

＊ refund 환불, 환불하다 ｜ bill 청구서, 계산서

 이렇게 써본다!

A: Can I get a refund for this?

B: Sure. Do you have a receipt?

     A: 이거 환불해 주시겠어요?
     B: 네. 영수증 있으세요?

A: Why are you crying?

B: Oh, it's nothing. Can I have a tissue?

     A: 왜 울고 있는 거야?
     B: 응. 아무것도 아냐. 휴지 좀 줄래?

One Point Lesson!

There is nothing like that!

like는 동사뿐만 아니라 전치사로도 많은 회화표현을 만들어낸다. feel like류. It's (not) like~ 외에도 아래 표현들을 외워두도록 한다.

Like this? 이렇게 하면 돼?

That's more like it 그게 더 낫네요

I'm like you 나도 너랑 같은 생각이야

Just like that 그냥 그렇게, 그렇게 순순히

Can you~ 다음에 다양한 동사를 넣어본다.

Can you get me some water, please?

동사원형

「물 좀 갖다줄래요?」라는 표현. 이렇게 Can you+동사원형~?의 형태로 상대에게 부탁하는 문장을 만들 수 있다. 좀 더 정중하게 하려면 끝에 please를 붙이거나 Could you ~?, Would you ~?를 이용하면 된다.

이렇게 쓰인다!

Answer: meet me on Sunday

☐ **Can you pass me the TV guide?** TV가이드 좀 건네줄래?

☐ **Can you come to my party on Friday?** 금요일에 내가 여는 파티에 와줄래?

☐ **Can you join us?** 우리랑 같이 할래?

☐ **Can you**   **?** 일요일에 만날래?

* pass 건네주다 | join 합류하다, 끼다

이렇게 써본다!

A: Would you like something to drink?

B: Can you get me some water, please?

    A: 뭐 좀 드시겠어요?
    B: 물 좀 갖다주실래요?

A: What's on TV tonight?

B: I don't know. Can you pass me the TV guide?

    A: 오늘 밤 TV에서 뭐해?
    B: 몰라. TV 가이드 좀 건네줄래?

One Point Lesson!

afraid

1. I'm afraid so. 안됐지만 그런 것 같네요.

   상대방에 안 좋은 일인 경우에는 직설적으로 Yes라고 말하는 대신 쓴다.

2. I'm afraid not. 안됐지만 아닌 것 같네요.

   반대로 No는 맞는데 역시 상대방에 안 좋은 일인 경우에 말하면 된다.

May I help you?

동사원형

그 유명한 「도와드릴까요?」라는 표현. May I 뒤에 「동사원형」을 넣어 「…해도 되겠습니까?」라는 의미의 깍듯한 표현을 만들어본다. 보통 상대방의 허가를 구할 때는 Can I~?를 쓰는데, 선생님이나 직장상사 등 손윗사람·낯선 사람에게 깍듯하게 예의를 차리고 싶을 땐 May I~?를 쓴다. 대답은 Yes, you "can"이나 I'm sorry you "can't"가 일반적이다. 보통은 조동사를 그대로 받아서 대답을 하지만, 이 경우에는 Yes, you may나 No, you may not이라고 하지 않는다. 너무 옛스럽고 딱딱한 느낌을 주기 때문이다. 또한, Can I have~?가 「…를 주실래요?」라는 요청의 표현이듯, May I have~?로 좀더 정중한 요청을 할 수 있다.

 이렇게 쓰인다!

Answer: May I see

☐ **May I come in?** 들어가도 되겠습니까?

☐ **May I ask you a question?** 한가지 여쭤봐도 될까요?

☐ **May I have your name again?** 성함을 다시 말씀해 주시겠어요?

☐ **May I have your attention, please?** 주목해 주시겠습니까? (연설 시작 전에)

☐ 　　　　　　**your boarding pass?** 탑승권을 보여 주시겠습니까?

* attention 주의, 관심 │ boarding pass (비행기의) 탑승권

 이렇게 써본다!

A: May I ask you a question?

B: Sure. What would you like to ask me?

　　A: 질문 하나 해도 될까요?
　　B: 그럼요. 뭘 물어보고 싶은데요?

A: Hello. I would like to speak to the head of your department.

B: May I ask who is calling?

　　A: 여보세요. 당신 부서 책임자와 통화하고 싶은데요.
　　B: 누구신지요?

One Point Lesson!

I'm happy about(with) ~

I feel so unhappy about **my life right now** 나는 지금 내 인생이 너무 우울해.
I'm not happy with **my job.** 내 일에 만족을 못하겠어.

She may be right
동사원형

「걔가[걔 말이] 맞을 지도 몰라」라는 의미. 의문문이 아닌 평서문에서 조동사 may는 「…일지도 몰라」하고, 자신없는 추측성 얘기라는 것을 나타낼 때 쓰인다.

이렇게 쓰인다!
Answer: He may come

☐ **It may rain tomorrow** 내일은 비가 올지도 모르겠어.

☐ **It may be in your bag** 그건 네 가방 안에 있을지도 몰라.

☐ **I may have to move to Paris for my job** 일 때문에 파리로 이사가야 할지도 몰라.

☐ **here first** 걔가 여기 제일 먼저 올지도 몰라.

이렇게 써본다!

A: Have you seen my car keys?

B: No. They may be in your bag.

A: 내 자동차 열쇠 못봤어?
B: 아니. 네 가방 속에 있을지도 몰라.

A: Susan said that I should take the job offer.

B: She may be right.

A: 수전 말로는 내가 이 일자리 제의를 받아들여야 한대.
B: 걔 말이 맞을지도 몰라.

One Point Lesson!

be able to

can 대신 be able to를 쓰기도 한다. 이때 be able to는 좀 더 딱딱한 느낌의 표현이다. 그럼 can 대신 반드시 be able to를 써야 되는 경우는 다음과 같다.

■ 조동사 다음에 올 때

I'll be able to get there on time. 나는 정각에 거기에 도착할 수 있을 거야.

■ to부정사와 함께 쓸 때

I want to be able to get this report done by tonight.
나는 오늘밤까지 이 보고서를 끝마칠 수 있기를 원한다.

■ 완료시제일 때

I haven't been able to sleep well recently. 최근에 잘 잘 수 없었다.

I will~ 다음에 다양한 동사를 넣어본다.

I'll call you later

동사원형

「내가 나중에(later) 전화할게」라는 말. I will~은 곧잘 축약되어 I'll~로 쓴다. 조동사인 will 다음에는 '동사원형'이 와서 「내가 (꼭) …할게」라는 의미를 나타낸다.

 이렇게 쓰인다!

Answer: I'll see you at 4 (o'clock)

☐ **I'll take this one** 이걸로 할게요. (물건을 살 때)

☐ **I'll have the soup** 전 스프를 먹을게요. (음식을 주문할 때)

☐ **I'll do my best** 최선을 다할게요.

☐ **I'll show you around the city** 이 도시 관광을 시켜드릴게요.

☐   그럼 4시에 보자구.

* show+사람+around+장소 …에게 ~을 이곳저곳 구경시켜주다

 이렇게 써본다!

A: I want you to study very hard in school.

B: OK. I'll do my best.

A: 네가 학교에서 아주 열심히 공부했으면 해.
B: 알겠어요. 최선을 다할게요.

A: Let's go out. I'll show you around the city.

B: That sounds like fun.

A: 나가자. 이 도시를 구경시켜줄게.
B: 재미있겠는걸.

One Point Lesson!

will과 be going to

be going to도 미래를 나타내기는 하지만, will이 말하는 당시에 비로소 뭔가를 하려고 결정을 내릴 때 쓰는 것이라면 be going to는 이미 결정한 사실에 대해 「실행하겠다」는 것으로, 차이가 있다. 하지만 사람의 결정이 개입될 여지가 없는, 가령 「날씨가 좋을 것이다」와 같은 문장에서는 Weather will[is going to] be nicer 처럼 두가지가 구분없이 쓰인다. 또 Look at those black clouds. It's going to rain과 같이 현재의 상태로 봐서 「앞으로 어떤 일이 생길 것 같다」라고 말하는 경우에는 be going to가 적합하다.

You'll be surprised
동사원형

「너 놀랄걸」이라는 말. You will 다음에 '동사원형'이 와서 「너 …하게 될 걸」이라고 미래의 일을
예측하는 표현이다.

이렇게 쓰인다!

- [ ] **You'll see** 두고봐[알게 될거야].
- [ ] **You'll be fine** 괜찮아질거야.
- [ ] **You'll have to pay for them by Jan. 11th** 1월 11일까지 지불해야 할걸.
- [ ] **You'll be in trouble if it rains** 비가 오면 난처해질텐데.

* have to + V …해야만 하다 | pay for …에 대한 값을 지불하다 | be in trouble 곤경에 처하다

이렇게 써본다!

A: We can finish before the deadline. You'll see.

B: I hope so.

A: 마감 전에 끝낼 수 있을 거야. 두고 보라구.
B: 나도 그러길 바래.

A: We decided to hold the festival outside.

B: You'll be in trouble if it rains.

A: 축제는 야외에서 열기로 했어요.
B: 비가 내리면 곤란해질텐데.

One Point Lesson!

be + 형용사/pp + to do 형태의 표현

자주 나오는 표현으로는 be eager to(…하려고 열중하다), be likely to(…할 것 같다), be asked to do(…
하라는 요구를 받다) 그리고 be pleased to do(…해서 기쁘다) 등이 있다.

He's so eager to learn English. 걔는 영어배우려고 열 올리고 있어.

We are likely to lose everything on the hard drive. 하드에 있는 게 다 날아갈 것 같은데.

I won't tell anyone

동사원형

「아무에게도 말하지 않을게」라는 말이다. won't는 will not을 줄여서 표시한 것이다. 물론 강조하려면 will not 그대로 쓰거나 will never를 사용한다. won't의 발음이 [wount]라는 거, 다시 한번 주의해야 한다.

 이렇게 쓰인다!

Answer: She[He] won't want

☐ **I won't let it happen again** 다시는 그런 일 없도록 할게.

☐ **You'll never believe it** 이 얘기 못믿을 거야.

☐ **It won't be easy** 쉽지 않을 거야.

☐   **to go with me** 걘 나랑 같이 가고 싶어하지 않을 거야.

* happen (사건 등이) 일어나다

 이렇게 써본다!

A: Please keep my illness a secret.

B: I promise I will. I won't tell anyone.

A: 내 병은 비밀로 해줘.
B: 약속해. 아무에게도 말하지 않을게.

A: Do you think I can buy a house?

B: It won't be easy. You don't have much money.

A: 내가 집을 살 수 있을 거라고 생각해?
B: 쉽진 않을 거야. 돈이 별로 없잖아.

One Point Lesson!

must/have to vs should/ought to

사전에 한결같이 「…해야 한다」라고만 되어 있지만 미국에서는 should와 ought to를 별 구분없이 사용하고 있으며 must와 have to의 경우에도 마찬가지. 따라서 크게 must와 have to, 그리고 should와 ought to, 두 그룹으로 나눠서 생각해볼 수 있다. 먼저 강한 확신을 가지고 「반드시 그래야 한다」고 단정적으로 말할 때는 must와 have to를 쓰는데 have to가 더 일반적으로 사용되며 must는 좀더 formal한 인상을 주게 된다. 또한 일반적으로 어떤 일을 하는 게 「좋겠다」 정도의 가벼운 뉘앙스일 때는 should나 ought to를 쓴다.

A: You should quit smoking. 너 담배 좀 끊어야겠어.

B: The doctor says I must quit. 의사도 끊어야 된다고 하더라.

A: Then you should take his advice. 그럼 의사가 하는 말 좀 들어.

Will you~ 다음에 다양한 동사를 넣어본다.

Will you marry me?

주어   동사원형

「나하고 결혼해줄래?」라는 전형적인 청혼의 표현이다. 'Will you+동사원형~?'의 형태로 부탁을 하거나 혹은 상대의 특정 행동을 촉구해볼 수 있다.

 이렇게 쓰인다!

Answer: Will you go

- ☐ **Will you help me?** 나 좀 도와줄래?

- ☐ **Will you dance with me?** 나랑 춤출래?

- ☐ **Will you pay for this by cash or by check?**
  현금으로 지불하시겠습니까, 수표로 하시겠습니까?

- ☐   **with me?** 나랑 같이 갈래?

* by cash 현금으로 | check 수표

 이렇게 써본다!

A: Can I have the bill for this?

B: Will you pay for this by cash or by check?

    A: 청구서를 주시겠어요?
    B: 현금으로 계산하시겠습니까, 수표로 하시겠습니까?

A: I heard that you have to meet our manager.

B: That's true. Will you go with me?

    A: 저희 관리책임자를 만나야겠다고 하셨다면서요.
    B: 맞아요. 같이 가주실래요?

One Point Lesson!

I could use a friend

can[could] use+명사 형태로 쓰이는 이 표현은 의외로 …이 필요하다, …가 있으면 좋겠다라는 뜻이다. 예로 들어 I can use a Coke하면 콜라를 이용할 수 있어라는 말이 아니고 「나 콜라 좀 마셔야겠어」라는 뜻이 된다.. 또한 could[can] use 뒤에는 Coke와 같은 물질뿐만 아니라 추상적인 개념도 올 수 있다. 예를 들어 "I could use a break"(좀 쉬었으면 좋겠어)와 같이 말이다. 「…을 얻을 수 있으면 좋겠다」, 「…가 필요하다」라는 need의 뜻으로 쓰인 경우이다.

A: I mean, I mean, God, I could use a friend. 내 말은, 내 말은, 세상에, 친구가 필요해.

B: Umm, yes, I can do that! 음, 그래, 내가 친구해줄게!

Will that be all?

<u>주어</u>　　<u>동사원형</u>

「그게 전부입니까?」라는 표현이다. 상점 등에서 물건을 사거나 주문을 하면 점원들이 흔히 이렇게 말한다. 'Will+사물주어+동사원형~?'의 형태는 이처럼 앞으로 「…하게 되는지」를 물어보는 표현이 된다.

이렇게 쓰인다!　　　　　　　　　　　　　　　　　　　　Answer: Will it be ready

☐ **Will the flight be delayed?** 비행기가 연착될까요?

☐ **Will casual clothes be okay for the party?** 그 파티엔 편안한 복장이 괜찮을까요?

☐ 　　　　　　　　　　**by tomorrow?** 그건 내일까지 준비될까요?

* be delayed 늦어지다, 연기되다

이렇게 써본다!

A: It's snowing pretty hard tonight.

B: Yeah. Will the flight be delayed?

　　A: 오늘 밤에 눈이 펑펑 올 거야.
　　B: 그렇구나. 비행기가 연착될까?

A: I'm sorry, sir. Your computer isn't ready. We need to check it carefully.

B: Will it be ready by tomorrow?

　　A: 죄송합니다, 손님. 컴퓨터가 준비가 안되었는데요. 꼼꼼히 검사해봐야 하거든요.
　　B: 내일까지는 준비 되나요?

One Point Lesson!

used to vs get used to

- -

used to는 그 자체가 조동사로 앞에 be나 get이 붙지 않는다. get을 붙여 get used to하게 되면 …에 적응하다라는 전혀 다른 뜻이 되니까 조심해야 된다.

We used to work together. 우린 함께 일했었죠.
You'd better get used to it. 거기에 익숙해져야 해.

Shall we dance?

주어   동사원형

「우리 춤출까요?」라는 말. ' Shall we+동사원형?'의 형태로 「우리…할까요?」, 「우리…합시다」 (=Let's ~)라는 적극적으로 제안을 할 수 있다. Shall we?라고만 해도 다른 사람의 제안, 혹은 조금 전에 자신이 한 제안을 가리켜 「이제 시작할까요?」라고 묻는 말이 된다.

이렇게 쓰인다!

Answer: Shall we eat

☐ **Shall we?** 이제 할까요?

☐ **Shall we go to the movies after work?** 퇴근후에 영화보러 갈래요?

☐ **Shall we go for a walk?** 좀 걸을까요?

☐ **Shall we go out for lunch?** 점심먹으러 나갈까요?

☐   **something?** 뭐 좀 먹을까요?

* go for a walk 산책하다

이렇게 써본다!

A: Would you like to go out tonight?

B: Sure. Shall we go to the movies after work?

A: 오늘 밤에 데이트할래?
B: 좋아. 퇴근 후에 영화보러 갈까?

A: I'm bored. Shall we go for a walk?

B: Yes. It will be good exercise.

A: 따분해. 우리 산책할까?
B: 그래. 운동이 좀 되겠지.

One Point Lesson!

may[might]

1. may(might) have pp : (과거의 추측) …였을지도 모른다

You may have heard **of it.** 아마 들어본 적이 있을 거야.

2. might as well+동사 (당연히) …하는 편이 낫겠어

You may as well **just go away.** 너 그냥 가는 게 낫겠다.

You might as well **try.** 시도해보는 게 낫겠어.

Shall I~ 다음에 다양한 동사를 넣어본다.

Shall I give you a hand?

주어   동사원형

「제가 도와드릴까요?」라는 말이다. 'Shall I +동사원형?'의 형태로 물어보면 「내가 …해드릴까요?」라는 적극적인 제안의 문장이 된다.

이렇게 쓰인다!

Answer: Shall I call a taxi

☐ **Shall I give you a hand?** 제가 도와드릴까요?

☐ **Shall I get you a cold drink?** 찬 음료를 갖다드릴까요?

☐ **Shall I take you to your place?** 집까지 바래다 드릴까요?

☐   **for you?** 택시를 불러줄까요?

* give+사람+a hand …에게 손을 주다, 즉 도와주다 | your place 당신의 집

이렇게 써본다!

A: Wow, it's really late right now.

B: Shall I take you to your place?

A: 어휴, 이제 정말 늦었네요.
B: 집까지 바래다줄까요?

A: It's hot today. Shall I get you a cold drink?

B: Yes, I'd really like that.

A: 오늘은 덥군요. 찬 음료를 갖다줄까요?
B: 응, 정말 마시고 싶네요.

One Point Lesson!

Shall we[I]~?

Shall we~?와 Shall I~?의 대답은 아래처럼 하면 된다.

[1] Shall we~?

⇒ Yes, let's. No, let's not

[2] Shall I~?

⇒ Sure 그럼요. Good idea 좋은 생각예요. That would be great 그거 좋죠.

No, that's okay 아니, 괜찮아. Don't worry about it 괜찮아

You should **do** that

동사원형

「당연히 그렇게 해야지」라는 말이다. 'You should+동사원형'의 형태로 「…해야지」라는 의미를 나타낼 수 있다. 반대로 「…하면 안되지」라고 하려면 'You shouldn't+동사원형'의 문형을 사용하면 된다.

📖 **이렇게 쓰인다!**   Answer: You should help her[him]

☐ **You should rest** 너 좀 쉬어야겠다.

☐ **You should talk to her** 걔하고 얘길 해봐.

☐ **You should ask her out** 걔한테 데이트 신청을 해봐.

☐ **You should know something about her** 넌 걔에 대해서 좀 알아야 할 게 있어.

☐ **You shouldn't lie anymore** 더이상 거짓말 하면 안돼.

☐   걜 도와줘야지.

* rest 쉬다 │ ask+사람+out …에게 데이트 신청을 하다

🙆 **이렇게 써본다!**

A: I think that girl is very cute.

B: You should ask her out. She'll probably say yes.

    A: 저 여자애 되게 귀여운 것 같아.
    B: 데이트 신청을 하라구. 아마 좋다고 할거야.

A: You should know something about her.

B: What are you talking about?

    A: 그 여자에 대해서 좀 알아야 할 게 있어.
    B: 그게 무슨 소리야?

🖼 **One Point Lesson!**

Do you have to+동사~?

상대방이 어떤 일을 꼭 해야 하는 상황인지를 확인해볼 때 사용하는 표현으로 너 …을 해야 하니?, …을 꼭 해야 돼?라는 의미이다.

Do you have to **work tonight?** 오늘밤 일해야 돼?

Do you have to **go now?** 지금 가야 돼?

Should I go there alone?

주어 동사원형

「거기 혼자 가야 하나?」라는 의미이다. 'Should I+동사원형?'은 「내가 …을 해야 하는지」 남에게 조언을 구하는 말이다.

 이렇게 쓰인다!   Answer: Should I stop

☐ **Should I take a taxi?** 택시를 타야 하나?

☐ **Should I call him back?** 걔한테 다시 전화해줘야 하나?

☐ **Should I take the northern route?** 북쪽 도로를 타야 하나요?

☐   **seeing Carla?** 칼라를 그만 만나야 하나?

* call+사람+back …에게 답신 전화를 해주다 | route 길, 도로

 이렇게 써본다!

A: I want to go downtown. Should I take a taxi?

B: No. It's easier to use the subway.

    A: 시내로 가고 싶어. 택시를 타야 하나?
    B: 아니. 전철을 타는 게 더 쉬워.

A: A new bar opened in your neighborhood.

B: I'd like to go there. Should I go there alone?

    A: 너희 동네에 바가 새로 생겼어.
    B: 나 거기 가고 싶어. 혼자 가야 하나?

One Point Lesson!

의무 조동사들

「…해야 한다」는 '의무'의 조동사로는 should말고도 must, ought to, have to 등이 있다. 얼마나 '반드시' 해야 하는지 강제성의 강도는 다음과 같다.

must > have to [have got to] > should > ought to

must는 그야말로 「꼭, 반드시, 기필코 …해야 한다」는 의미의 조동사로, must가 들어간 문장은 매우 formal한 느낌을 준다. must 정도로 강하게 의무임을 나타내고 싶을 때 보통은 have to를 쓰는 것이 일반적이다. 구어에서는 have to 대신에 have got to, 혹은 got to를 쓰기도 한다. should와 ought to는 must나 have to보다는 가벼운 뉘앙스로 「당연히…해야지」, 「…하는게좋지 않겠니」라는 정도의 느낌을 준다.

I have to~ 다음에 다양한 동사를 넣어본다.

I have to go now

동사원형

「나 이제 가봐야 해」라는 말. 주어를 I로 한 'I have to+동사원형'의 형태는 「나 …해야 돼」라는
의미가 된다. have to는 엄밀히 따지자면 조동사는 아니지만 구어에서 「…해야 한다」는 의미로 가
볍게 말할 때 널리 쓰이는 일반적인 표현이다. 구어에서는 'have got to+동사원형,' 혹은 'got to+
동사원형'의 형태로 쓰기도 한다.

이렇게 쓰인다!   Answer: I have to think about it

☐ **I have to study for my exams** 시험공부 해야 돼.

☐ **I have to work late tonight** 오늘 밤에 늦게까지 일해야 돼.

☐ **I have to go to China on business** 일 때문에 중국에 가야 해.

☐ **I have to tell you** 너한테 말해야겠어.

☐   생각해봐야겠어.

    * exam 시험(= examination) | on business 사업차, 일 때문에

 이렇게 써본다!

A: I have to go now. **See you later.**

B: **Thanks for visiting our house.**

    A: 이제 가봐야겠어요. 나중에 봐요.
    B: 저희 집에 와주셔서 감사합니다.

A: **I'm having a party tonight. Can you come?**

B: **I'm sorry, I can't.** I have to study for my exams.

    A: 오늘 밤 파티 할건데. 올래?
    B: 미안하지만 못가. 시험공부 해야 해.

One Point Lesson!

have to

have to~는 발음을 빨리하면 [hæftə]로 발음된다.

I have to[hæftə] **go.** 나 가야 돼.

We'll just have to[hæftə] **wait and see!** 그냥 기다려 보는거지 뭐!

I guess we'll have to[hæftə] **start over again.** 처음부터 다시 시작해야 할까봐.

We. He. She 등 다양한 주어 뒤에 have to+동사를 넣어본다.

We have to help her

동사원형

「우린 걔를 도와줘야 해」라는 말. I 말고도 we나 he, she 등의 주어 뒤에도 have to를 쓸 수 있다. 단, he나 she는 3인칭 단수주어이니 has to를 써야 한다.

 이렇게 쓰인다!

Answer: She[He] has to know

☐ **We have to do this** 우린 이 일을 해야 돼.

☐ **We have to get started** 우리 이제 시작해야 돼.

☐ **She has to try harder** 걔는 좀더 열심히 노력해야 돼.

☐   **how I feel** 걔는 내가 어떤 기분인지 알아야 돼.

* get started 시작하다, 착수하다

 이렇게 써본다!

A: **Are you ready?** We have to get started.

B: **Just give me a few more minutes.**

A: 준비됐어? 이제 시작해야 돼.
B: 몇분만 더 시간을 줘.

A: **Honestly,** your son has to try harder.

B: **What should I do as a parent?**

A: 솔직히 말씀드려서 아드님은 좀 더 열심히 해야 해요.
B: 부모로서 제가 어떻게 해야 하나요?

One Point Lesson!

allow

1. allow + 사람 + to 동사 …가 …하도록 하다

   Please allow me to **take your coat, sir.** 손님, 저에게 코트를 주시지요.
   It's a tourist visa that allows you to **work part-time.** 아르바이트를 허가해 주는 관광비자야.

2. **Allow me in.** 들어가도 되지, 좀 들어갈게.

   Allow me. 나한테 맡겨, 제가 할게요.(Let me do it)

Do I have to~ 다음에 다양한 동사를 넣어본다.

Do I have to keep it?
조동사   동사원형

「내가 그걸 갖고 있어야 하는 거야?」라는 말이다. 「내가 …해야 하는 건지」 물어보려면 'I have to+동사원형'을 의문문으로 만들어 주어야 한다. 즉, 조동사를 앞으로 빼서 'Do I have to+동사 원형?'의 형태를 만들어 주어야 된다는 것이다. 혹은 앞서 말한 사실을 굳이 또 언급해줄 필요없이 Do I have to?만으로 「꼭 해야 돼?」라고 물어볼 수 있다.

 이렇게 쓰인다!
Answer: have to go

☐ **Do I have to tell him right now?** 지금 당장 걔한테 얘기해야 돼?

☐ **Do I have to sign anything?** 뭔가에 서명이라도 해야 하나요?

☐ **Do I**   **?** 나 가야 하는 거야?

* sign 서명하다

 이렇게 써본다!

A: Your grandmother gave you this shirt.

B: Do I have to keep it? I don't like the color.

    A: 할머니가 너한테 이 셔츠를 사주셨어.
    B: 이거 꼭 가져야해요? 색이 맘에 들지 않는데요.

A: Tell John that he's been fired.

B: Do I have to tell him right now?

    A: 존에게 해고됐다고 말해.
    B: 지금 말해야 하나요?

One Point Lesson!

I didn't come here to+V

I didn't come here to+V는 …하려고 여기 온 게 아니야라는 문장이다.

I didn't come here to **fight.** 싸우려고 온 게 아니야.
I didn't come here to **compete with you.** 너랑 경쟁하기 위해 여기 온 게 아니야.
We didn't come here to **hurt you.** 네게 상처를 주려고 온 게 아니야.

You have to do something

동사원형

「너 뭔가 해야지」라고 하면서 뭔가 행동을 취할 것을 촉구하는 말이다. 'You have to+동사원형'의 형태로「너 …해야 하잖아」혹은 「…해야지」라는 의미를 나타낸다.

 이렇게 쓰인다!   Answer: You have to know

☐ **You have to go** 너 이제 가봐야지.

☐ **You have to stop smoking** 담배를 끊어야 해.

☐ **You have to study a foreign language** 외국어를 공부해야 해.

☐ _____ **a lot of things about life**
넌 인생에 대해서 많은 것들을 알아야만 해.

* stop smoking 담배를 그만 피우다, 담배를 끊다

 이렇게 써본다!

A: The water heater in my apartment is broken.

B: You have to do something. It needs to be fixed.
A: 우리집 온수기가 고장났어.
B: 어떻게 좀 해봐. 고쳐야 하잖아.

A: You have to stop smoking.

B: I know, but it's very difficult.
A: 넌 담배를 끊어야 돼.
B: 알아, 하지만 그게 굉장히 힘드네.

One Point Lesson!

be the one who+동사

be the one who+동사는 주어가 …한 사람이다라는 표현이다.

I'm the one who **quit the job.** 회사 그만 두고 싶은 사람은 난데.
You're the one who **ended it, remember?** 그걸 끝낸 건 너야, 기억해?

You don't have to do it
<u>조동사</u>   <u>동사원형</u>

「그렇게 할 필요는 없어」라는 말이다. 'You don't have to+동사원형'의 부정문 형태로 「네가 … 할 필요는 없지」, 「…하지는 않아도 돼」라는 의미이다. 때에 따라 「…할 것까진 없잖아」하고 항 의하는 표현도 되기도 한다.

 이렇게 쓰인다!   Answer: You don't have to say

☐ **You don't have to walk me home** 집까지 바래다줄 것까진 없는데.

☐ **You don't have to give me an answer right now**
지금 당장 대답해야만 하는 건 아냐.

☐   **you're sorry** 미안하다고 말할 필요는 없어.

    * walk+사람+home …를 집까지 걸어서 바래다주다

 이렇게 써본다!

A: I'll go with you to your house.

B: You don't have to walk me home. I'll be okay.

    A: 너희 집까지 같이 가줄게.
    B: 집까지 바래다줄 것까진 없어. 괜찮아.

A: Thank you for the job offer.

B: Consider it. You don't have to give me an answer right now.

    A: 일자리 제의를 주셔서 감사해요.
    B: 생각해봐요, 당장 대답해야 하는 건 아니니까요.

One Point Lesson!
부정+비교급

1. 동사+ most 가장 …하다

    You know what I like most about him, though? 그래도 개한테서 가장 좋아하는 게 뭔지 알어?

2. 부정+비교급 ⇒ 최상급

    Couldn't be better! 아주 좋아.   Couldn't care less! 알게 뭐람!

Do you have to work tonight?
동사원형

「오늘밤 에 일해야 해?」라는 의미이다.「너 …해야 하니?」하고 물어볼 때는 'Do you have to+동사원형?'의 형태를 이용하면 된다.

이렇게 쓰인다!
Answer: Do you have to do

☐ **Do you have to attend the meeting?** 그 회의에 참석해야 해?

☐ **anything special at work?**
뭐 특별히 해야 할 업무라도 있어?

이렇게 써본다!

A: Do you have to work tonight?

B: Yes, I'm sorry I can't go out to dinner with you.
A: 오늘 밤에 일해야 해?
B: 응, 같이 저녁 먹으러 못가서 미안해.

A: Do you have to do anything special at work?

B: No, nothing special right now.
A: 회사에서 뭐 특별히 해야 할 일이라도 있어?
B: 아니, 지금은 없어.

One Point Lesson!
비교급의 관용표현
- -

1. know better than to+동사 …할 정도로 어리석지 않다

   You should know better than to let him know. 너 그 사람한테 그런 말 하면 안되는 줄 알았을 것 아냐.

2. The more ~, the more …하면 할수록 …하다

   The more snow the better. 눈이 많이 오면 올수록 더 좋아.

3. ~than I expected 내 예상이상으로

   She's older than I expected. 걘 내 예상보다 더 나이가 들었어.

4. Better than that. 그거보다 나아.

MEMO

All NEW SMART 2 3 1

영어회화공식

기본

have & get >>

Have와 Get만 알아도 영어회화 반은 성공

have와 get은 일단 기본적인 쓰임새만 해도
한두가지가 아니다. 그렇다보니 기본동사라고는 해도
제대로 활용할 줄 아는 사람이 거의 없다고 해도 과언이 아닐게다.
이번 기회에 자주 쓰이는 쓰임새를 확실하게
연습해뒀다가 요리조리 활용해보도록 한다.

I have a cell phone

형체가 있는 명사

have의 쓰임새는 너무너무 다양하지만, 크게 '조동사'로서의 쓰임새와 '일반동사'로서의 쓰임새로 구분할 수 있다. 여기서는 일반동사로서의 have의 쓰임새를 살펴보기로 한다. 위 문장은「나 핸드폰 있어」라는 의미로 우리말로「나 그거 갖고 있어」라고 할만한 명사들, 즉 '형체가 있는 명사'를 I have~ 뒤에 넣어「…를 가지고있다」,「…가 있다」라는 의미를 만들어볼 수 있다.

 이렇게 쓰인다!   Answer: have 20,000 won(twenty-thousand won)

☐ **I have a car** 나 차를 갖고 있어.

☐ **I have a ticket** 나한테 티켓이 한 장 있어.

☐ **I have a pet** 애완동물을 길러.

☐ **I have friends** 내겐 친구들이 있지.

☐ **I**   나 2만원 있어.

* pet 애완동물

 이렇게 써본다!

A: How will you get to the airport?

B: I have a car. I can drive there.
　　A: 공항까지 어떻게 갈 거야?
　　B: 차가 있어. 거기까지 운전해서 가야지.

A: How about a movie? I have an extra ticket.

B: Sure, that would be fun.
　　A: 영화보는 거 어때? 남는 표가 한 장 있는데.
　　B: 좋지, 재미있겠다.

One Point Lesson!

as well

as well이 단독으로 문장 뒤에 쓰이면서 also라는 의미이다.

A: I appreciate all of your help on the new project. 새로운 프로젝트에 주신 도움 감사드려요.

B: It has been a good experience for me as well. 저에게도 좋은 경험이었는걸요 뭘.

I have 다음에 형체가 없는 명사를 넣어본다.

I have a problem
형체가 없는 명사

「문제가 있어」라는 의미의 표현이다. problem, idea 등 생각이나 개념을 뜻하는 '형체 없는 명사' 들도 I have~의 목적어 자리에 올 수 있다.

 이렇게 쓰인다! Answer: have a plan

☐ **I have a good idea** 나한테 좋은 생각이 있어.

☐ **I have a date tonight** 오늘 저녁에 데이트가 있어.

☐ **I have a job interview next week** 다음 주에 면접이 있어.

☐ **I** 나한테 계획이 있어.

* job interview 취업 면접

 이렇게 써본다!

A: What are your plans for tonight?

B: I have a date. We're going out for dinner.

　　A: 오늘밤 뭐해?
　　B: 데이트가 있어. 나가서 저녁먹을 거야.

A: I have a job interview next week.

B: What company are you interviewing with?

　　A: 다음 주에 면접이 있어.
　　B: 면접볼 회사가 어딘데?

🖥 **One Point Lesson!**

1. That's the point 요점은 그거야, 중요한 건 그거야 That's not the point 중요한 건 그게 아냐

   It doesn't matter. That's not the point. 그건 상관없어. 그게 중요한 게 아니잖아.

2. What's your[the] point? 요점이 뭔가?, 하고 싶은 말이 뭔가?(What's the bottom line?)

   A: What's the point? 무슨 소리야?

   B: The point is that we're paying too much. 문제는 우리가 돈을 더 내고 있다는 거지.

I have no idea
<u>명사</u>

「생각이 없다」, 즉 「몰라」라는 뜻이다. I have not any idea라고 하기보다는 I have no idea라고 하는 편이 좀더 일반적이다. I have no 다음에 여러가지 명사를 넣어 「나 …가 없어」라는 의미의 문장을 만들어보자.

📖 **이렇게 쓰인다!**   Answer: have no cousins

☐ **I have no choice** 선택의 여지가 없어.

☐ **I have no friends** 친구가 없어.

☐ **I have nothing to say** 할 말이 없구나[얘기 안할래].

☐ **I**   난 사촌이 없는데.

 이렇게 써본다!

A: So, you can't come? But you promised.

B: I'm so sorry, but I have no choice.

    A: 그래서, 못온다는 거야? 약속했잖아.
    B: 정말 미안해. 방법이 없어.

A: You can tell me her secret, right?

B: No. I have nothing to say about that.

    A: 걔 비밀 나한테 말해줄 수 있지, 그렇지?
    B: 몰라. 거기에 대해선 아무 할 말이 없어.

🖼 **One Point Lesson!**

You'll be sorry later

You'll be sorry later는 상대방에게 나중에 후회할거야라고 충고내지는 경고하는 문장이다.

A: Sometimes I eat a lot of junk food before I go to sleep at night.

    때때로 밤에 자기 전에 많은 정크푸드를 많이 먹어.

B: You'll be sorry later. I bet you'll get fat. 나중에 후회할 걸. 뚱뚱해질거야.

I have 다음에 질병을 나타내는 명사를 넣어본다.

I have a headache

질병을 나타내는 명사

「나 두통이 있어」, 「머리아파」라는 뜻이다. headache는 「두통」을 나타내는 명사. 이렇게 I have 다음에는 '질병을 나타내는 명사'가 와서 몸 어디어디가 「아프다」는 말을 할 수도 있다.

 이렇게 쓰인다!

Answer: I have a toothache

☐ **I have a cold** 나 감기걸렸어.

☐ **I have a fever** 열이 있어.

☐ **I have a sore throat** 목이 따끔따끔해.

☐ 　　　　　　　　　　　　 이가 아파[치통이 있어].

* sore throat 목구멍(throat)이 따끔거리는 것

 이렇게 써본다!

A: **Can you help me?** I have a cold.

B: **Sure. I've got some medicine.**

　　A: 나 좀 도와줄래? 감기에 걸렸어.
　　B: 그럼. 내가 약을 좀 갖고 있어.

A: **You look kind of sick today.**

B: **I feel terrible.** I have a sore throat.

　　A: 너 오늘 좀 아파보이는구나.
　　B: 아주 안좋아. 목이 따끔거려.

One Point Lesson!

질병을 나타내는 표현들

아플 때 어디가 아프다고 말 못하는 것처럼 속상한 일도 없을게다. 그런데 사실 영어공부를 할 때 '내 몸 어디어디가 아프다'는 표현들을 배울 기회가 흔치 않아서, 감기나 기침 같은 간단한 표현들도 어렵게 느껴지기 일쑤이다. 위에서 다룬 것 외에도 알아두면 좋을 여러가지 「아프다」는 표현들을 살펴보기로 하자.

I have a flu 독감에 걸렸어요.
I have a runny nose 콧물이 나요.
I have a backache 허리가 아파요.
I have allergies 알러지가 있어요.

I can't stop coughing 기침이 멈추지 않아요.
I have a stomachache 배가 아파요.
My eyes hurt 눈이 아파요.
I have diarrhea 설사를 해요.

have 동사 다음에 음식 명사를 넣어본다.

I usually have lunch at noon

음식을 나타내는 명사

「난 보통(usually) 정오에 점심을 먹어」라는 의미. have 뒤에 '음식을 나타내는 명사'가 와서 「먹다」라는 의미로 쓰인 경우이다. 특히 이때 식사명사 앞에는 관사가 쓰이지 않는다는 점을 기억해둔다.

이렇게 쓰인다!

Answer: I had dinner

☐ **I had steak for dinner** 난 저녁으로 스테이크 먹었어.

☐ **I'll have a beer** 난 맥주 마실래요. (음식주문시)

☐   **with her yesterday** 나 어제 걔하고 저녁 먹었어.

이렇게 써본다!

A: Did you eat yet?

B: Yes I did. I had steak for dinner.

    A: 밥 먹었어?
    B: 응. 저녁으로 스테이크 먹었어.

A: What would you like to order?

B: I'll have a beer.

    A: 무엇을 주문하시겠습니까?
    B: 맥주로 할래요.

One Point Lesson!

I'm sorry, but I can't speak English very well.

특히 길 안내해줄 영어가 안될 때는 "I'm sorry, but I can't speak English very well" 혹은 "I'm sorry, but my English isn't very good"이라 먼저 한 다음 "Could you ask someone else?"나 "You'd better check with someone else"라고 하면 된다.

A: Can you tell me where Cheonggyecheon is? 청계천이 어딘가요?

B: I'm sorry, but I can't speak English very well. Could you ask someone else?

    저기 영어를 잘 말 못해요. 다른 사람에게 물어볼래요?

I'd like to have a rest

그밖의 다양한 명사

「나 쉬고 싶어」라는 의미이다. 이와 같이, have 다음에는 다양한 명사가 와서 「동작」을 나타내는 경우도 있다.

이렇게 쓰인다!

☐ **I had a bath** 나 목욕했어.

☐ **He's having a good time** 걘 즐거운 시간을 보내고 있지.

☐ **They had a big fight** 걔네들, 크게 싸웠어.

이렇게 써본다!

A: Where's your husband?

B: **In the bar.** He's having a good time with his friends.

A: 네 남편은 어디 갔어?
B: 바에 있어. 친구들하고 즐거운 시간을 보내고 있지.

A: Why is Sally angry at Harry?

B: They had a big fight last night.

A: 샐리는 왜 해리한테 화가 난 거야?
B: 어젯밤에 대판 싸웠어.

One Point Lesson!

That's[This is] who S+V

That's[This is] who S+V는 저게[저 사람이] 바로 …야, 이게[이 사람이] 바로 …야라는 문장이다.

That's who Louis talked to. You know him? 저 사람이 바로 루이스하고 말 나누던 사람야. 쟤 알아?
This is who we are. This is our lives. 이게 바로 우리야. 이게 우리 인생이지.

I had my hair cut

<u>목적어 명사</u>   <u>동사의 과거분사</u>

「나는 (남을 시켜서) 머리를 잘랐다」는 얘기다. '나는 명사(my hair)를 가지고 있는데, 그 명사는 누군지는 모르지만 남이 그렇게 해줘서 과거분사의 상태(cut)가 되었다'는 말이 된다. 이 문장에서의 cut은 모습은 동사원형과 똑같지만 과거분사로 쓰인 것.「자르다」라는 동사 cut은 cut-cut-cut의 형태로 변화한다는 거 기억해둔다.

 이렇게 쓰인다!   Answer: stolen

☐ **I had my car fixed** 내 차를 고쳤어.

☐ **I had the room cleaned** 그 방을 청소시켰어.

☐ **I had my watch**   시계를 도둑맞았어.

* fixed 고쳐진(*cf.* fix 고치다) ǀ stolen 훔쳐진, 즉 도둑맞은(*cf.* steal 훔치다)

 이렇게 써본다!

A: I had my car fixed.

B: How much did it cost?

A: 차를 수리했어.
B: 얼마 들었나?

A: I'll have the room cleaned before the meeting.

B: Good idea.

A: 회의 전에 이 방을 청소시킬게요.
B: 좋은 생각이야.

One Point Lesson!

make up one's mind

decide와 같은 의미로 make up one's mind도 쓰인다.

He's already made up his mind. 걘 이미 마음을 결정했어.
Why don't you make up your mind? 결정하지 그래.
Make up your mind! 결정해!
I haven't made up my mind **yet.** 아직 결정을 못했는데

have 다음에 명사+~ing의 형태를 만들어본다.

I had the audience laughing

목적어 명사   동사의 ~ing

「내가 방청객들을 웃게 만들었지 뭐야」, 즉 「내 말에 방청객들이 웃었다」는 말이 된다. 이처럼 have+목적어(명사)+~ing의 형태가 되면 「주어가 목적어를 …하게 만든다」라는 의미가 된다.

 이렇게 쓰인다!

- [ ] **I had her researching the report** 내가 그 여자한테 보고서를 조사하라고 시켰어.

- [ ] **I have the water running** 내가 물을 틀어놨어.

    * run (물 등이) 흐르다

 이렇게 써본다!

A: Why was Maria so busy today?

B: I had her researching the report.

     A: 마리아는 오늘 왜 그렇게 바빴던 거야?
     B: 보고서를 조사하라고 시켰거든.

A: Do you hear that? What's that noise?

B: Oh, I have the water running.

     A: 저 소리 들려? 무슨 소리지?
     B: 아, 내가 물을 틀어놨어.

One Point Lesson!

You had it coming

You had it coming은 네가 자초한거야라는 빈출 표현이다. have+사물+~ing 하게 되면 사물이 …하게 만들었다라는 의미로 사물과 ~ing의 관계는 능동이다.

I had the water running. 내가 물을 틀어놨어.

A: My parents are angry at me. 부모님이 나한테 화나셨어.
B: You had it coming. **You treated them badly.** 네가 자초한거야. 함부로 막 대했잖아.

have 다음에 명사+동사원형의 형태를 만들어본다.

Would you have him call me?

목적어　　　동사원형

「그 사람이 나한테 전화하게 해주실래요?」 즉 「그 사람더러 저한테 전화하라고 해주실래요?」라는 말이다. 친구 사무실을 찾아갔더니 혹은 전화했더니 마침 친구가 없을 때 친구 동료에게 혹은 전화받은 사람에게 할 수 있는 말이다. 이렇게 'have+목적어(명사)+동사원형'의 형태로 「…에게 (지시[말]하여) ~을 하게끔 시키다」라는 의미를 나타낼 수 있다.

 이렇게 쓰인다!

☐ **I'll have my secretary attend the meeting**
비서를 시켜 그 회의에 참석하게 할게요.

☐ **Have her come in** 들어오라고 해.

* attend 참석하다

 **이렇게 써본다!**

A: Mr. Baggins is not in right now.

B: Would you have him call me when he comes back?

A: 배긴스 씨는 지금 안계세요.
B: 돌아오면 저한테 전화하라고 해주실래요?

A: Ms. Norris is here to see you.

B: Okay. Have her come in.

A: 노리스 씨가 만나러 오셨는데요.
B: 알겠어요. 들어오라고 해요.

 One Point Lesson!

사역동사

1. 주어 + 사역동사 + 목적어 + 동사원형/~ing [목적어와 동사원형/~ing는 능동의 관계]

I have him call you back.
= He calls you back

2. 주어 + 사역동사 + 목적어 + pp [목적어와 pp의 관계는 수동]

I had my hair cut.
= My hair was cut.

You have ~ 다음에 다양한 명사를 넣어본다.

You have a nice car

명사

「너 멋진 차를 갖고 있구나」, 즉 「네 차 멋있다」라는 의미의 문장이다. 'You have+명사'의 형태로 상대방이 무엇을 가지고 있는지 말할 수 있는데, 형태를 가진 것이든, 형태가 없는 것이든 모두모두 목적어로 올 수 있다.

이렇게 쓰인다!

Answer: have a lot of friends

☐ **You have a large family** (당신 가족은) 대가족이네요.

☐ **You have a good memory** 기억력이 좋으시네요.

☐ **You have a call from Mr. Kobs** 콥스 씨에게서 전화 왔어요. (전화를 바꿔주면서)

☐ **You**   친구들이 많으시군요.

이렇게 써본다!

A: I have two sisters and three brothers.

B: Wow! You have a large family.

    A: 난 누나가 둘에 남동생이 셋이야.
    B: 이야! 대가족이로군.

A: Didn't we meet at a party a few years ago?

B: You have a good memory.

    A: 우리, 몇년 전에 파티에서 만났었죠?
    B: 기억력이 좋으시네요.

One Point Lesson!

It has been a long day

It has been a long day는 힘든 하루를 보내고 쓸 수 있는 표현.

A: It's been a long day. How about for you? 힘든 하루였어. 넌 어때?

B: Me too. Let's call it a day and get some beer. 나도. 그만하고 맥주 좀 먹자.

You have no idea how loud they are
<u>명사</u>

「그 소리가 얼마나 시끄러운지(loud) 넌 몰라」라는 의미이다. 즉 「되게 시끄러웠다」는 얘기를 좀 호들갑스럽게 말한 것이다. You have no idea라고 하면 「넌 모른다」는 뜻이 되겠고 거기에 「얼마나 …한지 모른다」는 뜻으로 'how+형용사+주어+동사'의 형태를 만들어 붙이면 「얼마나 …한지 넌 아마 모를 걸」이라는 의미의 표현이 되는 것이다.

 이렇게 쓰인다!

Answer: how pretty she is

☐ **You have no idea how boring it is** 얼마나 지루한지 넌 모를 거야.

☐ **You have no idea how exciting it was** 얼마나 신났었는지 넌 모를 거야.

☐ **You have no idea**

그 여자가 얼마나 예쁜지 넌 모를 거야.

* boring `지루한

 이렇게 써본다!

A: How was your trip to Paris?

B: You have no idea how exciting it was.

A: 파리 여행은 어땠어?
B: 얼마나 신났었는지 넌 모를 거야.

A: I heard that you're studying economic theory.

B: You have no idea how boring it is.

A: 너 경제 이론을 공부한다면서.
B: 그게 얼마나 지루한지 넌 모를 거야.

One Point Lesson!

I never thought S+would+V

I never thought S+would+V는 …하리라곤 전혀 생각 못했어라는 놀라움의 표현이다.

I never thought I'd **say this.** 내가 이 말을 하리라곤 꿈에도 생각 못했어.
I never thought I would **outlive him.** 내가 걔보다 오래 살리라곤 생각못했어.
I never thought this would **happen.** 이런 일이 벌어지리라고는 생각못했어.

Do you have~ 다음에 다양한 명사를 넣어본다.

Do you have a digital camera?

명사

「디카 갖고 있니?」라는 말. 아래 예문에서 볼 수 있듯이 Do you have~다음에는 I have~나 You have ~에서와 마찬가지로 유형·무형의 여러가지 명사들이 올 수 있다. 「너 …갖고 있니?」라는 뜻이 된다.

이렇게 쓰인다!

Answer: Do you have time

☐ **Do you have a brother?** 너 남자형제가 있니?

☐ **Do you have kids?** 자녀가 있나요?

☐ **Do you have a room for tonight?** 오늘밤 묵을 방 있나요? (호텔 등에서)

☐ **to have dinner?** 저녁 먹을 시간 있어요?

이렇게 써본다!

A: Do you have a brother?

B: No, I have an older sister and a younger sister.

A: 남자형제가 있니?
B: 아니, 누나 한명에 여동생이 한명 있어.

A: My wife and I have been married for six years.

B: Do you have kids?

A: 우리 부부는 결혼한지 6년 됐어요.
B: 자녀는 있나요?

One Point Lesson!

What are you saying?

What are you saying?은 상대방 말에 이해가 안되거나 납득할 수 없을 때 "무슨 말이야?"냐고 따지는 문장이다.

What are you saying? **That she lied to us?** 무슨 말이야? 걔가 우리에게 거짓말했다는 거야?

What are you saying? **One of us did it?** 무슨 말이야? 우리 중 하나가 그렇게 했다고?

Do you have any questions?

명사

「질문 있나요?」라는 뜻으로 명사 앞에 any가 붙어 있는 것이 그 특징이다. any는 수나 양이 확실치 않은 것을 의미하는 단어로 위 문장은 질문의 개수가 중요한 것이 아니라 질문이 있는지 없는지, 즉 질문의 유무에 초점을 두고 있다.

 이렇게 쓰인다!   Answer: Do you have any beer?

☐ **Do you have any plans?** 무슨 계획이라도 있어?

☐ **Do you have any idea?** 뭐 좀 아는 것 있어?

☐ **Do you have any other brands?** 다른 상표(의 상품)은 있나요?

☐   **?** 맥주 있니?

* brand 특정 상표, 특정 상표가 붙은 상품

 이렇게 써본다!

A: Did you figure out the math homework?

B: Nope. Do you have any idea about it?

    A: 수학숙제 풀었어?
    B: 아니. 너 뭐 아는 것 좀 있나?

A: Do you have any plans tonight?

B: Possibly. What do you have in mind?

    A: 오늘 밤에 무슨 계획이라도 있어?
    B: 어쩌면 생길 지도 몰라. 뭐할 생각인데?

One Point Lesson!

What make you so sure S+V?

What make you so sure S+V?는 …을 어떻게 그렇게 확신해?하고 상대방에게 반문하는 문장이다.

What makes you so sure I don't have talent? 내가 재능없다고 어떻게 그렇게 확신해?

What makes you so sure? Do you have any proof? 뭐 때문에 그렇게 확신해? 증거라도 있어?

get 다음에 다양한 명사를 넣어본다.

I got an e-mail from her
명사

「걔한테서 이메일 받았어」라는 의미. 만능동사 get이 기본의미인 「받다」(receive)라는 의미로 쓰인 경우이다. get은 돈을 주고 사거나 어디 가서 가져오거나 누가 거저 주었거나 어쨌든 「손에 넣는 것」을 의미한다.

이렇게 쓰인다!

Answer: I got an A+

☐ **I got a new swimsuit at the store** 그 상점에서 새 수영복을 샀어.

☐ **I got my driver's license** 운전면허를 땄어.

☐ **I got a promotion** 나 승진했어.

☐ **I got a new job** 새 일자리를 구했어.

☐   **on my English Test** 영어시험에서 A+를 받았어.

* driver's license 운전면허 | get a promotion 승진하다

이렇게 써본다!

A: I got my driver's license today.

B: Soon you'll have to buy yourself a car.

A: 오늘 운전면허 땄어.
B: 곧 차를 사야겠구나.

A: You look happy. What's up?

B: I got a promotion today.

A: 기분 좋아 보이네. 무슨 일이야?
B: 나 오늘 승진했어.

One Point Lesson!

I'll keep my fingers crossed

내 행운을 빌게라는 뜻으로 keep+목적어+목적보어형태의 유명한 문장. 이 형식의 유명 표현으로는 기다리게 해서 미안해라는 의미의 I'm sorry to have kept you waiting, 방 좀 깨끗이 하라고 할 때의 Keep your room clean 등이 있다.

A: Tomorrow I'm going to ask Jill to marry me. 낼 질에게 청혼하려고.
B: I'll keep my fingers crossed for you. 행운을 빌어.

get 다음에 다양한 장소명사를 넣어본다.

I got home after work

장소명사

「퇴근 후에(after work) 집에 갔다」는 말로, get 다음에 특히 '장소'를 나타내는 명사가 오면 get 은 「도착하다」라는 의미를 나타내게 된다.

이렇게 쓰인다!

Answer: I got there

☐ **I got downstairs for dinner** 저녁을 먹으려고 아래층에 내려갔지.

☐   **on time** 난 거기 제시간에 도착했어.

   * on time 제시간에

이렇게 써본다!

A: Were you late for your doctor's appointment?

B: No, I got there on time.

    A: 병원 예약시간에 늦었어?
    B: 아니, 제 시간에 갔어.

A: After unpacking, I got downstairs for dinner.

B: How was the food in the restaurant?

    A: 짐을 풀고 나서 아래층에 저녁먹으러 내려갔지.
    B: 그 식당 음식은 어땠니?

One Point Lesson!

I totally forgot

1. I (totally) forgot (깜박) 잊었어. I almost forgot 거의 잊을 뻔 했어

   I'm married! I totally forgot. 난 유부남이야! 깜박했네.

2. Forget (about) it 됐어. 괜찮아

   Oh, forget it. It's not that important. 저기 잊어버려. 그리 중요한 것도 아냐.

3. How should I forget? 어떻게 잊겠어?

   How could I forget him? 어떻게 내가 걜 잊겠어?

get의 그 외 다양한 의미들을 알아본다.

He got a phone
명사

「걔가 전화를 받았어」라는 의미. get에는 앞서 연습한 것들 외에도 여러가지 의미들이 있다.
① 전화를 받거나 문을 열어 주는 것, ② 버스 등을 타는 것, ③ 알아듣거나 이해하는 것, ④ have 대신에 질병 이름과 함께 쓰여 「병에 걸린다」는 것을 강조하는 것 등이 모두 get의 쓰임새이다.

이렇게 쓴다!

☐ **I'll get it** (전화가 오거나 초인종이 울렸을 때) 내가 받을게, 내가 열게

☐ **We need to get the forty-two bus** 우린 42번 버스를 타야 돼.

☐ **Now I got it** 이제 알겠다.

☐ **I got the flu** 나 독감에 걸렸어.

이렇게 써본다!

A: Which bus will take us downtown?

B: We need to get the forty-two bus.

A: 몇번 버스가 시내로 가?
B: 42번 버스를 타야 돼.

A: I can hear the telephone ringing.

B: Me too. I'll get it.

A: 전화벨이 울리는 소리가 들리는데.
B: 나도 들려. 내가 받을게.

One Point Lesson!

can't help oneself

1. I can't[couldn't] help myself. 나도 어쩔 수가 없어[없었어].

   I couldn't help myself because she was acting so hot.
   걔가 너무 섹시하게 행동해서 나도 어쩔 수가 없었어.

2. You can't help yourself. 너도 어쩔 수가 없잖아.

   You can't help yourself. You were born nasty. 너도 어쩔 수가 없잖아. 비열하게 타고 났으니.

get 다음에 다양한 형용사를 넣어본다.

I got fat
형용사

「나 살이 쪘어」라고 하는 말이다. get 다음에 「형용사」가 오게 되면 「…하게 되다」, 「…해지다」라는 의미로 상태의 변화를 나타낸다. 'I' 외에도 다양한 주어로 표현해본다.

이렇게 쓰인다!

Answer: are getting cold

☐ **I got really mad at him** 나 걔한테 엄청나게 화났었어.

☐ **I get red when I drink** 술을 마시면 난 빨개져.

☐ **It's getting better[worse]** 점점 나아지고[나빠지고] 있어.

☐ **My feet** 발이 차가워지고 있어.

* mad 매우 화가 난

이렇게 써본다!

A: What happened when your boyfriend forgot your birthday?
B: I got really mad at him.

A: 네 남자친구가 네 생일을 까먹다니 어떻게 된 거야?
B: 나 걔한테 무지 화났어.

A: Is it warm enough for you?
B: Not really. My feet are getting cold.

A: 이 정도면 따뜻해?
B: 별로. 발이 차가워지고 있어.

One Point Lesson!

embarrassed vs. embarrassing

embarrass는 타동사로 …을 당황하게 하다라는 뜻이다. 따라서 embarrassing하면 …을 당황하게 하는 것이고, embarrassed는 …로 인하여 당황해진 것을 의미한다. excite, frustrate, confuse, bore도 같은 유형의 동사들이다.

This is really embarrassing. I'm sorry, I'm really embarrassed. 정말 당황하게 하네. 미안. 정말 당황했어.

get 다음에 다양한 과거분사를 넣어본다.

I'm getting married in May

동사의 과거분사

「나 5월에 결혼해」라는 의미의 문장이다. get+과거분사는 be+과거분사, 즉 '수동태'의 문장에서 be동사 대신 쓸 수 있다. 「과거분사의 상태가 되다」라는 의미가 된다.

📖 **이렇게 쓰인다!** Answer: He got caught

☐ **I got fired today** 나 오늘 해고됐어.

☐ **I got drunk** 나 취했어.

☐ **I got locked out** 열쇠도 없이 문을 잠그고 나와버렸네.

☐   **by the police** 그 사람은 경찰에게 붙잡혔어.

    * fire 해고하다 | be[get] locked out (열쇠를 안에 두고) 문을 잠그고 나오다

🙋 **이렇게 써본다!**

A: Are you upset about something?

B: I feel awful. I got fired today.

    A: 뭐 화나는 일 있니?
    B: 기분 더러워. 오늘 해고당했다구.

A: I got locked out of my car.

B: Did you call the locksmith?

    A: 차 열쇠를 안에 두고 잠가버렸네.
    B: 열쇠 수리공은 불렀어?

🖼️ **One Point Lesson!**

get + 형용사/pp 형태의 표현

1. get excited(흥분하다)

   They get excited when they see famous people. 유명인들을 보면 사람들은 흥분해.

2. get angry(화내다)

   Don't get angry with me! 내게 화내지마!

3. get upset(화내다)

   Don't get upset! 화내지마!

get 다음에 사람+사물의 형태를 만들어본다.

I'll get you some coke

사람목적어   사물목적어

「내가 너한테 콜라 갖다줄게」라는 의미의 말이다. get 다음에는 목적어가 두 개 나올 수 있는데, 주로 'get+사람+물건'의 형태이다. 「사람에게 …을 갖다 준다」는 의미이다.

이렇게 쓰인다!   Answer: get me a newspaper

☐ **He got me an expensive dress** 걔가 나한테 비싼 옷 사줬어.

☐ **Let me get you a piece of pie** 너한테 파이 한조각 갖다줄게.

☐ **Could you**   **?** 나한테 신문 좀 갖다줄래요?

* expensive 비싼

이렇게 써본다!

A: My boyfriend got me an expensive dress.

B: Hmm... Is he rich?

A: 내 남자친구가 비싼 옷을 사줬어.
B: 흠… 걔 부자니?

A: This coffee tastes great.

B: Let me get you a piece of pie to go with it.

A: 커피 맛 좋네.
B: 커피랑 같이 먹도록 파이 한 조각 갖다줄게.

One Point Lesson!

I'll get something for you.

간접목적어(사람)이 뒤로 갈 때 전치사 for가 필요하며 buy, make, cook 등도 같은 경우이다.

She bought me a book.
⇒ She bought a book for me.

She made me a cake.
⇒ She made a cake for me.

145 get 다음에 명사+형용사의 형태를 만들어본다.

He always gets me upset
사람목적어   형용사

「걔 항상 날 화나게 해」, 즉 「난 늘 걔때문에 화가 나」라는 뜻이 된다. 이렇게 'get+목적어(명사)+형용사'의 형태는 「주어가 목적어를 형용사의 상태로 만든다」는 의미가 된다.

이렇게 쓰인다!
Answer: get dinner ready

☐ **I can't get my hands warm** 손을 따뜻하게 할 수가 없네.

☐ **Nothing can get him mad** 그 어떤 것도 걔 화나게 만들 수 없어.

☐ **We must**   저녁을 준비해야 돼.

    * mad 매우 화난

이렇게 써본다!

A: Bill seems to be a very patient guy.

B: Yeah. Nothing can get him mad.

    A: 빌은 굉장히 참을성이 있는 것 같아.
    B: 응. 어떤 일에도 화를 내지 않지.

A: The office is really cold today.

B: I know. I can't get my hands warm.

    A: 오늘 사무실이 정말 춥구나.
    B: 그러게. 손을 따뜻하게 할 수가 없네.

One Point Lesson!

Who said~?

1. Who said S+V? 누가 …라고 했어?

   Who said that I didn't like you? 내가 널 좋아하지 않는다고 누가 그래?
   Who said I went there? 내가 거기에 갔다고 누가 그래?

2. Who said that[it]? 누가 그래?

3. Who told you (that)? 누가 그랬어?

get 다음에 명사+과거분사의 형태를 만들어본다.

I got my hair cut

목적어   과거분사

「머리를 잘랐어」라는 뜻이다. have+목적어(명사)+과거분사의 설명에서 나온 문장이다. 이렇게 똑같은 문형에서 have와 get은 바꿔 써도 된다. 의미는 남을 시켜서 「…를 해 받는다」, 혹은 어떤 일을 「당하다」라는 것이 된다.

이렇게 쓰인다!

Answer: painted / dressed

☐ **I got my car washed** 차를 (맡겨서) 세차했어.

☐ **I got my bicycle fixed** 자전거를 고쳤어.

☐ **I got the house**   집을 페인트 칠했어.

☐ **You should get the children**   애들 옷을 입혀야지.

* fix 고치다, 수리하다

이렇게 써본다!

A: You look different today.

B: I got my hair cut. Does it look good?

A: 너 오늘 좀 달라보인다.
B: 머리를 잘랐거든. 보기 좋아?

A: I got my car washed today.

B: That's a good thing to do while the weather is nice.

A: 오늘 세차를 했어.
B: 날씨 좋을 때 세차하는 게 좋지.

One Point Lesson!

You said that

You said 다음에 절이 안 오고 대명사가 온 경우. 비슷한 형태의 관용표현인 You said it!은 상대방의 말에 공감하는 것으로 네말이 맞아라는 뜻이다.

A: Romantic novels seems really boring. 로맨틱 소설은 정말 지루한 것 같아.
B: You said it. 네 말이 맞아.

get 다음에 명사+to부정사의 형태를 만들어본다.

I couldn't get him to calm down

목적어   to + 동사원형

「걜 진정시킬 수가 없었어」라는 말이다. calm down은 기쁨이나 슬픔, 분노 등 고조된 감정을 「가라앉히다」, 「진정하다」라는 의미이다. 이렇게 get+목적어(명사)+to부정사의 구조로 「목적어를 설득하거나 지시하여 …하게 만들다」라는 의미를 나타낼 수 있다.

 이렇게 쓰인다!

Answer: I'll get Greg to fix your car

☐ **I'll get Amanda to go out with me** 어맨더가 나하고 데이트하게 만들 거야.

☐ **You should get security to open it up** 경비원에게 열어달라고 해야겠네.

☐ **He tried to get me to pay for it** 걘 내가 돈을 내도록 하려고 하더라니까.

☐   Greg이 네 차를 고쳐놓도록 시킬게.

* go out with+사람 …와 데이트하다 | security 경비원

 이렇게 써본다!

A: **The door is locked.**

B: **You should get security to open it up.**

     A: 문이 잠겼네.
     B: 경비원을 불러 열어달라고 해야겠네.

A: **Did Harry make you pay for dinner?**

B: **He tried to get me to pay for it, but I refused.**

     A: 해리가 저녁값을 네가 내게 했단 말야?
     B: 내가 돈을 내게끔 하려고 하더라구. 하지만 싫다고 했어.

One Point Lesson!

I think so

상대방의 생각에 나도 그런 생각이라고 동의할 때는 간단히 상대방이 한 말을 'so'로 받은 경우. 좀 더 동의하는 정도를 강조하려면 "I think so too(나 역시 그런 것 같아)라고 말한다. 한편 상대방의 말에 동의하지 않을 때는 "난 그렇게 생각하지 않는다"라고 I didn't think so라 하면 된다. 과거형인 I thought so (too)는 (나도) 그렇게 생각했어, 그럴 것 같았어라는 말.

A: **Isn't she amazing? She passed the entrance exam.** 걔 대단하지 않아. 입학시험에 붙었어.
B: I thought so. **She's marvelous.** 나도 그렇게 생각했어. 대단한 아이야.

I've got four tickets
명사

「나 티켓 네 장 갖고 있어」라는 뜻. I "have" four tickets라고 해도 된다. 이렇게 have got+명사의 형태는 have+명사와 똑같이「…을 갖고 있다」는 의미이다. 하지만, have와 같다고는 해도 「갖고 있다」는 뜻 외에 다른 의미로 쓰인 have는 have got으로 바꿀 수 없다. 예를 들면 have lunch(점심먹다)와 같은 경우에는 have를 have got으로 바꿀 수 없다.

 이렇게 쓰인다!
Answer: I've got a plan

☐ **I've got a date** 나 데이트가 있어.

☐ **I've got an idea** 나한테 생각이 있어.

☐ **I've got two kids** 애가 둘이에요.

☐   나한테 계획이 있어.

   * kid 그냥「어린아이」라는 뜻도 되지만「자식」을 의미하기도 한다

 이렇게 써본다!

A: How can we make some money?

B: I've got an idea. Do you want to hear it?

    A: 어떻게 하면 돈을 벌 수 있을까?
    B: 나한테 생각이 있어. 들어볼래?

A: Why are you dressed so formally tonight?

B: I've got a date that I want to impress.

    A: 오늘 왜 그렇게 정식으로 차려입었어?
    B: 데이트가 있는데 강한 인상을 주고 싶어.

One Point Lesson!

How long~?

1. How long? 얼마나 오래? How long ago? 얼마나 오래 전에?

2. How long since +N/S+V? …한지 얼마나 됐어?
   How long before+N/S+V? …전에 얼마나?

   How long since you've seen a girl naked? 여자 나체를 본 지 얼마나 됐어?
   How long before you have to leave? 네가 가기 전에 얼마동안이나?

I've got to go
동사원형

「나 이제 가봐야 해」라는 의미이다. I have got to+동사원형의 형태. have got은 have와 같다고 했으니 이는 I have to+동사원형으로 바꿀 수 있다. 의미는 「…해야 한다」는 뜻이다.

이렇게 쓰인다!

Answer: I've got to do

☐ **I've got to tell you** 너한테 말해야겠어.

☐ **I've got to go back to my office** 난 사무실로 돌아가 봐야 해.

☐ **You've got to be careful** 조심해야 돼.

☐   **something now** 난 이제 뭔가 해야만 해.

이렇게 써본다!

A: Can you join us for a few drinks?

B: No, I've got to go back to my office.

    A: 우리랑 같이 술이나 몇잔 마실래?
    B: 아니. 사무실로 돌아가봐야 해.

A: This is dangerous. You've got to be careful.

B: Don't worry about me.

    A: 이 일은 위험해. 조심해야 한다구.
    B: 내 걱정 하지 마.

One Point Lesson!

I gotta~

I've got이 I have와 마찬가지이듯 I've got to+동사 역시 I have to+동사와 같은 뜻이다. 특히 I've got to (go)는 I gotta (go)로 들리는데 이는 I've got to go ⇒ I've gotta go ⇒ I gotta go로 축약되어 읽히기 때문이다.

I've got to **go now.** 지금 가야 돼.

I've gotta **run.** 빨리 가야 돼.

I've got **so much to do and I have to go.** 할 일이 너무 많아 가야 돼.

You've got to **be more careful.** 넌 좀 더 신중해야 돼.

You've got to **help me!** 나 좀 도와줘야 돼!

You've got to **be kidding!** 농담말아, 웃기지마!

All NEW 2
SMART 3
영어회화공식 1

like~

표현을 더욱 풍부하게 하는 기본동사 모음

like(좋아하다), know(알다),
think(생각하다) 등의 기본동사들은 쉬운 만큼
일상생활에서 쓰이는 빈도도 아주 높다.

I like ~ 다음에 다양한 명사를 넣어본다.

I like pizza

명사

「난 피자 좋아해」라는 뜻. I like 다음에는 다양한 명사가 와서 「좋아한다」는 의미를 나타낼 수 있는데, 내가 평소에 뭘 좋아하고 있었는지를 나타낼 때도 쓰이지만, 아래 예문처럼 「오늘 맨 타이가 멋있구나」하고 칭찬할 때나 선물을 받고 「나 그거 맘에 든다」고 할 때에도 I like~가 쓰인다.

이렇게 쓰인다!

Answer: I like you

- [ ] **I like your tie** 네가 매고 있는 타이 좋구나.
- [ ] **I like this picture** 이 사진, 맘에 든다.
- [ ] **I like it** 맘에 들어.
- [ ] **I like comics** 난 만화책을 좋아해.
- [ ] **very much** 나 네가 정말 좋아.

이렇게 써본다!

A: You look nice today. I like your tie.
B: Thank you.

A: 오늘 멋있어보이네. 넥타이 참 좋다.
B: 고마워.

A: Here's your birthday present. It's a silver bracelet.
B: Thank you. I like it.

A: 이거 네 생일선물. 은팔찌야.
B: 고마워. 맘에 들어.

One Point Lesson!

check sth out

1. check something out …을 확인해보다

   Check it out! 확인해봐!
   I'll check it out. 내가 확인해볼게.
   I'll check out the bedroom. 침대를 확인해볼게.

2. Let me check 확인해볼게

   A: Do you know when the next flight leaves? 다음 비행기는 언제죠?
   B: Just a moment. Let me check. 잠깐만요. 확인해볼게요.

I like~ 다음에 to+동사원형 혹은 ~ing형태를 넣어본다.

I like to swim

to+동사원형(~ing가 와도 된다)

「난 수영하길 좋아해」라는 의미. 내가좋아하는 「활동」, 「행동」을 말할 땐 I like to+동사원형의 형태를 이용하면 되는데, to+동사 대신에 ~ing 형태를 써도 같은 뜻이 된다. 따라서 위 문장은 I like swimming이라고 해도 같은 의미.

이렇게 쓰인다!

Answer: I like to watch[watching]

☐ **I like to jog in the morning** 난 아침에 조깅하는 걸 좋아해.

☐ **I like to take walks alone** 난 혼자서 산책하길 좋아해.

☐   **baseball games** 난 야구경기 관람하는 걸 좋아해.

이렇게 써본다!

A: I like to jog in the morning.

B: Really? So do I.

    A: 난 아침에 조깅하는 걸 좋아해.
    B: 정말? 나도 그런데.

A: What do you do on Saturdays?

B: I stay at home. I like to watch baseball games.

    A: 토요일마다 뭘 하세요?
    B: 집에 있어요. 야구경기 보는 걸 좋아하거든요.

One Point Lesson!

I like~ vs. I'd like~

앞서 다루었듯, would like는 「…하고 싶다」는 뜻인데, 보통 주어 끝에 붙여 I'd like로 줄여서 쓴다. I'd의 /d/발음이 잘 안들려서 마치 I like to~처럼 들리게 되는데, I like to+동사가 「…하기를 좋아한다」, 「…를 하면 즐겁다」는 의미인 반면, I "would" like to+동사는 (보통 지금) 「…하고 싶다」, 그러니 그걸 하자는 의미를 갖게 된다.

A: What do you do in your free time? 시간이 나면 뭘 해?
B: I like to go hiking. 등산하는 걸 좋아하지. (평소에 즐기는 것)

A: What do you want to do today? 오늘 뭐 하고 싶어?
B: I'd like to go hiking. 등산하고 싶어. (지금 하고 싶은 일)

I don't like~ 다음에 다양한 명사를 넣어본다.

I don't like noisy music
명사

「시끄러운(noisy) 음악은 좋아하지 않아」라는 의미. I don't like~ 다음에 싫어하는 것들을 마음껏 넣어보자.

이렇게 쓰인다!

Answer: don't like beans

☐ **I don't like sports** 스포츠는 좋아하지 않아.

☐ **I don't like this type of work** 이런 종류의 일은 싫더라.

☐ **I don't like my boss** 우리 상사가 맘에 안들어.

☐ **I don't like the blue one** 파란 것은 별로야.

☐ **I** **very much** 콩은 너무 먹기 싫더라.

* this type of 이런 유형[종류]의 | boss 상사, 사장

이렇게 써본다!

A: I don't like my boss.

B: You should probably try to find another job.

A: 우리 상사가 맘에 안들어.
B: 다른 일을 찾아봐야겠구나.

A: What do you think about these shirts?

B: I don't like the striped one.

A: 이 셔츠들 어떻게 생각해?
B: 줄무늬 셔츠는 별로야.

One Point Lesson!
Who is it?

1. Who is it? (초인종이 울릴 때 혹은 전화왔다고 누가 말해줄 때) 누구세요?, 누군데?

2. Who was it?
(상황종료 후 방문객이 누군인지 전화한 사람인 누군지 물어볼 때) 누군데? 누구였어?

3. Who is this? (옆에 모르는 사람이 있을 때 혹은 전화에서) 이 사람 누구야? 누구시죠?

Who's Dick? 딕이 누구야?

I don't like~ 다음에 다양한 to부정사나 ~ing 형태를 넣어본다.

I don't like to talk about it

to+동사원형(~ing가 와도 된다)

「거기에 대해서는(about it) 얘기하기 싫어」라는 의미이다. 싫은 일을 명사 하나로 표현하기 힘들 때는 to+동사원형을 이용하면 된다. 물론 to+동사원형 대신에 ~ing 형태를 써도 같은 의미.

📖 이렇게 쓰인다!   Answer: don't like to ask[asking]

☐ **I don't like to see her** 걜 보고 싶지 않아.

☐ **I don't like to think about that** 거기에 대해 생각하기 싫어.

☐ **I don't like to do the dishes** 설거지하기 싫어.

☐ **I**   **him** 걔한테 물어보기 싫어.

    * do the dishes 설거지하다

🙌 이렇게 써본다!

A: Your kitchen is pretty dirty.

B: I know. I don't like doing the dishes.

    A: 너희 집 부엌 굉장히 지저분하구나.
    B: 맞아. 내가 설거지하는 걸 싫어서.

A: We may never see each other again.

B: I don't like to think about that.

    A: 우리 다시는 서로 볼 일 없을 거야.
    B: 생각하기도 싫다.

🖼 **One Point Lesson!**

I don't like you to do/~ing

내가 뭘 싫어하는 게 아니라 상대방이 …하는 걸 싫어한다는 의미로 상대방에 대한 비난과 불평을 늘어놓을 때 할 수 있는 표현.

I don't like you **going out with my daughter Carol.** 자네가 내 딸 캐롤과 사귀는게 싫네.

Do you like Korean food?

명사

「한국음식 좋아해?」라는 의미의 질문이다. Do you like+명사?의 형태로 다양하게 물어보는 연습을 해본다.

 이렇게 쓰인다!   Answer: Do you like her[him]

☐ **Do you like jazz?** 재즈 좋아해?

☐ **Do you like sports?** 스포츠 좋아하니?

☐ **Do you like your job?** 하시는 일은 맘에 드세요?

☐ **Do you like your new shoes?** 새 신발은 맘에 들어?

☐   **?** 너, 그 애 좋아해?

 이렇게 써본다!

A: Do you like jazz?

B: Well, I'm a big fan of John Coltrane.

    A: 재즈 좋아하니?
    B: 음, 존 콜트레인을 무진장 좋아하는 팬이야.

A: Do you like your job?

B: I really enjoy doing my work.

    A: 하는 일은 마음에 드니?
    B: 정말 즐겁게 일하고 있어.

One Point Lesson!

I'd like you to do~

내가 뭔가를 하고 싶은 것이 아니라 다른 사람이 …하기를 바란다는 내용으로 to do를 행하는 사람은 내가 아니라 'd like의 목적어인 you인 셈이다. 결국 상대방에게 …을 해달라고 부탁할 때 사용하는 표현이 된다. 특히 다른 사람을 소개할 때 사용된다.

I'd like you to **come to my party.** 네가 파티에 왔으면 좋겠어.

I'd like you to **meet Jane.** 제인하고 인사해.

Do you like to play golf?

to+동사원형

「골프치는 거 좋아해?」라고 묻고 있는 문장이다. 앞의 경우와 마찬가지로 like~ 다음에는 to+동사원형이 와도 되고 ~ing 형태가 와도 된다.

이렇게 쓰인다!

Answer: Do you like to watch(또는 Do you like watching)

☐ **Do you like to sing?** 노래부르는 거 좋아해?

☐ **Do you like to hike?** 등산하는 거 좋아해?

☐   **basketball games?** 농구경기 보는 거 좋아해?

    * hike 등산하다

이렇게 써본다!

A: The LA Lakers are doing well this year.

B: Do you like to watch basketball games?

    A: LA 레이커스 팀이 올해 굉장히 잘 하고 있어.
    B: 농구 경기 보는 거 좋아하는구나?

A: Do you like to sing?

B: Yes, but to be honest, my voice isn't very good.

    A: 노래부르는 거 좋아해?
    B: 응, 하지만 솔직히 내 목소리는 그다지 근사하지 않아.

One Point Lesson!

Where can I~?

Where can I+동사 ~? 형태의 표현들.

1. Where can I reach you ~? …하려면 어디로 연락해야 하죠?

   Where can I reach you if there is an emergency? 급한 일이 생기면 어디로 연락해야 하죠?

2. Where can I get sth ~? …을 어디에서 얻을 수 있죠?

   Where can I get tickets to see the show? 이 공연의 관람티켓을 어디서 구해요?

3. Where can I go to+동사? …하려면 어디로 가야 하죠?

   Where can I go to check my e-mail? 어디 가서 이메일을 볼 수 있나요?

I know~ 다음에 다양한 명사를 넣어본다.

I know her name
명사

「나 걔 이름 알아」라는 말이다. 'I know+명사'의 형태로 내가 직접 만나거나 체험해서 아는 것에 대해 말할 수 있다.

 이렇게 쓰인다! Answer: I know all

- [ ] **I know a lovely store in New York** 뉴욕에 있는 근사한 가게를 알고 있어.

- [ ] **I know her** 나 걔랑 알고 지내는 사이야.

- [ ] **I know of her** 나 걔가 누군지 알아.

- [ ]   **about kung fu** 쿵후에 대해서라면 뭐든 다 알아.

  * lovely 멋진, 예쁜, 사랑스러운

 이렇게 써본다!

A: I'd like to buy some antiques.

B: I know a lovely antique store in New York.

> A: 골동품을 좀 사고 싶은데.
> B: 뉴욕에 근사한 가게를 알고 있어.

A: I know all about kung fu.

B: Why don't you show me some moves?

> A: 난 쿵후에 대해서라면 뭐든 다 알아.
> B: 동작을 좀 보여줘.

One Point Lesson!

Where is/are+S+ from?

from은 출처, 기원 등을 의미하는 것으로 주어자리에 사람이 오면 출신지를, 사물이 오면 원산지나 출처를 물어보게 된다.

Where is **beautiful rug** from? 이렇게 아름다운 양탄자를 어디서 구했어?

Where is **this incredible cake** from? 이렇게 엄청나게 맛난 케익을 어디서 샀어요?

Where are **these people** from? 이 사람들 어디 출신이예요?

I know~ 다음에 다양한 명사절을 만들어 넣어본다.

I know what you mean
명사절

「네가 무슨 뜻으로 얘기하는 건지(mean) 알아」라는 말이다. I know 다음에 앞서 배운 명사 대신 명사상당어구, 즉 명사는 아니지만 명사처럼 쓰일 수 있는 명사구나 명사절이 오는 문형이다. 먼저 '의문사+to+동사'가 명사구로 know의 목적어로 올 수 있고, 또한 대표적인 종속접속사 that을 이용한 'I know that+주어+동사,' 의문사를 이용한 'I know+의문사+주어+동사'의 문형 등이 know 의 목적어로 명사절이 온 경우이다.

이렇게 쓰인다!

Answer: how you feel

☐ **I know what you're talking about** 네가 무슨 얘기하고 있는 건지 알아.

☐ **I know how to play this game** 이 게임 어떻게 하는지 알아.

☐ **I know where to go** 어디로 가는지 알아.

☐ **I know that he's a married man** 그 사람이 유부남이라는 거 알아.

☐ **I know**   네가 어떤 기분인지 알아.

이렇게 써본다!

A: It seems like things get more and more expensive.

B: I know what you're talking about.

A: 물가가 점점 비싸지는 것 같아.
B: 무슨 소린지 알겠어.

A: We're playing cards. Want to join us?

B: Sure. I know how to play this game.

A: 카드놀이 하려고 하는데. 같이 할래?
B: 좋지. 나 포커 칠 줄 알아.

One Point Lesson!

How much~ ?

1. How much+명사? 얼마나 …?

  How much? 얼마예요?   How much time? 얼마나 많은 시간을?
  How much more? 얼마나 더?   How much change? 얼마나 많은 변화를?

2. How much+비교급? 얼마나 더 …?

  How much longer? 얼마나 더 길게?   How much further? 얼마나 더 멀어?

I don't know my size

명사

옷이나 신발 등을 사려고 할 때 「내 사이즈가 몇인지 몰라」라는 말. I know~에 부정문이라는 것을 나타내는 '조동사(do)+not'이 살짝 끼어든 것뿐이니 그리 어려울 건 없다. 그리고 뒤에 사람이나 사물 등의 명사를 넣으면 된다.

이렇게 쓰인다!

Answer: don't know her age

☐ **I don't know** 몰라.

☐ **I don't know his cell phone number** 걔 휴대폰 번호를 모르는걸.

☐ **I don't know Randy very well** 난 랜디랑 그다지 친하지 않아.

☐ **I** 　　　　　　　　그 여자 나이를 몰라.

이렇게 써본다!

A: Can you tell me more about that guy?

B: Sorry, I don't know Danny very well.

A: 저 남자에 대해서 좀더 얘기해줄래?
B: 미안한데, 난 대니하고 별로 안친해.

A: You should call Glen and invite him.

B: I don't know his cell phone number.

A: 너 글렌에게 전화해서 초대해야지.
B: 걔 전화번호를 모르는걸.

One Point Lesson!

How can you say (that) S+V?

How can you say that it doesn't matter? 어떻게 그게 상관없다고 말할 수 있어?

How can you say it is meaningless? 어떻게 그게 의미없다고 말할 수 있어?

A: I hate all of my teachers. 선생님들은 다 모두 싫어.

B: How can you say that? 어떻게 그렇게 말할 수 있어?

A: How could you say such a thing? 어떻게 그런 말을 하는거야?

B: That's enough! I had no choice. 이제 그만해! 나도 어쩔 수 없었어.

I don't know~ 다음에 다양한 about+명사를 넣어본다.

I don't know about that
전치사+명사

「난 그것에 대해서는 아는 게 없어」라는 말이다. 이렇게 어떤 사실이나 사항에 '관해서' 아는지 모르는지를 언급할 때는 about+명사의 전치사구를 쓰면 된다.

이렇게 쓰인다!
Answer: about yoga

☐ **I don't know about real estate** 부동산에 관해서는 아는 게 없어.

☐ **I don't know about the new plans** 새 계획에 대해서는 몰라.

☐ **I don't know** 요가에 대해 아는 게 없어.

* real estate 부동산

이렇게 써본다!

A: Could you give me some advice about real estate?

B: Sorry. I don't know about that.

A: 부동산에 관해서 조언 좀 해줄래?
B: 미안해. 부동산에 대해서는 아는 게 없어.

One Point Lesson!

How would you like it if I + 과거 ?

How would you like it if I + 과거?는 상대방에게 내가 …한다면 어떻겠어?냐고 의견을 물어보는 문장이 된다.

How would you like it if I **told everyone that you were a spy?**
네가 스파이라고 모두에게 얘기한다면 어떻겠어?

How would you like it if I **had dinner with your wife?** 내가 네 아내하고 저녁을 한다면 어떻겠어?

A: How would you like it if I **decided to quit?** 회사를 그만 둔다면 어떻겠어?

B: Well, I'd be very disappointed. 글쎄. 아주 실망스러울거야.

A: How would you like it if we **switched rooms?** 우리가 방을 바꾸면 어떻겠어?

B: I wouldn't like at all. 전혀 그러고 싶지 않은데.

I don't know~ 다음에 의문사를 이용한 명사절[구]를 넣어본다.

I don't know what to do

명사구

「뭘 해야할 지 모르겠어」라는 의미의 말. 앞서 I know+명사절편에서도 잠깐 다뤘지만, '의문사 (what)+to+동사원형(do)'의 형태 역시 명사처럼 쓰인다. 이 문장은 I don't know what I should do와도 같은 의미이다. 그밖에 보통 「의문사+주어+동사」의 명사절이나 '(that)+주어+동사'가 올 수 있는데, why의 경우에는 뒤에 절을 붙이지 않고 그냥 I don't know why의 형태로 「이유를 모르겠어」라는 의미의 말로 쓰이기도 한다.

이렇게 쓰인다!

Answer: where to go(또는 where I should go)

☐ **I don't know what you're talking about** 네가 무슨 얘기하는 건지 모르겠어.

☐ **I don't know why she's angry** 걔가 왜 화를 내는지 모르겠네.

☐ **I don't know how to thank you** 어떻게 감사를 드려야 할지 모르겠어요.

☐ **I don't know why** 이유를 모르겠네.

☐ **I don't know**   어디로 가야 할지 모르겠어.

이렇게 써본다!

A: I saw you dating another woman.

B: I don't know what you're talking about.

A: 네가 딴 여자 만나는 거 봤어.
B: 무슨 소리 하는 건지 모르겠네.

A: Here's the present I got for your birthday.

B: I don't know how to thank you.

A: 이거, 자네 생일이라서 선물 준비했어.
B: 어떻게 감사드려야 할지 모르겠네요.

One Point Lesson!

What did you do with[to]~ ?

What did you do with the aspirin? 아스피린 어떻게 했어?

What did you do with it? 그거 어떻게 했어?

What did you do to my dad? 내 아버지한테 어떻게 한거야?

Do you know that?

명사

「너 그거 알아?」라는 말로, 뭔가 새롭고 놀라운 소식을 전하면서 말머리에 쓸 수 있는 표현이다.

이렇게 쓰인다!

Answer: know his[her] phone number

☐ **Do you know her e-mail address?** 너 걔 이메일 주소 알아?

☐ **Do you know Sarah?** 너 새러하고 친해?

☐ **Do you** _____ **?** 너 걔 전화번호 알아?

이렇게 써본다!

A: Do you know Pheobe?

B: No, I don't think we ever met before.

A: 피비랑 친하지?
B: 아니, 전에 한번도 만나본 적이 없는걸.

A: You can ask the school's advisor about that.

B: Do you know her e-mail address?

A: 지도교수님한테 그 문제를 여쭤봐.
B: 교수님 이메일 주소 알아?

One Point Lesson!

How do/did you~?

- -

How do/did you~ ? 형태의 관용표현.

How do you **do that?** 어쩜 그렇게 잘하니?, 어떻게 해낸 거야?
How did you **do that?** 그걸 어떻게 한거야?
How do you **like that?** 저것 좀 봐, 황당하지 않나?, 어때?
How did it **happen?** 이게 어떻게 된 거야?
How did it **go?** 어떻게 됐어?, 어땠어?

A: That's a nasty bruise. How did it happen? 타박상이 심하네. 어떻게 된거야?
B: I got hit while playing hockey. 하키하다 부딪혔어.

Do you know~ 다음에 anything about+명사의 형태를 만들어본다.

Do you know anything about resumes?

know의 목적어   about+명사

「이력서(resume)에 대해서 뭐 좀 아는 거 있어?」라는 문장이다. 이렇게 Do you know anything about+명사?의 형태로 상대에게 그 명사에 대한 정보를 구할 수 있다. 아래 마지막 예처럼 Do you know any+명사?의 형태도 쓰일 수 있다.

 이렇게 쓰인다!

☐ **Do you know anything about jazz?** 재즈에 대해 하는 것 좀 있어?

☐ **Do you know anything about fixing cars?** 차 수리에 대해 뭐 좀 알아?

☐ **Do you know any good restaurants?** 근사한 식당 아는 데 있어?

     * fix 고치다, 수리하다

 이렇게 써본다!

A: Do you know anything about fixing computers?

B: Why? Isn't yours working properly?

     A: 컴퓨터 수리에 대해 뭐 좀 알아?
     B: 왜? 네 컴퓨터 작동이 잘 안되냐?

A: Let's grab a bite to eat.

B: Do you know any good restaurants?

     A: 뭐 좀 먹으러 가자.
     B: 좋은 식당 아는 데 있어?

One Point Lesson!

What do you want me to+동사?

want 다음에 to do의 의미상 주어인 me가 나온 경우로 상대방에게 뭘 원하냐고 물어보는 것이 아니라 내가 뭘하기를 네가 원하냐고 물어보는 표현이다.

What do you want me to **do?** 날 더러 어쩌라고?
What do you want me to **say?** 날 더러 뭘 말하라고?

A: You look really unhappy. 너 정말 기분이 안좋아 보인다.
B: What do you want me to say? I feel gloomy. 어쩌라고? 나 우울하다고.

Do you know~ 다음에 다양한 명사절[구]을 넣어본다.

Do you know where the subway station is?

명사절

「전철역(subway station)이 어디 있는지 알아요?」라는 의미. 앞서와 마찬가지로 '의문사+주어+동사,' '(that)+주어+동사,' '의문사+to+동사원형' 등, 다양한 명사절이나 구가 know의 목적어로 쓰일 수 있다.

이렇게 쓰인다!

Answer: who she is

☐ **Do you know when the train leaves?** 기차가 언제 출발하는지 아세요?

☐ **Do you know how to make an international call?**
국제 전화 거는 방법 아세요?

☐ **Do you know   ?** 그 여자가 누군지 알아?

* make a call 전화걸다 | international call 국제전화

이렇게 써본다!

A: Do you know who she is?

B: Yeah, she's the new assistant manager of the department.
A: 저 여자 누군지 알아?
B: 응, 우리 부서에 새로 온 차장이잖아.

A: Do you know when the train arrives?

B: It's scheduled to be here at 7 a.m.
A: 기차가 언제 도착하는지 아세요?
B: 오전 7시에 도착하는 것으로 되어있어요.

One Point Lesson!

What do you mean by that?

상대방이 말한 내용을 다시 언급하지 않고 그냥 간단히 by that으로 쓴 경우.

A: You gained some weight? 너 살쪘어?

B: What do you mean by that? Am I fat? 그게 무슨 말이야? 내가 뚱뚱하다고?

A: I think you're not being honest. 네가 정직하지 않은 것 같아.

B: What do you mean by that? 그게 무슨 말이야?

I think ~ 다음에 다양한 문장을 연결시켜본다.

I think he's wrong
것

「걔 말이 틀린 것 같아」라는 의미이다. 그냥 He's wrong(걔 말이 틀려)이라고 딱 잘라 말하는 것보다 훨씬 문장이 부드럽게 된다. 여러 문장 앞에 I think를 붙여 자기 의견을 부드럽게 피력해본다.

이렇게 쓰인다!

Answer: think it is too expensive

☐ **I think she's lying** 걔가 거짓말하고 있는 거 같아.

☐ **I think we're going to be late** 우리 늦을 것 같아.

☐ **I think you'll like it** 네가 맘에 들어할 것 같아.

☐ **I think I must be going now** 지금 가봐야 할 것 같아요.

☐ **I**   그건 너무 비싼 것 같네요.

이렇게 써본다!

A: Sammy said he saw a UFO last night.

B: I think he's lying.

A: 새미가 어젯밤에 UFO를 봤다던데.
B: 거짓말인 것 같아.

A: I think we're going to be late.

B: We've got plenty of time.

A: 우리 늦을 거 같아.
B: 시간 충분해.

One Point Lesson!

What do you know?

1. What do you know? 1. 놀랍군! 2. 네가 뭘 안다고!

   What do you know! Sam arrived to work on time! 놀랍군! 샘이 제시간에 출근했네!

2. What do you say? 어때?

   Come with us to the party tomorrow. What do you say? 내일 파티에 우리랑 함께 가자. 어때?

165 · I don't think~ 다음에 다양한 문장을 연결시켜본다.

I don't think she's pretty
전

「걔가 예쁘다고 생각하지 않아」라는 의미이다. I think she's not pretty라고 해도 마찬가지 의미 이지만 I don't think~로 말할 때보다 좀 더 강한 느낌을 준다.

 이렇게 쓰인다!　　　　　　　　　　　　　　　Answer: don't think she[he] will come

☐ **I don't think I should do that** 내가 그걸 해야 한다는 생각이 안 들어.

☐ **I don't think it will rain tomorrow** 내일 비가 올 것 같지는 않은데.

☐ **I**　　　　　　　　　　　걔는 안올 것 같아.

이렇게 써본다!

A: **Invite him for dinner tonight.**

B: **I don't think I should do that.**

　　A: 오늘 밤에 그 사람한테 저녁 초대를 해.
　　B: 그래야 한다는 생각 안드는데.

A: I don't think it will rain tomorrow.

B: **Have you seen the weather forecast?**

　　A: 내일 비올 것 같진 않아.
　　B: 일기예보 봤어?

One Point Lesson!

I think so와 I don't think so

I think 뒤에는 대개 문장이 오지만, 때로는 상대방이 한 얘기를 받아서 「그런 것 같아」라고 말하고 싶은 경우 가 있다. 그럴 때 상대방의 얘기를 그대로 문장으로 옮기기 보다는 앞의 말을 받는 부사 "so"를 써서 "I think so"라고 하면 된다.

A: **Is that Willie's girlfriend?** 저 여자애가 윌리의 여자친구지?
B: I think so. 그런 것 같아.

또한, 상대방의 얘기를 그대로 받아, 이번에는 「난 그렇게 생각하지 않는데」, 「아닌 것 같은데」라고 하려면 I don't think so라고 하면 된다.

A: **Chip seems very handsome and nice.** 칩은 무지 잘생긴데다 성격도 좋은 것 같아.
B: I don't think so. 아닌 것 같은데.

Do you think~ 다음에 다양한 문장을 연결시켜본다.

Do you think it's too expensive?

적(의견을 묻고 싶은 내용)

「너무 비싸다고 생각해?」라는 의미의 표현. 상대방의 생각이 어떤지 확인하고 싶을 때 요긴하게 쓰이는 문형이다.

 이렇게 쓰인다!

Answer: think we can finish it

☐ **Do you think she loves me too?** 걔도 날 사랑하는 것 같니?

☐ **Do you think he's right?** 걔 말이 맞는 것 같니?

☐ **Do you think this color suits me?** 이 색깔이 나한테 어울리는 것 같니?

☐ **Do you think so?** 그렇게 생각해? (상대의 말을 받아)

☐ **Do you   on time?**
   우리가 이 일을 제시간에 끝낼 수 있을 것 같니?

* suit 어울리다

 이렇게 써본다!

A: My boss says that I don't work enough.

B: Do you think he's right?

   A: 상사가 그러는데 내가 일을 충분히 하지 않는대.
   B: 상사 말이 맞는 것 같아?

A: Do you think this color suits me?

B: No, you shouldn't buy blue clothing.

   A: 이 색깔, 나한테 어울리는 것 같아?
   B: 아니, 파란 옷은 사면 안되겠다.

One Point Lesson!

What're you going to do?

What are you going to do?는 단독으로 '어떻게 할거야?,' '어쩔건데?'라는 의미로 많이 쓰인다.

What're you going to do? **Sue me?** 어쩔건데? 고소라도 할거야?

What're you going to do? **Arrest me for telling a lie?** 어쩔건데? 거짓말했다고 체포할거야?

A: How can you eat the cheesecake without me? 나없이 어떻게 치즈케익을 먹을 수 있어?

B: Oh, what are you going to do? 어 어쩔 건데?

Don't you think it's a great idea?

전(의견을 묻고 싶은 내용)

「좋은 생각같지 않니?」라는 말이다. 우리말로도 약간 그렇지만 Don't you think~?로 물어보면 은연중에 '나는 그렇게 생각하는데 너도 그렇지 않니?'라는 뉘앙스를 띠게 된다.

이렇게 쓰인다!

Answer: think he[she] will understand me

☐ **Don't you think she is pretty?** 걔 예쁜 것 같지 않니?

☐ **Don't you think it looks great?** 멋있어 보이는 것 같지 않냐?

☐ **Don't you think she's wrong this time?** 이번엔 걔 말이 틀린 것 같지 않아?

☐ **Don't you** **?** 걔가 날 이해해줄 것 같지 않아?

이렇게 써본다!

A: I will give her roses, and say I love her. Don't you think it's a good idea?

B: Don't you think that is too traditional?

    A: 걔한테 장미를 주면서 사랑한다고 말할 거야. 좋은 생각같지 않냐?
    B: 그거 너무 구식이라는 생각 안드냐?

A: Is this your new car?

B: Yes. Don't you think it looks great?

    A: 이거 네 새 차니?
    B: 응. 근사해 보이지 않냐?

One Point Lesson!

Don't you think~?로 물어볼 때의 대답

「…인 것 같지 않아?」하고 부정문으로 물어보면 대답하기 난처할 때가 많다. '응 그렇게 생각하지 않아'가 맞는건지 '아니 그렇게 생각하지 않아'가 맞는건지…. 영어에서는 무조건 대답이 부정문이면 No. 긍정문이면 Yes를 붙인다고 생각하면 된다. 질문이 Don't you think~?가 됐건 Do you think~?가 됐건, 메인문장의 내용에 대해서 「그렇게 생각하지 않는다」면 No. I don't think so라고 답해야 하고, 「그렇게 생각한다」면 Yes. I think so라고 대답해야 한다.

Do[Would] you mind~?(…하면 안될까요?) 역시 직역하면 「제가 …하면 싫으세요?」라는 부정적인 의미가 되므로 대답에 조심해야 해요.

A: Don't you think he's right? 걔 말이 맞는 것 같지 않냐?

B: Yes, I think so. 응. 난 걔 말이 맞는 것 같아.

    No, I don't think so 아니. 난 걔 말이 맞는 것 같지 않아.

I enjoyed the dinner
명사

저녁식사에 초대받아 갔다가 저녁 맛있게 먹고 일어설 때 할 수 있는 문장이다. 「저녁잘먹었습니다」라는 의미. 그밖에 또 '즐겁게 잘'할 수 있는 게 뭐가 있는지 알아보자.

이렇게 쓰인다!

Answer: I enjoyed the pizza

☐ **I enjoyed my vacation** 휴가를 즐겁게 잘 보냈어요.

☐ **I enjoyed the flight** 비행기 여행은 즐거웠어요.

☐ **I enjoyed your party** 파티 즐거웠어요.

☐ **I enjoyed the game** 시합 즐거웠습니다.

☐   피자 잘 먹었습니다.

이렇게 써본다!

A: How was your trip to Hollywood?

B: I enjoyed my vacation but I'm happy to be home.

A: 헐리우드 여행갔던 거 어땠어?
B: 휴가는 즐겁게 잘 보냈지만 집에 돌아와서 기뻐.

A: I enjoyed your party.

B: Good. I'm glad you were able to come.

A: 파티 즐거웠어.
B: 다행이다. 와줘서 기뻐.

One Point Lesson!

enjoy

1. Enjoy + 명사! 즐겁게 ~하세요!

   Enjoy your stay in Chicago. 시카고에서 즐겁게 보내세요.
   Enjoy your meal! 식사 맛있게 하세요!

2. Enjoy oneself (스스로)즐기다

   Just try to enjoy yourself! 즐겁게 지내도록 해봐!

I enjoyed talking to you

<u>동사의 ~ing</u>

「당신과 얘기를 나누는 것이 즐거웠습니다」라는 의미. enjoy 다음에 명사가 올 수 있다고 했으니 '동명사'라고 부르는 동사의 ~ing 형태 역시 명사는 명사이므로 enjoy 다음에 올 수 있게 된다.

이렇게 쓰인다!

Answer: I enjoyed singing

☐ **I enjoyed playing poker with you** 함께 포커게임 해서 즐거웠어요.

☐ **I enjoyed swimming in the pool** 수영장에서 수영하는 거 즐거웠어.

☐   **in the Karaoke room** 노래방에서 노래부른 거 즐거웠어요.

이렇게 써본다!

A: I enjoyed playing poker with you.

B: Let's do it again sometime soon.

> A: 함께 포커게임 해서 즐거웠어.
> B: 언제 한번 또 포커 하자.

A: Have you used the pool at the health club?

B: Yep. I enjoyed going swimming in the pool.

> A: 그 헬스클럽 수영장 사용해본 적 있어?
> B: 그럼. 그 수영장에서 수영하러 다니는 거 즐거웠지.

One Point Lesson!

What are you doing here?

What are you doing?에 here를 붙여 What are you doing here?하면 예기치 못한 장소에서 아는 사람을 만났을 경우 던질 수 있는 표현

A: What are you doing here? 너희들 여기서 뭐하는 거야?

B: We came to get you out of here and go for a drink. 널 여기서 끌어내 술 한잔 하려고.

I enjoyed myself very much

enjoy의 목적어

「정말 즐거웠습니다」란 말. 가끔씩은 '파티가 즐거웠다,' '식사가 즐거웠다'라고 하지 않고 그냥 두리뭉실 「즐거웠다」고 말하고 싶은 때가 있다. 그런데 enjoy 다음에는 뭔가 목적어가 꼭 와줘야 하니까 myself를 목적어로 써준 것이다. '우리'가 즐거웠다고 하려면 ourselves, '그사람'이 즐거웠다고 하려면 himself나 herself를 쓰면 된다.

이렇게 쓰인다!   Answer: enjoyed himself

☐ **I enjoyed myself at the concert** 콘서트에서 정말 즐거웠어.

☐ **I enjoyed myself when I went to Italy** 이탈리아에 갔을 때 난 정말 즐거웠어.

☐ **He**   **at the beach** 걘 해변에서 즐거운 시간을 보냈는걸.

이렇게 써본다!

A: Bert looks really tan.

B: He enjoyed himself at the beach this summer.

     A: 버트는 살이 꽤 탔네.
     B: 올 여름 해변에서 즐겁게 지냈으니까.

A: I enjoyed myself at the concert last night.

B: Which bands were playing?

     A: 어젯밤 콘서트 정말 즐거웠어.
     B: 어느 그룹의 공연이었어?

One Point Lesson!

What's on~ ?

What's on~ ?는 …에 뭐가 있어?, …에서 뭐해?라는 의미.

What's on **the menu?** 메뉴에 뭐가 있어?

What's on **the fifth floor?** 5층에 뭐가 있어?

What's on **TV tonight?** 오늘 밤에 TV에서 뭐해?

I feel sick

형용사

「나 아파」라는 말. feel 다음에는 여러가지 다양한 심리적·육체적 상태를 나타내는 '형용사'가 오게 된다.

이렇게 쓰인다!

Answer: feel sad

- ☐ **I feel hungry** 배고파.
- ☐ **I feel tired** 피곤해.
- ☐ **I feel much better** (건강·컨디션 등이) 훨씬 나아.
- ☐ **I feel cold** 추워.
- ☐ **I** _____ 슬퍼.

  * much 훨씬. (비교급을 꾸며주는 부사)

이렇게 써본다!

A: I feel hungry. Let's eat.

B: Do you want to grab some snacks?

　A: 배가 고파. 우리 뭐 좀 먹자.
　B: 간식 좀 먹을까?

A: I heard that you had been sick.

B: I was, but I feel much better now.

　A: 너 아팠다고 들었는데.
　B: 그랬는데 지금은 훨씬 나아졌어.

One Point Lesson!

What is that~?

1. Why is that? 왜(= How come?)
2. Why is it that S+V? 왜 …야?

   Why is it that you're not coming? 넌 왜 안오는거야?

I feel like having a cup of coffee

동사의 ~ing   동명사의 목적어(명사)

「커피 한잔 마시고 싶어」라는 문장이다. feel like ~ing는 「…를 먹고 싶다」 혹은 「…를 하고 싶다」는 의미이다. ~ing 자리에 다양하게 동사를 바꾸어 가면서 자신이 무엇을 하고 싶은지 표현해 본다.

 이렇게 쓰인다!   Answer: feel like sleeping

☐ **I feel like taking a shower** 샤워하고 싶어.

☐ **I feel like drinking a cold beer** 시원한 맥주 마시고 싶다.

☐ **I   for a while** 잠깐 잠을 자고 싶어.

* take a shower 샤워하다

 이렇게 써본다!

A: Do you want to go out?

B: Later. I feel like taking a shower first.

   A: 나갈래?
   B: 나중에. 먼저 샤워부터 하고 싶어.

A: I feel like drinking a cold beer.

B: There are a few in the fridge. Help yourself.

   A: 시원한 맥주 한잔 하고 싶다.
   B: 냉장고에 몇 개 있어. 맘껏 갖다 먹어.

One Point Lesson!

I feel like~

- -

1. I feel like + 명사 …같은 느낌(기분)야.

   I feel like an idiot. 내가 바보가 된 것 같아.

2. I feel like S + V …한 것 같아

   I feel like I'm totally lost. 완전히 길을 잃은 것 같아.
   I feel like I've been here before. 전에 여기 와본 것 같아.

I don't feel like~ 다음에 다양한 ~ing 형태를 넣어본다.

I don't feel like going out today

동사의 ~ing

「오늘은 나가고 싶지 않아」라는 뜻이다. go out은 「외출하다」라는 의미의 동사구니까 한덩어리로 외워두도록 한다. I feel like ~ing의 부정문 형태인 「…하고 싶지 않다」는 의미의 I don't feel like ~ing 문형을 연습해보기로 한다.

이렇게 쓰인다!

Answer: don't feel like sleeping

☐ **I don't feel like doing anything** 아무것도 하고 싶지 않아.

☐ **I** **right now** 지금은 잠을 자고 싶지 않아.

이렇게 써본다!

A: It's time to go to bed.

B: I don't feel like sleeping right now.

A: 잠자리에 들 시간이야.
B: 지금은 잠을 자고 싶지 않아.

A: I don't feel like doing anything today.

B: Come on, don't be so lazy.

A: 오늘은 아무것도 하기가 싫어.
B: 왜 이래. 그렇게 게으르게 살지 마.

One Point Lesson!

I feel like~

1. I feel like it 하고 싶어 I don't feel like it 그러고 싶지 않아. 사양할래

A: Would you like some cake? 케익 좀 먹을래?
B: No, thank you. I don't feel like it. 아니. 됐어. 먹고싶지 않아.

2. Do you feel like ~ing? …하고 싶어?

Hey Bob, do you feel like going to a party? 밥. 파티에 가고 싶어?
Do you feel like getting a drink? 술 한잔 하고 싶어?

I need your help
<u>명사</u>

「네 도움이 필요해」, 「네가 꼭 도와줘야 돼」라는 의미이다. need 다음에 여러가지 꼭 가졌으면 하는 것, 꼭 했으면 하는 일들을 뜻하는 명사를 넣어보자.

 이렇게 쓰인다!   Answer: need your advice

☐ **I need some medicine** 약을 좀 먹어야겠어.

☐ **I need some rest** 좀 쉬어야겠어.

☐ **I need more exercise** 난 운동을 좀더 해야 돼.

☐ **I need more time to decide** 결정하려면 시간이 좀더 있어야 돼요.

☐ **I** 　　　　　　　　조언 좀 해줘.

　　* medicine 약 ｜ rest 휴식 ｜ exercise 운동

 이렇게 써본다!

A: I have a severe headache and I need some medicine.

B: Do you want Tylenol or aspirin?

　　A: 두통이 심해. 약을 좀 먹어야겠어.
　　B: 타이레놀이나 아스피린 줄까?

A: You seem to be getting a little fat.

B: I know. I need more exercise.

　　A: 너 조금씩 살이 붙고 있는 것 같다.
　　B: 맞아. 운동을 좀더 해야 돼.

One Point Lesson!

a little bit

좀 어려워, 좀 복잡해, 조금 그래 등 말할 때 '조금'이란 단어를 쓸 때가 참 많다. 단정적으로 말하지 않으려는 습성때문인데 이에 해당되는 영어표현이 a little bit이다. 무진장 많이 쓰는 a little bit은 부사로서 동사 뒤 (Move over just a little bit) 혹은 위 문장처럼 형용사 앞(a little bit different)에 위치한다. kind of나 sort of도 Native들이 즐겨 말하는 '조금,' '약간'이라는 의미인데 kind(sort) of+명사의 형태로 '종류'라는 의미로 쓰이는 경우와 헷갈리지 않도록 해야 한다.

175 | I need~ 다음에 다양한 to부정사를 넣어본다.

I need to think about it

to+동사원형

「거기에 대해 생각 좀 해봐야겠어」라는 의미이다. I need to+동사원형의 형태로 「…해야 한다」는 의미를 나타낸다.

이렇게 쓰인다!

Answer: need to borrow

☐ **I need to lie down** 나 좀 누워야겠다.

☐ **I need to go to see a doctor** 의사한테 가봐야겠어.

☐ **We need to talk** 우리 얘기 좀 해.

☐ **I**   **your phone** 네 전화 좀 빌려야 되겠어.

* lie down 눕다, 자다 | go to see a doctor 의사에게 가보다, 병원에 가다

 이렇게 써본다!

A: **What do you think about my proposal?**

B: **We need to talk about that.**

A: 내 제안에 대해 어떻게 생각해?
B: 거기에 대해 얘기 좀 해야 되겠어.

A: **You look terrible today.**

B: **I'm not feeling well.** I need to lie down.

A: 너 오늘 무척 안좋아 보여.
B: 몸이 별로 좋지 않아. 좀 누워야겠어.

One Point Lesson!

Why don't~?

1. Why don't I + 동사 ~? …할게요(Let me + 동사)

   Why don't I show you the baby's room? 애기방 보여줄게

2. Why don't we + 동사 ~? …하자(Let's+동사)

   Why don't we invite her? 걔를 초대하자.

3. Why not?

   1. (제안에 대한 대답으로) 좋아, 안될 이유가 뭐 있겠어? 왜 안해?, 왜 안되는 거야? 2. 그러지 뭐

I don't need~ 다음에 다양한 to부정사를 넣어본다.

I don't need to tell her

to + 동사원형

「내가 걔한테 말해야 할 것까진 없잖아」, 「말 안해도 되는거잖아」라는 의미. I don't need 다음에 to+동사원형을 넣어서 「반드시 …하지는 않아도 된다」는 의미의 문장을 만들어본다.

이렇게 쓰인다!

Answer: don't need to decide

☐ **I don't need to pay for it** 내가 그 비용을 지불할 것까진 없잖아.

☐ **You don't need to know** 넌 몰라도 돼.

☐ **You** **right now** 지금 당장 결정하지 않아도 돼.

* pay for …에 대한 비용을 지불하다

이렇게 써본다!

A: What did you talk to Gail about?

B: It's private. You don't need to know.

A: 게일하고 무슨 얘기 했어?
B: 개인적인 거야. 넌 몰라도 돼.

A: I'm not sure what I want to study.

B: You don't need to decide right now.

A: 뭘 공부하고 싶은 건지 잘 모르겠어.
B: 지금 당장 결정하지 않아도 돼.

One Point Lesson!

That+V

That + V~ 형태로 회화에서 많이 쓰이는 표현.

That depends. 상황에 따라 달라.
That reminds me. 그러고 보니 생각나네.
That explains it. 그러고 보니 이해가 되네.
That makes sense. 말되네.

I hope she likes my present

주어　동사의 현재[미래]형

「걔가 내 선물 맘에 들어했으면 좋겠다」는 말이다. 미래형 시제를 써서 I hope she "will" like my present라 해도 된다.

이렇게 쓰인다!　　　　　　　　　　　　　　　　　　　　Answer: I hope we (will) win

☐ **I hope you have fun on your vacation** 휴가 즐겁게 지내길 바래요.

☐ **I hope he will come** 걔가 왔으면 좋겠어.

☐ **I hope it will be nice tomorrow** 내일 날씨가 맑았으면 좋겠어.

☐ **I hope so** 나도 그랬으면 좋겠어. (상대의 말을 그대로 받아서)

☐ 　　　　　　　　　**this game** 이 경기에서 우리가 이겼으면 좋겠어.

　* have fun 즐거운 시간을 보내다

이렇게 써본다!

A: I invited Jerry to our wedding.

B: That's great! I hope he will come.
　　A: 제리를 우리 결혼식에 초대했어.
　　B: 잘했어! 걔가 오면 좋겠다.

A: I hope it will be nice tomorrow.

B: Are you planning an outdoor activity?
　　A: 내일 날씨가 좋았으면 좋겠다.
　　B: 야외에서 뭔가 하려고 계획 중이니?

One Point Lesson!

Nice try!

Nice try!는 비록 목적달성을 하지 못했지만 잘했어, 잘 한거야라고 칭찬하는 표현이다.

A: It's too bad you lost the contest. Nice try. 네가 지다니 안됐네. 하지만 잘했어.

B: Maybe I'll win next year. 내년엔 이기겠지.

I hope I'm not late again

부정문

「제가 또 늦은 게 아니라면 좋겠는데요」라는 의미이다. 앞서 I think~의 경우와는 달리, I hope~ 는 '뒷문장을 부정문으로' 만드는 것이 일반적이다.

 이렇게 쓰인다!   Answer: she[he] doesn't do that(또는 ~she won't do that)

☐ **I hope I don't have to wait too long** 너무 오래 기다려야 하는 게 아니라면 좋겠어.

☐ **I hope it won't be too long** 너무 오래 걸리지 않았으면 좋겠어.

☐ **I hope**   걔가 그러지 않았으면 좋겠는데.

    * won't   will not의 축약형

 이렇게 써본다!

A: You have a medical appointment today.

B: I hope I don't have to wait too long.

    A: 오늘 병원 예약이 되어있지.
    B: 너무 오래 기다려야 하는 게 아니라면 좋겠는데.

A: The ceremony will begin at 2:00 p.m.

B: I hope it won't be too long.

    A: 식은 오후 2시에 시작됩니다.
    B: 너무 오래 걸리지 않았으면 좋겠네요.

One Point Lesson!

Do you mind?

Do you mind?는 상대방에게 그만해줄래?, 혹은 괜찮겠니?라고 물어보는 문장이다.

I'd like to go for a walk. Do you mind? 산책하고 싶은데, 괜찮겠어?

You've been talking throughout the meeting. Do you mind? 회의내내 떠드는데 그만 좀 할래?

I hope I didn't wake you up

과거형 문장

「내가 널 '깨운' 게 아니라면 좋겠는데」라는 의미. I hope~ 다음에 과거형 문장을 써서 이미 해놓은 혹은 벌어진 일에 대한 소망을 말하기도 한다. 위 문장처럼 자신의 행동에 대해 양해를 구하고자 할 때 많이 쓴다.

이렇게 쓰인다!

☐ **I hope you took a lot of pictures** 사진을 많이 찍은 거라면 좋겠는데.

☐ **I hope she didn't lose too much** 걔가 너무 많이 잃지는 않은 거라면 좋겠는데.

＊ take a picture 사진을 찍다

이렇게 써본다!

A: Thailand was an amazing place.

B: I hope you took a lot of pictures.

A: 태국은 굉장한 곳이었어.
B: 사진을 많이 찍은 거면 좋겠는데.

A: Andrea lost money in the stock market last week.

B: I hope she didn't lose too much.

A: 앤드리아가 지난 주에 주식에서 돈을 잃었다는군.
B: 너무 많이 잃은 게 아니라면 좋겠는데.

One Point Lesson!

How long does it take to+동사 ~?

How long does it take to finish it? 이거를 마치는데 얼마나 걸려?
How long does it take to get dressed? 옷을 입는데 얼마나 걸려?
How long does it take for you to get to work? 출근하는데 얼마나 걸려?

A: How long does it take to get to the stadium? 경기장까지 얼마나 걸려?
B: Probably about an hour or so. 아마 한시간 정도 걸릴거야.

A: How long does it take to get to work from the station? 역에서 회사까지 얼마나 걸려?
B: It's about 15 minutes on foot. 걸어서 15분정도 걸려.

I wonder~ 다음에 의문사를 이용한 명사절을 넣어본다.

I wonder who they are

의문사로 시작하는 명사절

「그 사람들이 누굴까 (궁금해)」라는 말. I wonder 뒤에는 이렇게 '의문사+주어+동사'(의문사가 동사의 목적어가 되는 경우), 혹은 '의문사+동사'(의문사가 동사의 주어가 되는 경우) 형태의 명사절이 와서 「…인지 궁금하다」는 의미를 나타낼 수 있다.

이렇게 쓰인다!

Answer: why she[he] didn't tell me

☐ **I wonder where Joe is now** 조는 지금 어디 있을까.

☐ **I wonder what happened** 무슨 일이 일어난 건지 궁금해.

☐ **I wonder how many people will come** 사람들이 얼마나 올지 궁금하군.

☐ **I wonder** 왜 걔는 나한테 말하지 않았을까.

이렇게 써본다!

A: Look at those funny costumes. I wonder who they are.

B: I think they are high school drama students.

A: 저 우스운 의상들 좀 봐. 쟤들이 누굴까 궁금하네.
B: 고등학교 연극반 애들이겠지.

A: I'm going to throw a party this Friday.

B: We have a test on Monday. I wonder how many people will come.

A: 요번 주 금요일에 파티를 열 거야.
B: 월요일에 시험이 있잖아. 몇명이나 올지 모르겠네.

One Point Lesson!

No wonder

No wonder (주어+동사)는 (…하는 게) 당연하지라는 말.

A: The Smiths just got back from vacation. 스미스네 가족이 휴가를 끝내고 막 돌아왔어요.

B: No wonder they're so tanned. 그 사람들이 그렇게 그을릴 만도 하군요.

I wonder if I did the right thing

if로 시작하는 명사절

「내가 과연 옳은 일(the right thing)을 한 것인지, 알쏭달쏭하다」는 말. I wonder 뒤에 'if+주어+동사' 형태의 명사절이 오면 「…인지 (아닌지) 모르겠다」는 말이 된다.

이렇게 쓰인다!

Answer: if you really like it

☐ **I wonder if he knows something** 걔가 뭔가 알고 있는 걸까.

☐ **I wonder if she had a good time** 걔가 즐겁게 지냈는지 모르겠네.

☐ **I wonder**   그게 정말 맘에 드는지 모르겠네.

      * have a good time 즐거운 시간을 보내다

이렇게 써본다!

A: Sandy is back from her date.

B: I wonder if she had a good time.

      A: 샌디가 데이트 하고 돌아왔어.
      B: 즐거운 시간 보냈는지 모르겠네.

A: I wonder if I did the right thing.

B: I'm sure you did.

      A: 내가 옳은 일을 한 건지 모르겠네.
      B: 분명 잘 한 거야.

One Point Lesson!

I hope vs. I wish

1. I hope S+V(현재, 미래) 충분히 있을 수 있는 일, 즉 일어날 가능성이 있는 일을 바라는 것

   I wish S+V(과거/과거완료시제) 거의 일어날 가능성이 없는 일을 바랄 때

   I wish Mike were here. 마이크가 여기 있으면 좋을텐데

2. I hope to~ …하기를 바래 *I wish to~: 다분히 형식적이고 공식적인 상황에서만

   We wish to apologize for the late arrival of this train. 기차연착을 사죄드립니다.

3. I wish you + 명사 이때 I wish는 I hope와 같다

   I wish you a good luck. 행운을 빌어.

I was wondering~ 다음에 if+주어+could+동사 형태의 절을 넣어본다.

I was wondering if you could help me

if+주어+could+동사원형

I was wondering if you could~는 「당신이 …해줄 수 있는지 모르겠네요」, 즉 「…좀 해주시겠어요?」하고 남에게 정중하게 부탁할 때 쓰는 표현이다. 모양은 I was wondering~으로 과거의 형태이지만, '현재' 해줄 수 있는지 물어보고 있는 것이다. 그래서 위 문장은 「도와주시겠어요?」라는 의미가 된다. 그냥 I wonder if you could~의 형태로도 사용한다.

이렇게 쓰인다!

Answer: if I could use your car

☐ **I was wondering if you could pick Andy up.**

앤디를 차로 데리러 가주실 수 있으세요?

☐ **I was wondering if you could give me a ride** 저 좀 태워주시겠어요?

☐ **I was wondering** 당신 차를 좀 써도 될른지요?

* pick+사람+up …를 차로 픽업하다 | give+사람+a ride …를 차에 태워주다

이렇게 써본다!

A: I was wondering if you could pick Robin up.

B: Where is he right now?

A: 로빈을 데리러 가줄 수 있니?
B: 걔가 지금 어디 있는데?

A: How do you plan to go to school?

B: I was wondering if I could use your car.

A: 어떻게 등교하려고 해?
B: 네 차를 좀 써도 될른지 모르겠네.

One Point Lesson!

I'd appreciate it if~

1. I'd appreciate it if you would/could/과거동사~ …해주면 감사하겠습니다

   I'd appreciate it if you could bring an appetizer. 전채요리를 가져다 주시면 감사하겠습니다.

2. If 주어+had pp, 주어+would/could have pp (과거에)…였더라면/했더라면 …했었을텐데

   If I had never met him this never would have happened!
   그를 만나지 않았더라면 이일을 절대로 일어나지 않았을 텐데!

used to~ 다음에 다양한 동사를 넣어본다.

I used to go there

「예전에 거기 다녔다」는 말. be 동사 없이 바로 쓴다는 데 주의한다. '주어+used to+동사원형'은 「예전에 …했다」라는 의미지만 '주어+"be" used to+명사(혹은 명사 상당어구)'은 「…에[…하는데]익숙해져있다」라는 전혀 다른 뜻이 된다.

이렇게 쓴다!

Answer: used to play baseball

☐ **I used to jog every day** 예전에 매일 조깅을 했죠.

☐ **She used to be his wife** 그 여잔 예전에 그 사람 부인이었어.

☐ **They used to work together** 그 사람들은 예전에 같이 일했었어.

☐ **He** **with Tim** 걘 예전에 팀하고 야구를 하고 놀았지.

이렇게 써본다!

A: I used to jog every day.

B: That's very healthy. Why did you stop?

A: 예전에는 매일 조깅을 했지.
B: 그거 아주 건강에 좋지. 왜 그만둔 거야?

A: Does Tim know Jennifer very well?

B: Sure. They used to work together.

A: 팀은 제니퍼하고 아주 친해?
B: 그럼. 두 사람은 예전에 함께 일했었는걸.

One Point Lesson!

used to의 과거형

used to의 과거형은 didn't used to로 (과거에) …하지 않았었다라는 뜻이다.

I didn't used to be like this. 난 과거에 이렇지 않았어.

look 다음에 다양한 형용사를 넣어본다.

You look great
형용사

「너 근사하다」, 「근사해보인다」라는 말. look 다음에는 주어의 상태를 나타내는 여러가지 형용사들이 올 수 있다.

 이렇게 쓰인다!

Answer: look very happy

☐ **He looks tired today** 걔 오늘 피곤해 보이는데.

☐ **She looks young for her age** 걘 나이에 비해 어려 보여.

☐ **You look angry** 화가 난 것 같구나.

☐ **You** 굉장히 즐거워 보이는구나.

* tired 지친, 피곤한

 이렇게 써본다!

A: A lot of women envy her beauty.

B: That's because she looks young for her age.
A: 그 여자 미모를 부러워하는 여자들이 많아.
B: 나이에 비해 어려보여서 그런 거지.

A: He looks tired today.

B: He was out drinking with his friends all night.
A: 오늘 걔 피곤해보여.
B: 친구들하고 나가서 밤새 술마셨대.

One Point Lesson!

You like~?

구어체에서는 Do를 빼고 그냥 You like~?이라고 하는 경우가 많다.

You like to play games, John? 존. 너 게임하는 거 좋아하지?

You like baseball? 야구 좋아해?

You like comic books, right? 만화책 좋아하지, 맞지?

You mean~ 다음에 다양한 명사를 넣어본다.

You mean the girl next door?

명사   명사의 수식어구

「이웃집 여자애 얘길하는거지?」, 「이웃집 여자애 말이야?」라는 의미. 이렇게 (Do) You mean~ 다음에 「명사」가 오면 「지금 …에 대한 얘길하는거지?」라고 확인하는 표현이 된다.

 이렇게 쓰인다!

Answer: You mean the cat beside the window

☐ **You mean the red one?** 빨간 것 말이야?

☐ **You mean the new secretary?** 새로 온 비서 말하는 거야?

☐ **You mean the guy with blond hair?** 금발머리 남자 말하는 거야?

☐   **?** 창가의 저 고양이 말이야?

 이렇게 써본다!

A: You should wear that shirt to work today.

B: You mean the red one?

    A: 오늘 저 셔츠 입고 출근해.
    B: 빨간 셔츠 말이야?

A: The man sitting over there is my boss.

B: You mean the guy with blond hair?

    A: 저기 앉아 있는 사람이 우리 상사야.
    B: 금발머리 남자 말이야?

One Point Lesson!

You mean~ ?

You mean~하게 되면 내가 상대방의 말을 이해못했거나 헷갈릴 경우 상대방이 한 말을 확인하고자 할 때 쓰는 표현. 다시 설명하는 I mean 다음에는 문장이 오는 경우가 많은 반면 이해못하는 부분만 확인하는 경향이 강한 You mean~의 경우에는 '구'의 형태도 많이 온다. 억양에 따라 의미가 좀 달라지는데 You mean~?처럼 끝을 올려 발음하면 …란 말야?라는 뜻으로 상대방의 확인을 적극적으로 요구는 것이고, 반대로 You mean~하며 끝을 내려 발음하면 상대방의 말을 확인차 자기가 정리한다는 느낌으로 …란 말이구나라는 뜻이 된다.

You mean **like this?** 이거처럼 말야?
You mean, **you and me?** 네 말은 너와 나랑 말야?
You mean, **when you were a baby.** 네 말은 네가 애기였을 때 말이지.
You mean **they're lovers.** 네 말은 걔네들이 연인이라는 거지.

You mean~ 다음에 다양한 명사절을 넣어본다.

You mean you don't want to go?

<u>주어</u> <u>동사의 부정형</u>

「그러니까 네 말은 가고 싶지 않다는 거지?」라는 의미이다. 이렇게 (Do) You mean~ 다음에는 '(that)+주어+동사'로 이루어진 명사절이 올 수 있다.

 이렇게 쓰인다!

Answer:You mean you told

☐ **You mean he got fired?** 걔가 해고됐단 말이야?

☐ **You mean she's married?** 그 여자가 유부녀란 말이야?

☐   **her everything?** 너 걔한테 다 얘기했단 말이야?

   * get fired 해고되다(= be fired)

 이렇게 써본다!

A: Our manager told Ted that he had to leave.

B: You mean he got fired?

   A: 매니저가 테드에게 그만두라고 했대.
   B: 테드가 해고당했단 말이야?

A: Sorry, but you won't be able to date her.

B: You mean she's married?

   A: 안됐지만 넌 걔하고 데이트 못할 거야.
   B: 걔가 유부녀란 뜻이야?

One Point Lesson!

Don't you think 주어+동사~?

부정으로 물어보는 것으로 말투에서도 느껴지듯이 자기 생각을 강조해서 전달하거나 혹은 억양에 따라 질책과 책망의 뉘앙스까지도 줄 수 있는 표현.

Don't you think **it's time you went home?** 벌써 집에 늦은 것 같지 않아?
Don't you think **it's kind of selfish?** 좀 이기적인 것 같지 않니?
Don't you think **this is a little extreme?** 이거 좀 너무 지나치다고 생각하지 않아?

I mean I'm in love

명사절

「그러니까 내 말은 내가 사랑에 빠졌다구」라는 말. I mean~은 의문문이 아니라 내가 한 말을 상대에게 확인시켜 주는 문장이다. 뒤에는 「(that)+주어+동사」형태의 명사절을 붙이면 된다.

 이렇게 쓰인다!

Answer: she's cute (또는 pretty)

☐ **I mean I have no idea** 내 말은, 모르겠다고.

☐ **I mean he's a workaholic** 내 얘긴 걔가 너무 일만 한단 말이지.

☐ **I mean**   그러니까, 그 여자애가 예쁘다고.

* have no idea 모른다 ｜ workaholic 일만 하는 사람, 일 중독자

이렇게 써본다!

A: I don't understand what you're saying.

B: I mean I want you to help me.

    A: 무슨 얘기 하는 건지 모르겠어.
    B: 그러니까 내 말은, 네가 도와줬으면 한다고.

A: Don't try to take care of me. I mean, I'm okay.

B: Are you sure you're okay?

    A: 날 돌봐주려 애쓰지 마. 난 괜찮다니까.
    B: 정말 괜찮아?

 One Point Lesson!

I mean,

대화를 하다 보면 서로 의사소통이 원활히 되지 않는 경우가 많다. I mean.은 상대방이 내가 한 말을 못알아들었을 때 혹은 내가 이건 다시 설명을 해주어야겠다고 생각들 때 필요한 표현이다. 일단 I mean이라고 한 다음에 좀 더 명확히 자기 말을 부연해주면 된다. 특히 Native에게 영어로 말하면서 영어실력이 달려서 의사전달이 정확히 안되었다고 판단될 경우에 I mean하고 다시 한번 영작을 해볼 때 요긴한 표현이다. I mean (that) S +V의 구문이 있지만 이보다는 의문문도 구도 넣을 수 있는 훨씬 자유로운 I mean.을 활용해본다.

I mean, **is that ridiculous?** 내 말은 그거 말도 안되지 않아?

I mean, **this is so cool!** 내 말은 말야 이거 멋지다고!

I mean, **it was just a kiss, right?** 내 말은. 그건 그냥 키스야. 알아?

I mean, **what about you?** 내말은. 넌 어떻냐고?

All NEW
SMART
영어회화공식

2
3
1

기본

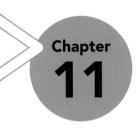

생략법 >>

간단하게 할 수 있는 말은 어렵게 할 필요 없다

Thank you나 Excuse me와 같은 기본 인사치레
표현들은 주어를 생략한 말이다. 이렇게 관용적으로
주어를 생략한 표현들을 비롯하여, 주어나 심지어 동사까지도
다 생략해버리고 필요한 말만 하는 경우를
알아보기로 한다.

Thanks a lot
부사

Thanks는 Thank you보다 좀더 친근한 느낌을 준다. 또한 '그냥' 고마운 게 아니라 '정말' 고맙다고 강조하려면 뒤에 부사를 붙이면 된다. Thanks a lot, Thank you so much 등이 가장 일반적인 형태이다.

이렇게 쓰인다!

☐ **Thank you so much** 정말 고마워요.

☐ **I appreciate that** 감사합니다.

☐ **I don't know how to thank you** 뭐라고 감사해야 할지 모르겠어요.

☐ **It's very nice of you** 고마워요[참 친절하시네요].

☐ **It's so sweet** 고맙기도 해라. (주로 여성이 사용)

이렇게 써본다!

A: Here are the papers you requested.

B: Thanks so much.

A: 요청하신 서류들 여기 있어요.
B: 정말 고마워요.

A: I don't know how to thank you.

B: Don't worry, I was happy to help.

A: 뭐라고 감사드려야 할지 모르겠네요.
B: 신경쓰지 말아요. 돕게 되어 기뻤어요.

One Point Lesson!

I don't think that's the problem

I don't think 다음에 절이 올 때는 접속사 that이 보통 생략되는 게 원칙이지만 that을 쓸 수도 있다. 하지만 I don't think that이 왔다고 무조건 that이 접속사라고 생각하면 안된다. I don't think that means anything에서 볼 수 있듯이 접속사 that은 생략된 상태이고 형태가 동일한 지시대명사 that이 동사 mean의 주어역할을 하는 경우이기 때문이다. I don't think that's his name도 마찬가지 경우.

Thank you for calling

명사 혹은 동사의 ~ing

「전화해줘서 고마워」라는 의미이다. 이렇게 뭐가 감사한지를 Thank you~ 뒤에 for+명사 혹은 for+~ing의 형태로 나타낼 수 있다. 물론 Thank you~ 대신 Thanks~를 써도 된다.

 이렇게 쓰인다!   Answer: Thank you for the present

- [ ] **Thank you for your help** 도움 감사해요.
- [ ] **Thank you for the ride** 태워다 줘서 고마워요.
- [ ] **Thank you for understanding** 이해해줘서 고마워요.
- [ ]   선물 고마워.

  * ride (차 · 말 등의 탈 것을) 타는 것

 이렇게 써본다!

A: Thank you for the great meal.

B: I'm glad you enjoyed it.
    A: 맛있는 식사, 고마워요.
    B: 맛있게 드셨다니 기뻐요.

A: Thank you for the ride.

B: You're welcome, I was going this way anyway.
    A: 태워다 줘서 고마워요.
    B: 천만에요, 어차피 이 길로 갈 거였어요.

One Point Lesson!

I know~

1. I know (that) 알아

   I know라고 목적어 없이 말하면 상대방이 말하는 내용 혹은 말하려는 내용을 "나도 알고 있다"라는 말. 좀 더 강조하려면 I know it(that)이라고 하면 된다. 과거로 I knew it하면 내 그럴 줄 알았어라는 의미.

2. I know (of) her 걔를 알아, 걔 얘기 들어봤어(know of)

   know 다음 전치사의 유무에 따라 의미가 달라지는데 전치사없이 바로 know somebody/someplace 하면 직접 만나서 알고 있거나, 직접 가 본 장소를 말하고 간접적으로 누군지 알고 있어라고 할 때는 I know of someone이라고 한다.

I appreciate that
<u>명사</u>

appreciate 역시 고마움을 나타내는 표현인데, I appreciate+명사의 형태로 「…가 고맙다」는 의미를 나타낸다. 'I would appreciate it if+주어+동사'의 형태로 앞으로의 일에 대해 「…해주시면 고맙겠어요」라는 표현이 있는데 이는 '부탁'의 표현으로 생각할 수 있다.

이렇게 쓰인다!   Answer: I appreciate your help

☐ **I appreciate the suggestion** 제안해주신 것 감사합니다.

☐ **I'd appreciate it if you would let me know** 알려주시면 고맙겠어요.

☐   도움 감사해요.

     * Let me know 내게 알려줘요

이렇게 써본다!

A: Don't worry. I'll get it done for you.

B: I appreciate your help.

     A: 걱정마. 널 위해 해낼테니까 말야.
     B: 도와줘서 고마워.

One Point Lesson!

Do you want us to+동사?

역시 상대방의 의중을 확인하는 문장이지만 me가 아니라 복수로 us가 나와 우리가 …할까라는 의미.

Jessica, do you want us to **take you home?** 제시카, 우리가 집에 데려다 줄까?

Do you want us to **come back later?** 우리가 나중에 다시 올까?

Do you want us to **leave the room?** 우리가 나갈까?

Excuse me 다음에 다양한 문장을 이어서 말해본다.

Excuse me. Can I talk to you?
문장

「실례지만 잠깐 얘기 좀 할까요?」라는 말이다. Excuse me는 이처럼 말을 걸기 전에 상대의 주의를 끌고자 할 때, 발을 밟거나 부딪치는 등의 사소한 실례를 범했을 때, 혹은 잠깐 자리를 뜰 때 쓰는 표현이다.

 이렇게 쓰인다!

☐ **Oh, Excuse me. I stepped on your foot** 어머, 미안해요. 발을 밟았네요.

☐ **Excuse me for a second. I'll be right back** 잠깐 실례해요. 곧 돌아올게요.

☐ **Excuse me, coming through** 실례지만 지나갈게요.

☐ **Excuse me. Is this the way to the airport?** 실례해요. 이 길, 공항가는 길 맞나요?

☐ **Excuse me. Where can I buy stamps?** 실례해요. 우표는 어디서 사야 되죠?

* step on …을 밟다 | for a second 잠시(= for a minute) | be back 돌아오다

 이렇게 써본다!

A: Excuse me for a second. I'll be right back.
B: Take your time.
A: 잠깐 실례할게. 곧 돌아올 거야.
B: 천천히 갔다 와.

A: Excuse me. Where can I buy stamps?
B: There's a post office around the corner.
A: 실례지만 우표는 어디서 사야 되죠?
B: 길모퉁이에 우체국이 있어요.

One Point Lesson!

Do you want some?

상대방에게 음식을 더 먹으라고 권할 때 쓰는 표현. 구체적인 음식이름을 말할 때는 Do you want some chicken?, Do you want some pancakes?라고 하면 된다. 또한 좀 더 먹을래라고 물어볼 땐 Do you want some more?라고 하면 되고 마찬가지로 구체적인 먹을거리를 언급할 때는 Do you want some more beer?라고 뒤에 명사만 하나 더 붙여주면 된다.

Excuse me?

Excuse me?처럼 끝부분을 올려 의문문의 억양을 띠면 「뭐라고 하셨죠?」, 「실례지만 다시 한번 말해 줄래요?」라는 의미가 된다. 이런 경우에 쓸 수 있는 말로는 Excuse me? 외에도 I'm sorry?, I beg your pardon?, Pardon me?, Come again? 등이 있다.

 이렇게 쓰인다!

☐ **Excuse me? Could you repeat that?** 뭐라고요? 다시 한번 말해줘요

☐ **Excuse me? What did you say?** 뭐라구? 뭐라고 했어?

 이렇게 써본다!

A: Hey, what are you doing in my office?

B: Excuse me?

A: 야, 내 사무실에서 뭐하는 거야?
B: 뭐라구?

A: Excuse me?

B: I said, please call me after 6.

A: 뭐라고 하셨죠?
B: 6시 이후에 전화해달라고요.

One Point Lesson!

I'm sorry?

Native가 말하는 걸 완벽히 듣기 힘든 상황하에서는 이렇게 다시 한번 말해달라는 표현은 다른 어떤 표현보다도 항시 몸에 지니고 다녀야 한다.

Say it once more. 한번 더 얘기해줘.
Would you speak more slowly please? 좀 천천히 말해 줄래요?
I didn't catch what you just said. 방금 말한 거 못들었는데요.
I didn't quite get that. 무슨 말인지 전혀 모르겠네요.
Excuse me, I didn't hear you well. 미안하지만 잘 못들었어요.

excuse가 들어간 다양한 표현들을 알아본다.

Please excuse us

excuse가 들어간 표현은 Excuse me밖에 없을 거라는 편견을 버려야 한다. excuse 다음에 me가 아니라 us가 나온 위의 표현은「잠깐 자리 좀 비켜주세요」혹은 「우리 실례 좀 할게요」란 뜻으로, 여럿이 얘기하다가 무리 중 특정인과 다른 얘기를 나누고자 할 때 혹은 함께 자리를 뜰 때에 사용하는 표현이다. 그밖에 excuse를 써서 양해를 구하는 다양한 표현들은 다음과 같다.

이렇게 쓰인다!

☐ **Please excuse my bad handwriting** 글씨를 못썼는데, 양해해 주세요.

☐ **Please excuse my broken English** 영어가 서툴러도 이해해 주세요.

☐ **Please excuse Lisa for being absent**
리사가 결석하게 되어 죄송합니다. (학부모가 학교측에)

* handwriting 필적, 필체 | broken English 서투른 영어 | absent 결석의, 결근의

이렇게 써본다!

A: I'm sorry, I can't understand what you said.

B: Please excuse my broken English.

A: 미안하지만 무슨 말인지 모르겠어.
B: 영어가 서툴러서 그러는데 이해해 줘.

A: Please excuse us for a moment.

B: Of course. You can call me if you're ready.

A: 잠깐 자리 좀 비켜주세요.
B: 그러죠. 준비가 되면 부르세요.

One Point Lesson!

I like that vs. I'd like that

1. I'd like that. 그럼 좋지 | I like that 좋아

A: What do you say I take you to dinner tonight? 오늘밤 저녁 데려가면 어때?
B: Oh I'd like that! 그럼 좋지!

2. I'd like+A+형용사/pp/전치사구 A를 …상태로 해달라

I'd like it medium rare. 살짝 익힌 걸로 주세요.
I'd like my steak medium. 고기를 적당히 익혀주세요.

Just cream, please

cream은 우리가 흔히 커피에 넣어 마시는 '프림'의 올바른 말이다. '프림'은 cream의 한 상표명이 변형되어 굳어진 표현이다. 그래서 이 말은「(커피에) 프림만 넣어주세요」라는 의미가 된다. Just가 「다른 것 말고 그것만」이라는 의미를 띠는 경우이다.

이렇게 쓰인다!

☐ **Just a moment** 잠시만.

☐ **Just one night** 딱 하룻밤만.

☐ **Just myself** 저 혼자만요.

☐ **Just a little** 조금만.

이렇게 써본다!

A: Do you miss your ex-girlfriend much?

B: Just a little. I think about her sometimes.

     A: 옛날 여자친구가 많이 그리워?
     B: 그냥 조금. 가끔 걔 생각을 할 때가 있지.

A: Let's go. We'll be late.

B: Just a moment. I have to finish my make-up.

     A: 가자. 늦겠어.
     B: 잠시만. 화장은 다 해야지.

One Point Lesson!

Anytime

1. Anytime 언제든지

     A: Can we still go out for drinks together? 함께 나가서 술 할 수 있을까?
     B: Anytime. Just call me. 언제든지. 전화만 해.

2. Anybody home? 누구 집에 없어요?, 아무도 안 계세요?

     A: Hello? Anybody home? 여보세요? 안 계세요?
     B: Come in! I'm in the kitchen. 들어와요! 부엌에 있어요.

Have a nice~ 다음에 다양한 명사를 넣어본다.

Have a nice <u>day</u>!
명사

앞에 주어 You가 생략된 명령문의 형태로, 「좋은 하루를 가져라」, 즉 「오늘도 좋은 하루되라」고 기원해주는 인사말이다.

이렇게 쓰인다!

Answer: nice weekend

☐ **Have a nice time** 즐거운 시간 보내.

☐ **Have a nice vacation** 휴가 즐겁게 보내.

☐ **Have a nice flight** 비행기 여행이 즐거우시길.

☐ **Have a nice trip** 즐거운 여행 되기를.

☐ **Have a**　　　　　　　즐거운 주말 보내.

이렇게 써본다!

A: I'm flying to L.A. next Saturday.

B: That sounds exciting. Have a nice trip.

　　A: 나 다음 주 토요일에 비행기 타고 LA에 가.
　　B: 신나겠구나. 즐거운 여행 되길 바래.

A: Have a nice vacation.

B: Thanks. I'm planning to spend a lot of time on the beach.

　　A: 휴가 즐겁게 보내.
　　B: 고마워. 해변에서 실컷 있으려고 해.

One Point Lesson!

No problem

감사에 대한 인사 외에도 상대방이 부탁하거나 사과할 때도 쓰인다. 그래서 "Regular unleaded. Please fill it up"(보통 무연휘발유로 가득 채워주세요)라고 할 때 "No problem"이라고 하면 이때는 "예 알겠습니다"라는 의미이고 또 "I'm sorry I can't make it"(미안하지만 못갈 것 같은데)라는 말에 "No problem"하면 "괜찮아"라는 의미가 된다.

A: I shouldn't have tied you so long. 너무 오래 붙잡고 있었네.

B: No problem, it was great talking to you. 괜찮아. 함께 얘기나누는게 즐거웠어.

A: When should we meet again? 언제 다시 만날까?

B: How about next month? 다음달 어때?

See you later

부사

「나중에(later) 또봐」라는 인사이다. See you 다음에는 이렇게 later처럼 시간을 나타내는 부사나 '전치사+시간, 요일, 날짜'로 이루어진 부사구를 붙여 「…에 또 보자」고 인사할 수 있다.

📖 **이렇게 쓰인다!**   Answer: See you tomorrow

☐ **See you soon** 곧 또 보자.

☐ **See you on Monday** 월요일날 봐.

☐ **See you next Friday** 다음 주 금요일에 봅시다.

☐ **See you at 7** 7시에 보자.

☐ **See you then** 그럼 그때 보자. (다시 만날 때가 정해져 있을 때)

☐   내일 봐.

✋ **이렇게 써본다!**

A: I'm finished. See you on Monday.

B: Thanks, Tracey. Have a great weekend.
  A: 제 일은 끝났어요. 월요일날 봬요.
  B: 수고했어요, 트레이시. 즐거운 주말 보내요.

A: I enjoyed having dinner with you.

B: Let's do it again sometime. See you soon.
  A: 함께 저녁 먹어서 즐거웠어.
  B: 언제 또 식사 같이 하자구. 곧 또 봐.

🖼 **One Point Lesson!**

Excuse me?

Excuse me?는 다시 한번 말해 줄래요?, 뭐라고?(= I'm sorry?, Come again?)라는 의미이다. 비슷한 표현으로 Say it once more(한번 더 얘기해줘), Would you speak more slowly please?(좀 천천히 말해줄래요?), I didn't catch what you just said(방금 말한 거 못들었는데요), I didn't quite get that(무슨 말인지 전혀 모르겠네요) 등이 있다.

Excuse me, I didn't hear you well 미안하지만 잘 못들었어요.

Excuse me? Could you repeat that? 뭐라고요? 다시 한번 말해줘요

197   Good+명사 형태의 다양한 인사말을 알아본다.

Good luck!

명사

「행운을 빌어!」라는 의미. 영어공부의 시작이라 할 수 있는 인사말 Good morning이나 Good afternoon 역시 이와 같은 Good+명사의 형태이다. Good+명사 형태는 아니지만 「잘됐다!」, 「잘했어!」란 의미의 Good for you!도 덤으로 알아둔다.

 이렇게 쓰인다!

- [ ] **Good job!** 잘했어!

- [ ] **Good presentation!** 발표회 아주 좋았어!

- [ ] **Good idea!** 좋은 생각이야!

- [ ] **Good point!** 좋은 지적이야[바로 그거야]

- [ ] **Good for you!** 참 잘됐다!, 잘했어!

   * presentation (기업 내부, 혹은 기업간의) 설명회, 발표회

 이렇게 써본다!

A: I got the highest grade on the exam.

B: Good for you!

    A: 시험에서 제일 높은 점수를 받았어.
    B: 잘했어!

One Point Lesson!

감사

Thank you~ 외에 다른 말로 고마워하기.

I appreciate it. 감사해요, 고마워.
I really appreciate it(that, this). 정말 고마워요.
That's (so) sweet. 고마워라. 친절도 해라.
It's very kind of you to say so. 그렇게 말해줘서 고마워.

A: I want you to move in with me. 나랑 함께 살자.
B: That is so sweet. 고맙기도 해라.

A: Let me help you with your grocery bags. 식료품 가방 들어줄게요.
B: Thank you, that's very kind of you. 고마워요. 정말 친절하군요.

Happy birthday!

특별한 날

「생일 축하해」라는 말. Happy 다음에 여러 가지 특별한 날을 집어넣어서 축하인사를 만들 수 있다. 참, 그런데 Christmas는 Happy보다는 Merry와 함께 쓰인다.

이렇게 쓰인다!

☐ **Happy New Year!** 행복한 새해 되길!

☐ **Happy Valentine's Day!** 행복한 발렌타인 데이 되세요!

☐ **Happy Easter!** 부활절 축하해요!

☐ **Happy Thanksgiving!** 추수감사절 축하해요!

☐ **Happy anniversary!** 결혼기념일 축하해요!

* Easter 부활절 | Thanksgiving (day) 추수감사절 | anniversary 기념일, 주로 결혼기념일

이렇게 써본다!

A: Happy New Year!

B: Let's hope we all have a wonderful year.

A: 행복한 새해 되길!
B: 우리 모두 멋진 한 해 되길 바래.

A: Why did you buy me this gift?

B: Happy anniversary. Did you forget?

A: 왜 선물은 사주고 그래?
B: 결혼기념일 축하해. 잊었어?

One Point Lesson!

take sb to somewhere

take sb to somewhere은 …을 …로 데려가다라는 의미.

Take her to **the hospital.** 걜 병원에 데려가.

Take Jane with **you.** 제인 데려가.

Take me to **lunch someday soon.** 조만 간에 점심 사

Congratulations on your wedding!

기념할 만한 행사[기념일]

「결혼을 축하해!」라는 말. 이처럼 Congratulations on~ 다음에 기념할 만한 일을 구체적으로 언급할 수 있다. 물론 Congratulations!만으로도 훌륭한 축하인사인데, 항상 복수의 형태로 끝에 -s가 붙는다는 거 잊지 않도록 한다. 구어체에서는 줄여서 Congrats!라고도 한다.

이렇게 쓰인다!

☐ **Congratulations on your graduation!** 졸업 축하해!

☐ **Congratulations on your promotion!** 승진 축하해!

☐ **Congratulations on having a baby!** 아기 가진 것[낳은 것] 축하해!

☐ **Congratulations on passing your exam!** 시험에 합격한 것 축하해!

* graduation 졸업 | promotion 승진 | pass an exam 시험을 통과하다[합격하다]

이렇게 써본다!

A: Congratulations on your graduation!

B: I'm so happy to be finished with school.

A: 졸업 축하해!
B: 학교 과정이 다 끝나서 너무 기뻐.

A: They made me a vice president of the company.

B: Congratulations on your promotion!

A: 회사에서 내게 부사장 직을 맡겼어.
B: 승진 축하해!

One Point Lesson!

Don't forget to+V

1. Don't forget to+동사 …하는 것을 명심해라

Please don't forget to make a backup of those files. 그 파일의 복사본을 꼭 만들어 놓아.

2. Never+동사 ! …하지마라

Never mind. 걱정마.
Never say die, Brian! 죽겠다는 소리 하지마. 브라이언!
Never give up. 절대 포기마.

No problem

_명사_

도와줘서 고맙다든가 하는 인사를 들었을 때 「별거아냐」라고 하는 답변. 이렇게 No 다음에 여러 가지 '명사'가 들어간 간단한 표현들을 알아본다. 이처럼 「전혀…가 아니다」, 「…하지않다」는 말을 하고 싶을 때 No와 Not을 이용해 간단하게 표현할 수 있다. 기억해야 할 것은 No와 「명사」, Not과 「형용사·부사」가 옳은 짝이라는 것이다. 굳이 품사를 따지자면 no는 형용사이고 not은 부사여서 그렇다. 형용사인 no가 수식할 수 있는 것은 명사, 부사인 not이 수식할 수 있는 것은 형용사나 부사이기 때문이다.

📖 **이렇게 쓰인다!**

☐ **No doubt** 의심할 여지도 없지[물론이지].

☐ **No wonder** 놀랄 것도 없지[당연하지].

☐ **No kidding** 농담 아냐[농담하지마].

☐ **No way** 말도 안돼[절대 안돼].

> * doubt 의심, 불신 ㅣ kidding 농담하는 것

 이렇게 써본다!

A: Brian failed math class.

B: No wonder. He was absent most of the time.

> A: 브라이언이 수학 과목 낙제했어.
> B: 놀랄 것도 없지. 수업시간 대부분을 결석했으니 말야.

A: Dorothy and Lyman are splitting up.

B: No kidding. I thought they had a strong marriage.

> A: 도로시하고 라이먼은 갈라설 거야.
> B: 말도 안돼. 금슬이 좋은 줄 알았는데.

 One Point Lesson!

kidding이 들어가는 관용표현

You're kidding! (불신) 그럴 리가!, (놀람) 정말!, (불확실) 너 농담이지!

You must be kidding! 농담말아!, 웃기지마!
Are you kidding (me)? 농담하는 거야?, 장난해?
No kidding? 설마?
No kidding! 너 농담해!, 이제야 알았어!
No kidding 장난아냐, 맞아, 그래

Not~ 다음에 다양한 형용사나 부사를 넣어본다.

Not so bad

형용사

「그렇게(so) 나쁘지는 않다」는 의미의 말. 이렇게 Not 다음에 형용사나 부사를 넣어서 「…는 아니다」라는 표현을 만들 수 있다.

  이렇게 쓰인다!

☐ **Not so good** 그렇게 좋은 건 아냐.

☐ **Not very often** 그렇게 자주는 아니야.

☐ **Not always** 항상 그런 건 아냐.

☐ **Not here** 여기서 말고[여긴 아냐].

☐ **Not exactly** 꼭 그런 건 아니고.

* often 자주, 흔히 | exactly 정확하게

  이렇게 써본다!

A: How is your new job?

B: Not so bad. I have to work overtime sometimes, but I like the job.

A: 새 직장은 어때?
B: 그리 나쁘지 않아. 야근을 해야 할 때도 있지만 일이 마음에 들어.

A: You mean she acts cruel and spoiled?

B: Not exactly, but she's not a very kind person.

A: 그러니까, 걔가 인정머리 없고 버릇없이 군다 이거지?
B: 꼭 그렇다기 보다는, 별로 상냥한 애는 아니란 거지.

One Point Lesson!

Watch를 이용한 명령문들

Watch out! 조심해!

Watch your step! 조심해!

Watch your tongue! 말 조심해!

A: Watch out! You almost hit the car! 조심해! 차 칠뻔했잖아!
B: Relax, I'm a good driver. 진정하라고, 나 운전잘해.

Any questions?

명사(셀 수 없는 명사 혹은 복수명사)

선생님이 수업을 마치고, 혹은 발표자가 발표를 마치고 「질문있나요?」라고 물어보는 표현이다. 질문이 한개든 열개든 갯수가 중요한 것이 아니라 '질문이 있는지 없는지' 물어보는 표현. any 다음에는 '셀 수 없는 명사'나 '복수명사'가 온다.

 이렇게 쓰인다!

☐ **Any other questions?** 다른 질문 있나요?

☐ **Any messages for me?** 저한테 메시지 남긴 것 있나요?

☐ **Any tickets for today's show?** 오늘 공연 티켓 있나요?

☐ **Any medicine for headache?** 두통약 있나요?

* show 공연, 방송 프로그램 │ medicine 약

 이렇게 써본다!

A: Any messages for me?

B: Your lawyer called and he wants you to call back.

A: 저한테 온 메시지 있나요?
B: 변호사한테 전화왔었는데 전화해달래요.

One Point Lesson!

Let's get~

- -

Let's get~으로 시작하는 중요표현들은 다음과 같아.

Let's get down to business. 자 일을 시작하자. 본론으로 들어가자.
Let's get started. 자 시작합시다.
Let's get going. 가자고.

A: Well, why don't we get down to business? 자. 본론으로 들어갈까요?
B: Sounds good. Let's get started. 좋습니다. 시작합시다.

A: Well, it was nice talking to you. 저기, 얘기나누어서 좋았어.
B: You too. Let's get together again soon. 너와 얘기나누어서 나도 좋았어. 곧 다시 보자.

Anything else?

수식어구(형용사 혹은 to+동사원형)

주문을 받거나 할 때 쓸 수 있는 말로, 「그밖에 또 뭐가 있나요?」, 「다른 것은요?」라는 의미이다. 제대로 의문문의 형식을 갖춰 말하려면 Is there anything else?라고 해야 한다. 이처럼 의문문 앞부분의 주어·동사를 생략하고 Anything 뒤에 '형용사나 to+동사원형'을 붙여 끝을 올리면 「…한 것 있어?」라는 의미가 된다.

📖 이렇게 쓰인다!   Answer: new

☐ **Anything** 뭐든[아무거나].

☐ **Anything wrong?** 뭐 잘못된 거라도 있어?

☐ **Anything special?** 뭐 특별한 것 있어?

☐ **Anything to say?** 말할 거라도 있어?

☐ **Anything   ?** 뭐 새로운 거라도 있어?

✋ 이렇게 써본다!

A: Two cheese burgers and two cokes... Anything else?

B: No thanks. That's all.

> A: 치즈버거 두개에 콜라 두잔… 다른 것은요?
> B: 고맙지만 없어요. 그게 다예요.

A: Anything new?

B: Not much. How about you?

> A: 뭐 새로운 일 좀 있나?
> B: 별로. 넌 어때?

🖼 **One Point Lesson!**

Everything's going to be okay

It's going to be okay와 유사한 표현으로 okay 대신 all right을 써서 Everything's going to be all right, 혹은 Everything will be fine이라고 해도 된다.

A: Honey, everything's going to be all right. 자기야, 다 잘 될거야.

B: What do you know? 네가 그걸 어떻게 알아?

Let's play outside after school
시간 전치사

시간을 나타내는 전치사들로는 at (정확한 시간)에, in (월/연도/계절 등)에, on (요일/날짜)에, after …후에, before …전에, around …쯤에 등이 있다.

이렇게 쓰인다!
Answer: On Monday

☐ **At 7 (o'clock)** 7시에.

☐ **In 1976** 1976년에.

☐ **After breakfast** 아침먹은 후에.

☐ **Before noon** 정오 전에.

☐ **Around 4 (o'clock)** 4시쯤에.

☐   월요일에.

이렇게 써본다!

A: When is your flight scheduled for?

B: At 6 a.m. I've got to wake up early.

A: 비행기가 언제 뜨기로 되어있지?
B: 오전 6시에. 일찍 일어나야 돼.

A: Did you say Ellen would be here today?

B: Not today. On Thursday.

A: 엘렌이 오늘 이리 온다고 했었나?
B: 오늘 아냐. 목요일에 와.

One Point Lesson!

by vs. until

by는 '~까지'라는 기한을 말할 때, until은 ~까지 지속될 때를 말한다.

This book must be returned by January 4. 이 책은 1월 4일까지 반납해야 합니다.

Call in sick and tell your boss you'll have it done by Friday. 병가내고 금욜까지 끝내겠다고 상사에게 말해.

Can I stay until this weekend? 주말까지 머물러도 될까?

He is here until at least six o'clock. 걘 적어도 6시까지 여기 있을거야.

Just put it on the table

장소 전치사

장소를 나타내는 대표적인 전치사들로는 at (한 점을 뜻하는 장소)에, in (어떤 테두리 안에 있는 장소)에, near …근처에(서), from …로부터, to …로, on (표면과 닿은 상태로) …위에 등이 있다.

📖 **이렇게 쓰인다!** Answer: In the office

☐ **At the Hilton Hotel** 힐튼호텔에(서).

☐ **Near the station** 역 근처에(서).

☐ **On the table** 탁자 위에.

☐   사무실에(서).

✍️ **이렇게 써본다!**

A: Have you seen the keys for my car?

B: Yeah, on the table.
> A: 내 자동차 열쇠 봤어?
> B: 응, 테이블 위에 있던데.

A: Where are you going to stay?

B: At the Drake Hotel.
> A: 어디서 묵을 거야?
> B: 드레이크 호텔에서.

🖼️ **One Point Lesson!**

for, during, through

for+구체적인 숫자를 이용한 기간 '~동안.' 반면 during은 during + 행사나 사건 또는 특정 기간 '~동안'을 말한다. 그리고 through는 '~동안 내내'라는 의미이다.

I'll stay here for about a week. 나는 여기에 일주일 정도 머무를 거야.
I'm going to England during my vacation. 휴가때 영국에 갈려고.
During the weekend someone broke into the building. 주말동안 누가 건물에 침입했다.
I've been busy all through the week. 나는 한주 내내 바빴다.

A: It was difficult to travel during the holiday. 휴일에 여행하는게 힘들었어.
B: Yeah, traffic was bumper to bumper. 그래, 차가 엄청 막혔어.

I got this for you

…을 위해라는 전치사

그밖의 많이 쓰이는 전치사들은 on (뒤에 수단이 와서) …로, by (뒤에 수단이 와서) …로, for (뒤에 용도가 와서) …를 위해, …하려고 등이 있다.

이렇게 쓰인다!

Answer: For my health

☐ **On foot** 걸어서요.

☐ **By credit card** 신용카드로요.

☐   제 건강을 위해서요.

이렇게 써본다!

A: How would you like to pay?

B: By credit card.

A: 어떻게 계산하시겠어요?
B: 신용카드로요.

A: Why do you take so many vitamins?

B: For my health. They're very important.

A: 비타민을 왜 그렇게 많이 먹어?
B: 건강을 위해서지. 굉장히 중요하다구.

One Point Lesson!

after

after는 뒤에 명사뿐만 아니라 동사의 ~ing 혹은 주어+동사의 절이 와서 …후에라는 의미로 쓰이니까 잘 활용해보도록 해본다.

I'll tell you after the game! 경기가 끝난 다음에 말해줄게요!
I'll come by after I'm done. 이걸 마치면 너에게 들릴게.
I'll tell you after we eat! 식사하고 얘기해줄게!
I'll give you an answer after giving it some thought. 생각 좀 해보고 답줄게.

A: I want you to have a look at this schedule. 이 일정표 좀 봐줘.
B: I'll give it back to you after lunch. 보고 점심 후에 줄게.

All NEW 2
SMART 3
영어회화공식 1

기타 간단한 >> 표현들

대화를 신명나게 하는 영어 추임새

부가의문문이나 감탄문, 그외 여러가지 상대의 말에
반응을 보이는 표현들을 알아보기로 한다.

It's a beautiful day, isn't it?

부가의문문

「날씨 좋네, 그렇지?」라는 말. 부가의문문을 만들 때 주의할 점은, ① 주어가 명사라 할지라도 부가의문문에서는 주어를 꼭 '대명사'로 바꿔주어야 하고 ② 본 문장의 주어가 That이나 This여도 부가의문문은 ~, isn't it?이 되는 경우가 많다. ③ 또한, 본 문장에서 일반동사가 나왔다면 부가의 문문에서는 do나 does 등의 '조동사'로 바꿔주는 것도 잊지 말기로 한다.

이렇게 쓰인다!

Answer: can't she? / isn't it?

☐ **You're a newcomer, aren't you?** 신입사원이군요, 그렇죠?

☐ **This is a nice party, isn't it?** 근사한 파티네요, 그렇죠?

☐ **He likes Carry, doesn't he?** 걘 캐리를 좋아하지, 그렇지?

☐ **Mina can speak French,   ?**
미나는 불어를 할 줄 알죠, 그렇죠?

☐ **The meeting is at 10,   ?**
회의가 10시죠, 그렇죠?

* newcomer 신입사원, 처음 온 사람, 초보자

이렇게 써본다!

A: This place is really large and confusing.

B: You're a newcomer, aren't you?

A: 이곳은 광장히 넓고 복잡하네요.
B: 처음 오신 분이군요, 그렇죠?

A: This is a nice party, isn't it?

B: No, I'm not enjoying myself very much.

A: 근사한 파티네, 그렇지?
B: 아니, 난 별로 즐겁지 않은걸.

One Point Lesson!

be about to+V

be about to + 동사는 아주 가까운 미래에 할거라는 의미로 우리말로는 '바로 …할거야'가 된다.

We're about to run out of gas. 기름이 바닥이 나려고 하는데.
We're about to take off and see a movie. 바로 나가서 영화보려고.

208 부정문 뒤에 다양한 부가의문문을 만들어 붙여본다.

It's not warm, is it?

부가의문문

「따뜻하지 않네요, 그렇죠?」라는 의미의 말이다. 본 문장이 '부정문'일 때는 반대로 '긍정의문문' 을 만들어 붙여 주면 된다. 다른 주의사항은 앞의 경우와 동일하다.

이렇게 쓰인다!

Answer: are you?

☐ **You didn't tell her, did you?** 너 걔한테 얘기 안했지, 그렇지?

☐ **He can't cook, can he?** 걘 요리를 못하는구나, 그렇지?

☐ **The room isn't large, is it?** 방이 넓지 않네, 그렇지?

☐ **You're not the owner,** **?** 당신은 주인이 아니군요, 그렇죠?

이렇게 써본다!

A: I know you want to date Liz.

B: You didn't tell her, did you?

A: 리즈하고 데이트하고 싶어하는 거 알아.
B: 걔한테 말 안했지, 그렇지?

A: He can't cook, can he?

B: No, but I think he's planning to take us to a nice restaurant.

A: 걘 요리 못하잖아, 그렇지?
B: 못하지, 하지만 우릴 근사한 레스토랑에 데려가려고 하는 것 같아.

One Point Lesson!

work on+sth[sb]

work on은 다음에 이어지는 단어에 따라 다양한 의미로 쓰이는 아주 유용한 표현이다. work on the coffee를 커피를 마시는 거고 work on a patient는 환자를 다루는 것이고 또한 work on the homework 는 숙제를 하는 것이다.

A: Did you want to see me in the office? 사무실로 오라고 하셨나요?

B: Yes, where is the report I asked you to do? 어, 내가 하라고 한 보고서는 어디에 있나?

A: I'm still working on it. 아직 하고 있는데요.

B: Please get it done by the afternoon. 오후까지는 끝내도록 해.

That's for her, right?

내용상 부가의문

「걔 위한 거지, 맞지?」 또는 「그거 걔 줄 거지, 맞지?」라는 의미이다. 부가의문문 만들기가 영 괴롭다면, 그냥 어떤 주어, 어떤 동사이건간에 끝에 ~, right?이라고 물어보기만 하면 부가의문문처럼 상대의 동의를 구할 수 있다.

 이렇게 쓰인다!

Answer: right?

- ☐ **Tomorrow is your birthday, right?** 내일이 네 생일이지, 그렇지?

- ☐ **She is your boss, right?** 그 여자는 네 상사지, 그렇지?

- ☐ **He didn't do that, right?** 걔가 그런 거 아니지, 그렇지?

- ☐ **He can move anywhere,   ?**
  걘 어디로든 이사갈 수 있어, 그렇지?

 이렇게 써본다!

A: Tomorrow is your birthday, right?

B: Yes. I'm expecting a big present from you.

> A: 내일 네 생일이지, 그렇지?
> B: 맞아. 너한테 큰 선물 기대하고 있어.

A: I'm really tired of following Jen's orders.

B: She is your boss, right?

> A: 젠의 지시를 따르는 거 정말 신물나.
> B: 그 여자는 네 상사지, 그렇지?

🖼 **One Point Lesson!**

~, all right?

자기가 하는 말 문장 끝에 ~, all right? 혹은 All right?처럼 단독으로 쓰며, 자기가 한 말을 상대방에게 확인시켜 줄 때 사용하는 표현이다.

You just need to relax all right? 넌 좀 쉬어야 겠어. 알았어?
I just have to go, all right? 나 가야 돼. 괜찮겠어?
But come on, it doesn't matter. All right? 하지만 이봐. 그건 상관없다고. 알았어?

210 명령문 앞이나 뒤에 please를 붙여본다.

Call a taxi for me, please

동사원형

「택시 좀 불러주세요」라는 문장. please를 문장 앞에 붙일 수도 있다. 그런데 please가 붙으면 좀 정중한 표현이 되지만, 더 정중하게 부탁하려면 앞서 나왔던 Would you~?나 Could you~?를 이용하는 것이 좋다.

이렇게 쓰인다!

Answer: Please show me

☐ **Pass me the salt, please** 소금 좀 건네주세요.

☐ **Hold the line, please** 끊지 말고 기다려 주세요. (전화통화시)

☐ **Please put this bag in the trunk** 이 가방은 차 트렁크에 넣어주세요.

☐   **the blue one** 파란 것 좀 보여주세요.

* hold the line (전화를) 끊지 않고 기다리다

이렇게 써본다!

A: Please put this bag in the trunk.

B: There isn't any room for it.

A: 이 가방을 차 트렁크에 넣어주세요.
B: 공간이 없는데요.

A: Pass me the pepper, please.

B: Sure. Here it is.

A: 후추 좀 건네주세요.
B: 그러죠. 여기 있어요.

One Point Lesson!

won't

will의 부정형태인 will not은 줄여 won't로 쓰는데 잘못 발음하면 동사 want와 비슷하게 발음하게 되는데 조심해야 한다. 실제 발음은 [wount].

I won't let it happen again. 다시는 그런 일 없도록 할게.
It won't be easy. 쉽지 않을 거야.
I won't tell anyone. 아무에게도 말하지 않을게.

명사 뒤에 please를 붙여본다.

This one, please

명사

「이걸로 주세요」라는 뜻. 이렇게 '명사+please'만으로도 「…을 주세요」라는 의사표현을 할 수 있다. 단, '명사+please'는 동사의 경우에서 와는 달리, 순서를 바꿔 'Please+명사'의 형태로는 잘 쓰이지 않는다.

이렇게 쓰인다!

☐ **Orange juice, please** 오렌지 주스로 주세요.

☐ **Just some mustard, please** 머스타드 소스만 조금 발라주세요.

☐ **No onions, please** 양파는 빼주세요.

☐ **One moment, please** 잠시만요.

☐   설탕만 넣어주세요.

* mustard 겨자 소스

이렇게 써본다!

A: What would you like me to put on your hotdog?

B: Just some ketchup, please.

    A: 핫도그에 뭘 발라드릴까요?
    B: 케첩만 조금 발라주세요.

A: I'd like a Big Mac to go. No onions, please.

B: All right. Just one moment, please.

    A: 빅맥 하나 포장해주세요. 양파는 빼고요.
    B: 알겠습니다. 잠시만요.

One Point Lesson!

You'll+V

You'll+V 형태의 관용표현들은 다음과 같다.

You'll **see.** 두고 봐. 두고 보면 알아.

You'll **pay for that.** 어디 두고보자. 대가를 치러야 될 거야.

If you'll **excuse me.** (자리를 뜨면서) 괜찮다면.

상대의 말에 반응을 보이는 표현들을 알아본다.

Really?

「정말이야?」하고 되물어보는 표현이다. 반드시 믿을 수 없는 이야기라든가 정말인지 확신이 서지 않는 이야기에 대해서만 사용할 수 있는 것이 아니고, 「그래?」정도로 반응을 보이는 느낌의 말로도 사용할 수 있다.

이렇게 쓰인다!

- ☐ **Is that true?** 그게 정말이야?
- ☐ **Are you sure?** 확실해?
- ☐ **Is that so?** 그래?
- ☐ **You're kidding!** 농담하는 거겠지[설마]
- ☐ **Are you serious?** 정말이야?
- ☐ **Are you?** 그래? (상대가 I'm~으로 말했을 때)
- ☐ **You did?** 그랬어? (일반동사를 써서 말했을 때)

* kid 농담하다 | serious 진지한, 농담이 아닌

이렇게 써본다!

A: I'm impressed with your hard work.

B: Really? Do you think I'm ready for a promotion?

A: 열심히 일하는 모습이 인상적이네요.
B: 정말인가요? 제가 곧 승진할 것 같아요?

A: The stock market just dropped by 200 points.

B: Are you sure? I don't believe it.

A: 주식이 200포인트나 떨어졌어.
B: 정말이야? 믿을 수가 없네.

One Point Lesson!

불확실한 부사

불확실한 부사로는 perhaps. maybe. probably 등이 있다. 가능성의 정도는 probably 〉 maybe 〉 perhaps(50%이하)

Maybe yes, maybe no. 어느 쪽이라고 말해야 할지.

Perhaps I made a mistake. 내가 실수했을지도 몰라.

I see

「(무슨 얘긴지) 알겠어」라는 의미. see는 기본적으로「보인다」는 의미이지만, 그 외에 크게 두가지 의미가 더 있다. 보는 것에서 좀 더 확장하여「만나다」라는 뜻이, 또「이해하다」혹은「알다」라는 의미도 있다. 그래서「알았어」라고 말할 때 I see를 사용하게 되는 것이다. 그밖에 상대가 하는 말을 알아들었다는 표현들은 다음과 같다.

 이렇게 쓰인다!

- [ ] **I understand** 이해해[알아들었어].
- [ ] **I('ve) got it** 알겠어.
- [ ] **I get the picture** 알겠어(머릿속에 그림이 그려진다).
- [ ] **I know what you mean** 무슨 말인지 알겠어.
- [ ] **I know** 그래, 맞아. (상대의 말에 동의)

 이렇게 써본다!

A: You have to ask your boss first.
B: Oh, I see.
> A: 상사에게 먼저 물어봐야죠.
> B: 아, 알겠어요.

A: I want you to redesign this entire system.
B: I get the picture.
> A: 이 시스템 전체를 다시 설계해줬으면 해요.
> B: 무슨 말씀인지 알겠습니다.

One Point Lesson!
You can't miss it

You can't miss it은 길을 안내하면서 하는 표현으로 길을 몰라 물어보는 사람에게 원하는 목적지를 알려주고 쉽게 찾을 수 있을 거라고 말할 때는 쓰는 전형적인 표현.

A: Excuse me, can you tell me where the department store is? 백화점이 어딘가요?
B: Go straight for two blocks. You can't miss it. 2블록 곧장 가요. 쉽게 찾을 거예요.

All right

상대의 부탁이나 제안을 듣고「알았어」라고 대답하는 말이다. '그렇게 하자,' '그렇게 할게'라는 뉘앙스를 띠고 있다. all right은 간략하게 줄여서 alright으로 표기하기도 한다.

 이렇게 쓰인다!

☐ **Okay** 좋아.

☐ **Sure** 그럼, 물론이지.

☐ **Of course** 물론이지, 그렇게 해.

☐ **No problem** 별로 힘든 일도 아닌걸.

☐ **Why not?** 왜 안되겠어?

 이렇게 써본다!

A: Make sure you are here before 8 a.m. tomorrow morning.

B: Okay. I won't be late.

> A: 내일 아침 반드시 8시 전에 오세요.
> B: 알겠어요. 늦지 않을게요.

A: May I see your passport?

B: Alright. Here you are.

> A: 여권 좀 볼까요?
> B: 알겠습니다. 여기 있어요.

One Point Lesson!

sure

회화에서 쓰이는 그 밖의 sure는 다음과 같다.

1. Sure = 어, 그래(Yes)

   Sure. Call me in the morning. 그래. 아침에 전화해

2. (That's) For sure = Surely. 물론, 확실하지.

   She doesn't know for sure. 걘 확실히 몰라.

3. Sure thing = 물론(Of course)

   Sure thing, boss. I'm coming right up. 물론요. 사장님. 바로 갑니다.

You know, they are going to get married

「있잖아, 걔네들 결혼할거야」라는 말이다. you know는그냥 「있잖아」, 「저기」 정도의 의미이다. 아래 표현들은 모두 you know처럼 별 의미없이 쓰는 말들이다. 참고로 화제를 바꿀 때 쓰는 말인 by the way(근데 말야)도 함께 알아둔다.

 이렇게 쓰인다!

☐ **Look, I can't decide** 저기, 결정 못하겠어.

☐ **Well, I'll think about it** 음, 생각해볼게.

☐ **Say, my computer doesn't work** 있지, 내 컴퓨터가 작동이 안돼.

☐ **Listen, do you know that girl?** 있잖아, 너 저 여자애랑 친해?

☐ **By the way, what time is it now?** 그런데 말야, 지금 몇시지?

* work (기계 등이) 작동되다

 이렇게 써본다!

A: You know, they are going to get married soon.

B: Really? On what day?

A: 있잖아, 걔네들은 곧 결혼할 거야.
B: 정말? 며칠날에?

A: Where would you like to eat lunch?

B: Look, I can't decide. **There are too many choices.**

A: 점심 어디서 먹을래요?
B: 어, 결정 못하겠어요. 선택의 여지가 너무 많아요.

One Point Lesson!

By the way,

얘기를 하다보면 화제의 중심에서 벗어난 이야기를 할 때가 있다. 갑자기 더 중요한 이야기 떠오르거나 아님 화제를 의도적으로 바꾸고자 할 때 애용하는 표현이다. 다시 말해 대화중 새치기를 해서라도 먼저 말하는 경우인데 이런 새치기 문장을 꺼내기 앞서 말하는 표현이 바로 이 By the way이다. 우리말로는 '그런데', '근데 말야'에 해당되는 표현.

By the way, **what're you doing tonight?** 그런데 오늘 밤 뭐해?
By the way, **do you have any plans for dinner?** 그런데 저녁식사 계획이 있는거야?

What a~ 다음에 다양한 명사를 넣어봅시다.

What a wonderful world!

명사를 수식하는 형용사 　　　　　　명사

「얼마나 멋진 세상인지!」라는 감탄문. 이처럼 What a 다음에 '명사'가 와서 감탄문을 만드는데, 그 명사에 대한 수식어, 즉 형용사가 따라붙는 경우도 많다.

이렇게 쓰인다!

Answer: cute[beautiful, pretty] girl / beautiful weather

☐ **What a rude man!** 이렇게 예의없는 남자를 봤나!

☐ **What a surprise!** 놀랍기도 하지!

☐ **What a** 　　　　　　　**!** 세상에, 여자애가 예쁘기도 하지!

[※ 복수명사나 셀 수 없는 명사의 경우에는 a가 들어가지 않는다]

☐ **What lovely flowers!** 어머나, 꽃들이 참 예쁘기도 해라!

☐ **What** 　　　　　　　**!** 날씨 참 좋다!

* rude 무례한

이렇게 써본다!

A: Look at this. It's a picture of my girlfriend.

B: What a pretty girl!

　　A: 이것 좀 봐. 내 여자친구 사진이야.
　　B: 세상에, 정말 예쁘다!

A: What beautiful weather!

B: Yeah, I always love it when spring weather arrives.

　　A: 날씨 참 좋다!
　　B: 그러게. 난 늘 봄날씨가 되면 너무 좋더라.

One Point Lesson!

What a~ !

What a + 사람은 "…같으니라고!"의 감탄문. 주로 안 좋은 단어가 와서 비난과 질책을 할 때 사용한다.

What a **loser!** 이런 바보 같으니!

What a **jerk!** 이런 한심한 놈 같으니!

What a **pervert!** 저질 같으니라고!

Wonderful!

형용사

「훌륭해!」라는 말. 그냥 밋밋하게 읽듯이 말하지 말고 눈도 좀 동그랗게 뜨면서 말해보면 좋을 듯… 다른 「형용사」들도 목소리 연기, 표정 연기 등을 동원해서 말해보도록 한다. 훌륭한 감탄 표현이 되도록 말이다.

 이렇게 쓰인다!

☐ **Excellent!** 아주 훌륭해!

☐ **Delicious!** 맛있는걸!

☐ **Unbelievable!** 믿을 수 없구만[놀라워!]

☐ **Cool!** 근사하군!

☐ **Perfect!** 완벽해!

* excellent 뛰어난 | cool 근사한, 멋진

 이렇게 써본다!

A: Delicious! That was the best meal I ever ate.
B: I'm glad to hear you liked it.

A: 맛있어라! 이제껏 먹어본 것 중에 최고의 식사였어.
B: 맛있게 먹었다니 기뻐.

A: This is my new sports car.
B: Cool! How much did it cost?

A: 이거 새로 산 내 스포츠카야.
B: 멋지다! 얼마 들었어?

One Point Lesson!

if you have+명사

if you have+명사는 네가 …하다면이라는 뜻.

You can go there if you have time. 시간 있으면 가도 돼.
Feel free to ask if you have any questions. 질문 있으면 언제든지 해.
If you have any problems give me a call. 문제가 생기면 나한테 전화해.

다양한 부사를 이용해 감탄의 표현을 만들어본다.

Exactly!

부사

상대방의 말에 대해서 「바로 그거야!」하고 맞장구치는 표현이다. exactly는 「정확하게」, 「조금도 틀림없이」라는 의미의 부사이다. 이렇게 「부사」를 이용해서도 감탄의 표현, 적극적인 반응의 표현을 만들 수 있다.

이렇게 쓰인다!

☐ **Certainly!** 물론이지!

☐ **Definitely!** 물론이지!

☐ **Absolutely!** 그렇고 말고!

☐ **Certainly not!** 물론 그렇지 않아![절대 싫어!]

☐ **Absolutely not!** 절대 그렇지 않아!

* definitely 명확히, 확실히 | absolutely 절대적으로, 완전히

이렇게 써본다!

A: You mean, I should never give up?

B: Exactly! Get out there and try again.

A: 네 말은 포기하면 안된다는 거지?
B: 바로 그거야! 가서 다시 한번 해봐.

A: Would you like a job at my company?

B: Absolutely! When can I start work?

A: 우리 회사에서 일할래요?
B: 물론이죠! 언제부터 일하면 되죠?

A: Dad, I want to spend the night at my girlfriend's house.

B: Absolutely not!

A: 아빠, 여자친구네 집에서 하룻밤 자고 오고 싶은데요.
B: 절대로 안된다!

One Point Lesson!

Look at you!

Look at you!, Look at this!라는 표현도 있는데 이는 사람을 만나거나 뭔가 새로운 것 등을 봤을 때 멋지다는 의미로 감탄하면서 쓰는 말이다. 상대방에게 보라고 하는 것은 아니고 그냥 야 애좀봐라, 야 이거봐라 정도의 의미이다.

Yes, please

「네, 그렇게 해주세요」라는 의미이다. 상대가 뭔가를 해주겠다고 제안했을 때 할 수 있는 긍정적인 대답. Yes 다음에 다른 내용은 모두 생략하고 please만 붙인 형태로, Yes 다음에 다른 간단한 단어들도 덧붙여본다.

이렇게 쓰인다!

Answer: of course

☐ **Yes, thank you** 응, 고마워.

☐ **Yes, I'd like to** 응, 그러고 싶어(I would like to).

☐ **Yes, I think so** 응, 그런 것 같아.

☐ **Yes,**   응, 물론이지.

이렇게 써본다!

A: How about some more coffee?

B: Yes, please.

> A: 커피 좀더 드릴까요?
> B: 네, 그렇게 해주세요.

A: Did you enjoy your stay at our hotel?

B: Yes, thank you. It was great.

> A: 저희 호텔에서 즐겁게 묵으셨습니까?
> B: 네, 감사합니다. 좋았어요.

A: Come and visit us in Hawaii sometime.

B: Yes, I'd like to do that.

> A: 언제 한번 하와이로 우릴 찾아와요.
> B: 네, 그러고 싶어요.

One Point Lesson!

I think, I suppose, I guess

모두 「자신의 생각이나 의견을 말하고자 할 때」 사용되는데, I think는 「어떤 일이 사실이라고 생각하지만 확신할 수 없는 것이라는 뉘앙스가 담겨있고, I suppose는 이보다 좀더 강도를 낮추어 「아마도 사실일테지만 정말로 확실치는 않다」고 할 때 그리고 I think 못지않게 흔히 듣고 볼 수 있는 표현인 I guess는 「어떤 일이 사실일 거라고 생각하거나 혹은 어떤 일이 아마도 생겼을 거라고 추측을 할 때」 바로 이 I guess로 시작해 말을 하면 되는 것이다.

220 No~ 다음에 간단한 단어를 덧붙여본다.

No, not really

「아뇨, 실은 그렇지가 않아요」라는 의미. 다른 사람의 제안을 거절하거나 상대방의 정보에 이의를 제기할 때도 No 다음에 한마디 덧붙여 쓰면 훨씬 성실한(?) 답변이 될 수 있다.

 이렇게 쓰인다!   Answer: not at all

- [ ] **No, not yet** 아니. 아직.

- [ ] **No, nothing special** 아니. 특별한 건 아무 것도 없어.

- [ ] **Thanks, but no** 고맙지만 됐어.

- [ ] **No,**   아니. 전혀 그렇지 않아.

  * yet 아직

 이렇게 써본다!

A: Do you have time to have dinner?

B: No, not really. I must be going now.

> A: 저녁 먹을 시간 있어요?
> B: 아뇨, 실은 없어요. 지금 가봐야 해요.

A: Are you married?

B: No, not yet. I may get married in a few years.

> A: 결혼 하셨어요?
> B: 아뇨, 아직요. 몇년 후엔 하겠죠.

A: Does this cold weather bother you?

B: No, not at all. I like it.

> A: 이런 추운 날씨 때문에 짜증나세요?
> B: 아뇨, 전혀요. 전 이런 날씨 좋아요.

One Point Lesson!

~when+미래시제

비록 when이라는 시간 접속사로 시작되는 절이지만 문장 내에서 when 이하의 성분은 동사 know의 목적어로 정체는 명사절이다. 현재가 미래를 대신할 수 있는 건 부사절 및 형용사절에서만 가능하기 때문에 when 이하는 미래의 일을 말하면 미래로 표시해주어야 한다.

I don't know when he will come back. 그 사람이 언제 돌아올 지 몰라요.

All NEW 2
SMART 3
영어회화공식 1

기본

동사원형~ >>

명령문을 만들려면 동사, 앞으로~

명령문은 상대방에게 하는 말이니 주어는 You인데
보통 생략하고 동사원형을 문장 맨앞에 두어 말하게 된다.
또한 「…하지마」 하고 부정문의 형태로 명령하게 될 때는
조동사를 앞으로 빼서 Don't+동사원형의 형태로 쓰고,
Never+동사원형의 형태로 쓰면 더욱 강조하는
분위기를 풍기게 된다.

Be careful
형용사

「조심해」라는 말이다. careful은 「조심성 있는」이라는 의미의 형용사. Be~로 시작하는 명령문은 이렇게 'Be+형용사'의 형태인 경우가 가장 일반적이다.

이렇게 쓰인다!

Answer: honest

☐ **Be nice** 상냥하게 굴어.

☐ **Be quiet** 조용히 해.

☐ **Be punctual** 시간 좀 지켜.

☐ **Be good to your friends** 친구들하고 사이좋게 지내.

☐ **Be**   **with me** 나한테 좀 솔직해 봐.

* nice 상냥한, 친절한 | punctual 시간을 잘 지키는

이렇게 써본다!

A: It's Friday the thirteenth. Be careful.

B: Are you serious? I didn't know you were superstitious.

A: 오늘 13일의 금요일이야. 조심해.
B: 진심이야? 네가 미신을 믿는 줄은 몰랐는걸.

A: Honey! I'm home.

B: Be quiet. Amy has just fallen asleep.

A: 여보! 나 왔어.
B: 조용히 해요. 에이미가 지금 막 잠들었다구요.

One Point Lesson!

Be my guest

상대방의 요청(May I use your toilet?)에 흔쾌히 허락할 때 쓰는 표현.

A: Do you mind if I take a look around here? 내가 여기 좀 둘러봐도 괜찮겠니?
B: Not at all, be my guest. 그럼. 물론이지.

Be sure to~ 다음에 동사를 넣어본다.

Be sure to finish this work before the weekend

형용사 　　to+동사원형

「주말 전에 반드시 이 일을 끝내야 해」라는 의미. sure는 「틀림없는」, 「반드시…하는」이라는 의미의 형용사이다. 위 문장은 'Be+형용사(sure)'의 구조인데 뒤에 무엇을 sure해야 하는지 to부정사구의 형태로 말하고 있다.

이렇게 쓰인다!

☐ **Be sure to lock the door** 문 꼭 잠가야 해.

☐ **Be sure to call him back** 반드시 걔한테 전화해 줘.

* lock 잠그다 ┃ call+사람+back (이전에 걸려온 전화에 대한 회답으로) …에게 전화해주다

이렇게 써본다!

A: Be sure to finish this work before the weekend.

B: Okay. Don't worry about that.

　　A: 주말 전에 반드시 이 일을 끝내야 해요.
　　B: 알겠어요. 걱정하지 마세요.

A: Be sure to call him back.

B: Don't worry. I will.

　　A: 반드시 걔한테 전화해 줘.
　　B: 염려마. 그렇게 할게.

One Point Lesson!

be getting+비교급

be getting +비교급은 주어가 점점 …해지다라는 의미. get+형용사의 강조구문으로 상태의 변화에 초점을 맞춘 표현이다.

It's getting better. 점점 나아지고 있어.
It's getting worse. 점점 나빠지고 있어.
Things are getting better. 사정이 점점 좋아지고 있어.

A: How are you feeling these days? 요즘 기분 어때?
B: I'm getting better every day. 매일 나아지고 있어.

Be a good boy
명사

부모가 자녀에게 「착한 아이가 되어야지」라고 하는 말. 여자아이에게는 boy 대신 girl을 쓰면 된다. 'be동사+명사'의 형태는 주로 주어의 지위나 자격 등을 나타내기 때문에 명령문으로 만들어 쓰는 경우가 그리 많지는 않다. 위 표현이 대표적인 'Be+명사' 형태의 명령문이다. 그밖에 Be동사 뒤에는 전치사+명사로 이루어진 '전치사구' 역시 올 수 있다.

 이렇게 쓰인다!   Answer: an adult

☐ **Be a man** 남자답게 굴어.

☐ **Be at home** 집에 있어.

☐ **Be the first to know** 제일 먼저 아는 사람이 되세요. (광고문구 등에서)

☐ **Be** _____ 어른스럽게 굴어.

    * be the first to+동사 제일 먼저 …하는 사람이다

 이렇게 써본다!

A: You should get a job and make some money. Be an adult.

B: I will. Trust me.

    A: 너도 취직해서 돈을 벌어야지. 좀 어른스러워져라.
    B: 그럴게요. 믿으세요.

A: Be a man and take responsibility for your family.

B: What do you mean specifically?

    A: 남자답게 가족에 대해서 책임감을 가져.
    B: 구체적으로 어떤 걸 말하는 거야?

One Point Lesson!

seem to+V와 remain+형용사

1. seem to+V …하는 것 같아

    He seems to hate you 걔는 널 싫어하는 것 같아

2. remain + 형용사 여전히 …이다, keep + 형용사 늘…하다

    He still remains very popular. 그 남자는 여전히 유명해.
    I don't like to keep busy. 계속해서 바쁜 건 싫어.

Go~ 다음에 다양한 부사 또는 전치사구를 넣어본다.

Go straight down the street

부사

「이 길로(down the street) 곧장 가요」라는 의미. straight는「일직선으로」,「곧장」이라는 의미의 부사이다. Go 뒤에 straight와 같은「부사」가 오거나 through+장소 등의「전치사구」가 와서 길을 가르쳐주는 다양한 표현들을 만들 수 있다.

이렇게 쓰인다!

Answer: Go down the stairs

☐ **Go straight for 2 blocks** 이 길로 곧장 2블럭을 가세요.

☐ **Go up the stairs** 이 계단을 올라가세요.

☐ **Go through the shopping center** 쇼핑센터를 통과해서 가세요.

☐ **Go out the north exit** 북쪽 출구로 빠지세요.

☐   **to platform 5** 계단을 내려가서 5번 승강장으로 가세요.

    * exit (고속도로 등의) 출구

이렇게 써본다!

A: Where can I get the train to Seattle?

B: Go down the stairs to platform 5.

    A: 시애틀로 가는 기차는 어디서 타요?
    B: 계단을 내려가서 5번 승강장으로 가세요.

A: Is there a toilet around here?

B: Go through the shopping center. You'll find one.

    A: 이 근처에 화장실 있어요?
    B: 쇼핑센터를 통과해서 가시면 하나 보일거예요.

One Point Lesson!

You've got~

You've got~는 네게 …가 있어라는 의미.

You've got **nothing to lose.** 손해볼 게 없어.
You've got **a meeting at three.** 3시에 회의 있어요.
You've got **to be kidding!** 농담말아!. 웃기지마!

Go to see her

to부정사

「가서 걜 만나봐」라는 의미. 'Go+to부정사,' 즉 'Go+to+동사원형'의 형태로 「…하러가라」는 의미의 명령문을 만들 수 있다. 구어에서 편하게 말할 때는 'Go 'and' 동사원형' 혹은 중간에 to나 and를 생략하고 'Go+동사원형'의 형태로도 많이 쓰인다.

 이렇게 쓰인다!   Answer: Go to see

☐ **Go to work** 출근해.

☐ **Go and get some rest** 가서 좀 쉬어.

☐ **Go get some drinks** 가서 음료수 좀 사와라.

☐   **a doctor** 병원 가봐.

* see a doctor 의사에게 가서 진찰받다, 병원가다

 이렇게 써본다!

A: The rash on my skin keeps getting worse.

B: Hurry and go to see a doctor.

A: 피부에 뽀루지가 점점 심해지고 있어.
B: 어서 병원에 가봐.

A: Oh God, I'm so sleepy today.

B: You look exhausted. Go and get some rest.

A: 어휴, 오늘 너무 졸리다.
B: 피곤해보이네. 가서 좀 쉬어.

One Point Lesson!

Let's go get some ice cream

구어체 문장에 익숙하지 않은 사람이면 갑자기 go 다음에 나오는 동사의 원형을 보고 고개를 갸우뚱할지도 모른다. Go get, go have, go take, go see, go do 등 웬지 모르게 낯설기 때문이다. 물론 go나 come 다음에 to + V가 올 경우 이때 to는 생략될 수도 있다는 것을 배운 건 사실이지만 실제 이렇게 왕성하게 사용되고 있는 현실에 당황할 수 밖에 없게 되는 것이다. Go+동사는 …하러 가다, come+동사일 때는 …하러 오다라는 뜻으로 쓰인다.

Take your time
명사

직역하면 「너의 시간을 가져라」, 즉 「시간을 갖고 천천히 하라」는 의미이다. Take~ 다음에 목적어가 되는 「명사」가 온 명령문이다. take는 ① 첫번째와 두번째 문장처럼 탈것, 엘리베이터 등을 「타다」라는 의미로도 쓰이고 ② 세번째 문장처럼 「약을 먹다」라는 의미로도 쓰이며 ③ 네번째와 다섯번째 문장처럼 「취하다」라는 기본의미를 갖되 관용구처럼 쓰이기도 한다.

이렇게 쓰인다!

Answer: Take the subway

☐ **Take the number 28 bus** 28번 버스를 타세요.

☐ **Take the elevator to the seventh floor** 엘리베이터를 타고 7층까지 가세요.

☐ **Take this medicine** 이 약을 드세요.

☐ **Take care of yourself** 몸조심해(=Take care, 작별인사).

☐ **Take it easy** 살살 해.

☐   지하철을 타세요.

* medicine 약 | care 보살핌, 돌봄

이렇게 써본다!

A: How do I get downtown from here?

B: Take the number 28 bus.

　　A: 여기서 시내로 어떻게 가요?
　　B: 28번 버스를 타세요.

A: Here, take this medicine.

B: Will it help me get rid of my cold?

　　A: 자, 이 약 먹어.
　　B: 이거 먹으면 감기를 떨어뜨리는 데 도움이 될까?

One Point Lesson!

Take it easy! 진정해!

명령문 형태지만 실제는 몇가지로 나뉘어진다. Take it easy!는 상대방을 진정시키는 표현으로 좀 쉬어가면서 해!, 진정해!라는 의미이다. 혹은 헤어지면서 잘 지내라고 할 수도 있다. 이렇게 상대방에게 주의나 충고를 하는 명령문 표현들이 있는데, 발을 헛디딘 사람에게 조심하라는 의미의 Watch your step!, 말 조심하라는 Watch your tongue!, 얼빵하게 살아가는 사람에게 정신 좀 차리라고 쓴소리할 때는 Get real! 등이 있다.

Turn left at the next corner
부사

「다음 번 모퉁이에서(at the next corner) 좌회전하세요」라는 의미. 'Turn+방향을 나타내는 부사'의 형태로 길을 알려줄 때 유용하게 쓰일 수 있는 표현이다.

📖 **이렇게 쓰인다!**   Answer: Turn right

☐ **Turn right at the intersection** 교차로에서 우회전하세요.

☐ **Turn left onto 5th Avenue** 좌회전해서 5번가로 들어가세요.

☐   **at the next traffic light** 다음 신호등에서 우회전하세요.

    * intersection 교차로

👐 **이렇게 써본다!**

A: Where is the nearest grocery store?

B: Turn left at the intersection. You'll see it.

    A: 제일 가까운 식품점이 어디죠?
    B: 교차로에서 왼쪽으로 꺾어지세요. 보일 거예요.

A: Turn left at the traffic light.

B: Are you sure we're going the right way?

    A: 신호등 있는 데서 좌회전해.
    B: 우리, 제대로 가고 있는 거 맞아?

🖼 **One Point Lesson!**

leave

명사 left 및 동사 leave의 과거형 left의 다양한 용례.

1. 왼쪽

    Just go three blocks and turn left. 세 블럭 내려가서 왼쪽으로 돌기만 하면 돼요.

2. 떠나다

    I'm afraid he's left for the day. 오늘 퇴근했어요.

3. 두고오다

    I can't remember where I left my car key. 차열쇠를 어디 두었는지 모르겠어.

4. …한 채로 놔두다

    He left the door open when he went out. 걘 나갈 때 문을 열어놓았다.

다양한 일반동사+부사/전치사 형태의 명령문을 만나본다.

Hurry up!
부사

「서둘러!」라는 말. 이처럼 부사와 짝을 이루거나 전치사와 짝을 이루어 항상 함께 다니는 동사들은 아예 한덩어리로 외워두어야 한다.

이렇게 쓰인다!
Answer:

☐ **Calm down!** 진정해!

☐ **Cheer up!** 기운 내!

☐ **Come on in!** 들어와!

☐ **Look at them** 저것들 좀 봐[쟤들 좀 봐].

☐ **Listen to me** 내 말 들어봐.

☐ **Get on the next bus** 다음 버스를 타세요.

☐ **Get off at the third stop** 세번째 정거장에서 내려요.

    * stop 버스 정거장

이렇게 써본다!

A: **Hey,** come on in.

B: **Thanks. Here, I brought some wine.**

    A: 안녕, 어서 들어와.
    B: 고마워. 자 받아, 와인을 좀 가져왔어.

A: **You look gloomy.** Cheer up!

B: **I had a really stressful day at work.**

    A: 우울해보이는구나. 기운내!
    B: 직장에서 정말 스트레스받는 하루였어.

One Point Lesson!

Absolutely! 물론이죠!

부사가 단독으로 문장이 되는 경우로 주로 대답을 할 때 쓰인다. Absolutely외에 Certainly (확실해), Definitely(틀림없어) 등이 대표적으로 부정으로 말하려면 Absolutely not!(절대 아냐)처럼 뒤에 not을 붙여주면 된다.

A: **Is that really necessary?** 꼭 그래야 돼?

B: Absolutely! 물론이지!

일반동사의 원형 다음에 목적어가 오는 명령문을 만나본다.

Keep the change

목적어 명사

change는 「변화」(명사) 또는 「변화하다」(동사)라는 의미로 제일 유명하지만, 일상생활에서는 「거스름돈」, 「잔돈」을 뜻하는 말로 쓰인다. 그래서 위 표현은 「거스름 돈은 가지세요」라는 말이 되는 것이다. 그밖에 「동사원형+목적어(명사)」의 형태로 쓰이는 명령문이 뭐가 있는지 알아본다.

이렇게 쓰인다!

Answer: Call me

☐ **Enjoy your meal** 맛있게 드세요.

☐ **Follow me to the exit** 제가 비상구까지 안내하죠.

☐ **Say hello to your parents for me** 부모님께 안부 전해줘.

☐   **tonight** 오늘 밤에 나한테 전화해.

* exit 비상구 | meal 식사 | say hello to+사람 …에게 인사하다, 안부를 전하다

이렇게 써본다!

A: **Enjoy your meal.**

B: **Could we get some water?**

A: 맛있게 드세요.
B: 물 좀 갖다주시겠어요?

A: **Say hello to your parents for me.**

B: **Sure. I'll tell them I saw you.**

A: 부모님께 안부 전해줘.
B: 응. 너 만났다고 얘기할게.

One Point Lesson!

I have no+N/I have nothing to~

I have no+N/ I have nothing to~는 …가 없어라는 의미의 표현이다.

I have no time **to go there.** 거기 갈 시간이 없어.
I have nothing to **do this weekend.** 이번 주말에 할 일이 없어.
I have nothing to **say.** 할 말이 없네.

A: All of you have been behaving badly. 너희들 모두 못되게 행동하는구나.
B: I have nothing to **do with this.** 난 안그랬어요.

230

Enjoy **yourself**

「재미있게 보내」, 「즐거운 시간 보내」라는 의미. 파티에 가는 친구에게, 친구랑 영화보기로 했다며 나가는 가족에게 할 수 있는 말이다. 이렇게 일반동사의 목적어로 yourself가 오는 명령문을 만나보자.

 이렇게 쓰인다!

☐ **Help yourself to the cake** 케익 드세요.

☐ **Make yourself at home** 편안히 있어.(자기 집에 있는 것처럼 편히 하라는 의미)

☐ **Just bring yourself** (파티, 모임 등에 아무 것도 가져오지 않고) 몸만 오면 돼.

  * help yourself to+음식 맘껏 드세요(직접 가져다 먹으라고 할 때)

 이렇게 써본다!

A: Monica, please help yourself to the cake.

B: I will. It looks quite delicious.

  A: 모니카, 케익 갖다 먹어라.
  B: 네, 되게 맛있어 보이네요.

A: Can I get a beer from your fridge?

B: Of course. Make yourself at home.

  A: 냉장고에서 맥주 좀 갖다 먹어도 될까?
  B: 그럼. 너희 집처럼 편안히 생각하라구.

One Point Lesson!

Help yourself~

- -

help yourself는 단독으로 쓰이거나 혹은 help yourself to+음식 형태로 쓴다.

Help yourself to **the buffet.** 찬장에 있는 거 다 들어.

Help yourself to **the cake.** 케익 마음껏 들어.

Go ahead, help yourself. **Take whatever you want.** 어서 편히 들어. 뭐든 다 갖다 먹어.

Help yourself to **whatever's in the fridge.** 냉장고에 있는 거 아무거나 들어.

Give it to me

직접목적어 전치사+간접목적어

「그거 나한테 줘봐」라는 의미. 이와 같은 '동사원형+직접목적어+간접목적어' 또는 '동사원형+간접목적어+직접목적어' 형태의 명령문을 살펴본다.

이렇게 쓴다!

Answer: me an e-mail (또는 an e-mail to me)

☐ **Leave it to me** 내게 맡겨[내가 알아서 할게].

☐ **Call me Bill** 나를 빌이라고 불러줘.

☐ **Bring him here** 걔를 여기로 데려와.

☐ **Send** ⠀⠀⠀⠀⠀⠀⠀⠀⠀ 내게 이메일 보내줘.

이렇게 써본다!

A: Can you introduce me to your boss?

B: Leave it to me. I'll schedule an appointment.

⠀⠀A: 상사분을 소개시켜 줄래요?
⠀⠀B: 저한테 맡기세요. 제가 약속을 잡죠.

A: Send me an e-mail. I want to keep in touch.

B: I'd be happy to.

⠀⠀A: 나한테 이메일 보내. 계속 연락하고 지내고 싶어.
⠀⠀B: 그럼, 보내고 말고.

One Point Lesson!

목적어가 두개 필요한 수여동사들

목적어가 두개 필요한 동사들 가운데에는 give나 send, tell, show 등과 같이 남에게 뭔가를 「준다」는 의미를 가진 동사들(일명 수여동사)이 있다. '무엇을' 주는지, 그리고 '누구에게' 주는지를 나타내는 목적어가 필요하다. '무엇을' 주는지 나타내는 명사를 「직접목적어」라고 하고 '누구에게' 주는지를 나타내는 명사를 「간접목적어」라고 하는데, 보통은 「동사+간접목적어+직접목적어」의 어순을 갖는다. '누구에게' 주는지를 먼저 써준다는 말이다.

She gave me chocolate. 걔가 나한테 초콜렛 줬어.

두 목적어의 순서를 바꿔서 '무엇을' 주었는지를 먼저 써줄 수도 있다. 하지만 이때는 '누구에게' 주었는지 앞에 전치사를 써줘야 한다. 보통 to나 for를 많이 쓴다.

She gave chocolate to me 걔가 나한테 초콜렛 줬어.

Don't~ 다음에 다양한 be+형용사를 넣어본다.

Don't be late

be 동사의 원형

「늦지마」라는 말. Don't 다음에 be동사의 원형인 be가 오는 경우이다. be동사 다음에는 명사나 형용사가 올 수 있지만 명령문으로 쓰이는 것은 대개 be+형용사의 형태이다.

이렇게 쓰인다!

Answer: Don't be nervous

☐ **Don't be sorry** 미안해하지 마.

☐ **Don't be noisy** 시끄럽게 굴지 마.

☐ **Don't be silly** 바보같이 굴지 마.

☐   긴장하지 마.

* noisy 시끄러운 | silly 바보같은

이렇게 써본다!

A: I'll pick you up tomorrow at 7 a.m.

B: Don't be late.

A: 내일 아침 7시에 데리러 올게.
B: 늦지마.

A: Don't be sorry. You'll learn from your mistake.

B: You're so kind.

A: 미안해하지 말아요. 실수를 하면서 배우는 거니까.
B: 정말 자상하시네요.

One Point Lesson!

I had~와 We have~

1. I had~ …가 있었어, …을 했어

   I had a date last night. 지난 밤에 데이트했어.
   I had lunch with her. 개랑 점심먹었어.

2. We have~ (우리가) …해

   We have a lot of snow in December. 12월에는 눈이 많이 내려.
   We have a lot of work to do. 할 일이 많아.

Don't~ 다음에 다양한 일반동사를 넣어본다.

Don't <u>worry</u> about it
이반동사의 원형

「(그것에 대해서) 걱정하지마」라는 표현이다. 사과 또는 감사에 대한 대답으로 사용되는 말로 Don't 다음에 일반동사의 동사원형이 온 경우이다.

이렇게 쓰인다!

Answer: Don't cry

☐ **Don't do that** 그런 짓 하지 마.

☐ **Don't bother me** 귀찮게 하지 마.

☐ **Don't forget to call him** 걔한테 전화하는 거 잊지 마.

☐   울지 마.

* bother 괴롭히다, 귀찮게 하다

이렇게 써본다!

A: I'm so sorry. I made a big mistake.

B: Don't worry about it. It's not a big deal.

    A: 정말 미안해. 내가 큰 실수를 했어.
    B: 걱정하지 마. 별거 아니야.

A: It's your uncle's birthday. Don't forget to call him.

B: I'll do that right now.

    A: 삼촌 생신이야. 전화드리는 거 잊지마.
    B: 지금 전화할게.

One Point Lesson!

Don't + 동사 형태의 표현들

Don't let me down 기대를 저버리지 마

A: Don't let me down. 실망시키지 마

B: Don't worry. I'll get it done for you. 걱정마. 널 위해서 해낼테니까.

Don't give it a second thought 걱정하지 마

A: Don't give it a second thought. I'm always glad to help. 걱정하지 말아요. 언제나 기꺼이 도와드리죠.
B: Thanks so much. 정말 고맙습니다.

Don't let it bother you 그것땜에 신경쓰지마

A: Don't let it bother you. 그딴 일로 신경쓸 필요없어.   B: It's easier said than done. 말이야 쉽지.

Never~ 다음에 다양한 일반동사를 넣어본다.

Never mind

인반동사의 원형

mind는 「신경쓰다」, 「꺼림직하게 생각하다」라는 의미의 동사로 위문장은 「신경쓰지마」라는 말이 된다. Don't 대신에 Never를 써서 좀 더 강한 의미를 전달할 수 있다.

 이렇게 쓰인다!

☐ **Never give up** 절대 포기하지 마.

☐ **Never say die** 약한 소리 하지 마.(관용표현)

* give up 포기하다

 이렇게 써본다!

A: You shouldn't quit. Never give up.

B: But this is really difficult to do.

A: 그만두면 안돼. 절대 포기하지 마.
B: 하지만 정말 어려운 일이란 말야.

A: I can't find a good job.

B: Never say die. You must keep trying.

A: 적당한 일자리를 찾을 수가 없네.
B: 약한 소리 마. 계속 시도해봐야 한다구.

One Point Lesson!

I got it

1. I got it 알았어(= I understand) ⇔ I don't get it 모르겠어

A: You know what I mean? 내 말 무슨 말인지 알지?
B: Okay, I got it. 응. 알았어.

2. I'll get it[that] (전화벨이 울릴 때 혹은 누가 노크할 때) 내가 받을게[열게]

A: Pizza delivery! (문을 두드리며) 피자요!
B: I'll get it! I will get that! 내가 나갈게. 내가!

3. You got it 맞았어. 알았어 You got it[that]? 알겠어?. 알아들었어?

A: Let's never speak of this. 이 얘긴 절대 하지 말자고.
B: You got it. 알았어요.

Let's go to the movies

Let us의 축약   동사원형

「영화보러 가자」라는 말이다. Let us는 Let's로 축약해서 사용하는 것이 일반적이다. 「…하자」라는 의미이다.

이렇게 쓰인다!   Answer: Let's play golf

☐ **Let's try this one** 이거 한번 먹어보자[해보자].

☐ **Let's take a coffee break** 잠깐 커피 마시며 쉬자구.

☐ **Let's go Dutch** 더치페이 하자.

☐   **this weekend** 이번 주말에 골프치자.

    * take a break 잠깐 쉬다 | go Dutch (음식값 등을) 각자 내다

이렇게 써본다!

A: We've been working hard all morning.

B: I agree. Let's take a coffee break.

     A: 오전 내내 열심히 일했네.
     B: 맞아. 잠깐 커피 마시면서 쉬자.

A: Let's play golf this weekend.

B: We can't. It's supposed to rain.

     A: 이번 주말에 골프치자.
     B: 안돼. 비가 온댔어.

One Point Lesson!

You're telling me

상대방의 말에 전적으로 동의할(showing very strong agreement) 때 사용하는 말로 「누가 아니래!」, 「정말 그래!」 정도의 의미.

A: I can't believe the prices at this restaurant. 이 식당은 비싸도 너무 비싸.

B: You'r telling me! 그래 맞아!

Let me think about it

동사원형

「(그것에 대해) 생각해볼게」라는 말이다. 'Let me+동사원형'은 직역하면 「내가 …하게 해줘」라는 의미이지만 상대방의 허락을 구하는 뉘앙스의 표현은 아니다. 「내가…할게」라고 상대에게 제안하거나 알려주는 정도의 의미이다.

이렇게 쓰인다!

Answer: Let me ask

☐ **Let me see** 어디 보자...(잠깐 생각해볼 때)

☐ **Let me help you with your baggage** 짐 드는 것 도와줄게요.

☐ **Let me get you some coffee** 내가 커피 갖다줄게.

☐   **you a question** 뭐 하나만 물어보자.

* baggage 짐 | get+사람+사물 …에게 ~을 갖다주다[사다주다]

이렇게 써본다!

A: Let me help you with your baggage.

B: Thanks. These suitcases are heavy.

A: 짐 드는 것 도와줄게요.
B: 감사합니다. 여행가방들이 무겁네요.

A: I feel really sleepy.

B: Let me get you some coffee. It will wake you up.

A: 굉장히 졸려.
B: 내가 커피 갖다줄게. 잠이 깰 거야.

One Point Lesson!

let me~

1. Let me (초인종 소리에) 내가 열게라는 뜻으로 I'll get it와 같은 의미.

2. Let me out/in! 내보내줘/들여보내줘!

3. Let it go 그냥 잊어버려(Trying to forget it), 그냥 놔둬.

A: Would you let it go? It's not that big a deal. 그냥 잊어버려. 별일 아니잖아.
B: Not that big a deal? You lied to me! 별일 아니라고? 너 나한테 거짓말했잖아!

Let me know를 이용한 표현들을 알아본다.

Let me know what you think

<u>동사원형</u>   <u>의문사로 시작하는 명사절</u>

「네가 어떻게 생각하는지(what you think) 알려줘」라는 말이다. Let me know는 「내가 알게 해줘」 즉 「내게 알려줘」라는 의미인데, 뒤에 의문사를 이용한 명사절을 붙여 어떤 내용을 알려달라는 것인지 구체적으로 말할 수 있다.

 이렇게 쓰인다!   Answer: Let me know where you go

☐ **Let me know when you can come** 언제 올 수 있는지 알려줘.

☐ **Let me know how to use it** 이거 어떻게 사용하는지 알려줘.

☐   어디로 가는지 알려줘.

* how to+동사원형 …하는 방법(명사절)

 이렇게 써본다!

A: Let me know what you think.

B: Hmm... I have to think about it for a second.

A: 네 생각은 어떤지 알려줘.
B: 음… 잠깐 생각 좀 해봐야겠어.

A: Let me know when you can come.

B: I have free time this Friday.

A: 언제 올 수 있는지 알려줘.
B: 이번 주 금요일에 시간 있어.

One Point Lesson!

Are you being helped?

상점에서 쓰는 표현으로 둘러보는 손님에게 누가 다른 종업원이 봐드리고 있냐고 물어보는 말.

A: Can I get you something? 뭐 필요한 게 있으신가요?
B: No, thank you. I'm being helped now. 괜찮아요. 다른 사람이 봐주고 있거든요.

MEMO

All NEW 231
SMART
영어회화공식

기본

What~ >>

의문사 100% 활용하기

What, When, Where, Who, Why, Which 등의
의문사를 이용하여 의문문을 만들어본다. 주로 어순은
'의문사+조동사+주어+동사~?'가 된다.

What is your online chatroom ID?

be동사   명사

「인터넷 채팅방에서 네 아이디가 뭐야?」라는 표현이다. 이렇게 「What is your+명사?」의 형태로 상대방에게 궁금한 것을 물어볼 수 있다. What is~?는 What's~?로 축약되어 쓰이는 경우가 많다는 것도 알아둔다.

 이렇게 쓰인다!   Answer: What is your e-mail address?

☐ **What is your cell phone number?** 핸드폰 번호가 어떻게 돼요?

☐ **What is your favorite food?** 좋아하는 음식이 뭐야?

☐ **What is your suggestion?** 뭘 제안하는 거죠?

☐   **?** 네 이메일 주소가 어떻게 돼?

* favorite 굉장히 좋아하는 | suggestion 제안

 이렇게 써본다!

A: **Can you call me tomorrow morning?**

B: **Yeah.** What is your phone number?

A: 내일 아침에 전화해줄래요?
B: 그러죠. 전화번호가 어떻게 되죠?

A: What is your favorite food?

B: **I like pizza with extra cheese and pepperoni.**

A: 좋아하는 음식이 뭐야?
B: 피자를 좋아해. 치즈와 페퍼로니를 추가로 얹은 걸로.

One Point Lesson!

must have+pp

must have+pp는 …이었음에 틀림없다는 과거의 추측표현이다. must be가 현재의 추측이라면 과거의 추측은 must have + pp를 쓴다.

It must've been terrible. 끔찍했겠구만.

Someone must have hit it in the parking lot. 누가 주차장에서 치고 간 것 같아.

What are you~ 다음에 다양한 동사의 ~ing 형태를 넣어본다.

What are you looking for?
be동사   주어   동사의 ~ing

「뭘 찾고 있어?」라는 말. 상점에서도 들을 수 있다. You are looking for~의 진행형(be+~ing) 문장을 의문문으로 만든 것이다. 즉, 원래의 문장에서 ① 의문사 What을 맨앞으로 가져오고 ② 주어 you와 be동사 are의 위치를 바꾸면 What are you looking for?가 된다. 다양한 진행형 문장을 what의문문으로 만들어 「지금 무엇을 …하고 있는지」 물어보도록 한다.

 이렇게 쓰인다!

Answer: What are you listening to?

☐ **What are you doing here?** 여기서 뭐하고 있는 거야?

☐ **What are you going to do?** 뭘 할 거야?[어떻게 할 거야?]

☐   **?** 뭘 듣고 있는 거야?

   * be going to+동사 …할 것이다

 이렇게 써본다!

A: What are you looking for?

B: I need to find an umbrella.

   A: 뭘 찾고 계시나요?
   B: 우산을 사려구요.

A: What are you listening to?

B: It's a CD of my favorite rock band.

   A: 뭘 듣고 있는 거야?
   B: 내가 좋아하는 락밴드의 CD야.

One Point Lesson!

What's your+명사?의 다른 표현들

What is your…?는 상대에 대한 관심을 표현하는 데 있어서 아주 유용하게 쓰이는 문형이다. 하지만 이름을 물어볼 때만은 이 문형을 사용하지 않도록 한다. What is your name?이라고 물어보면 마치 선생님이 학생의 이름을 묻는 것처럼 느껴질 수 있으니까 말이다. 그럴 땐 다음 표현들을 한번 사용해보도록 한다.

Would you tell me your name?
이름을 말씀해 주시겠어요? ⇒ 공손하게 물어볼 땐 would를 쓴다.

I'd like to know your name.
당신 이름이 알고 싶군요. ⇒ I'd like to+동사원형은 「…하고 싶다」는 뜻.

What do you~ 다음에 다양한 일반동사를 넣어본다.

What do you think of my new car?

조동사   주어   동사원형

「내 새 차에 대해서 어떻게 생각해?」라는 의미이다. what은 '무엇'을 뜻하지만 what do you think를 우리말로 옮기면 '어떻게' 생각하느냐가 되는 것에 주의한다. 일반동사가 들어간 문장에서는 의문사 다음에 조동사를 쓴다. 그래서 「의문사+조동사+주어+동사원형~?」의 형태가 되는 것이다.

 이렇게 쓰인다!

☐ **What do you mean?** 무슨 소리야?

☐ **What do you call this flower?** 이 꽃은 뭐라고 불러?

☐ **What do you do?** 어떤 일을 하세요?[직업이 뭔가요?]

* mean 의미하다

 이렇게 써본다!

A: What do you think of my new car?

B: Well, it looks great.

A: 내 새 차 어떻게 생각해?
B: 음, 근사해보이네.

A: I'm a teacher. What do you do?

B: I work as a computer salesman.

A: 전 교사예요. 무슨 일을 하세요?
B: 컴퓨터 판매원으로 일하고 있어요.

One Point Lesson!

What do you think 주어+동사?

do you think가 삽입된 경우이다.

What do you think I am? 내가 뭐하는 사람 같아? ⇒ 날 뭘로 보는 거야?
What do you think you're doing? 이게 무슨 짓이야 ⇒ 너 정신 나갔냐?

조동사 can, should 등이 들어간 What 의문문을 만나본다.

의문사 100% 활용하기

What can I do for you?

조동사 주어 동사원형

「당신을 위해서 뭘 해드릴까요?」, 즉 「무엇을 도와드릴까요?」라는 말이다. 여기서는 조동사로 do 가 아닌 can이나 should 등 기타 여러가지 조동사가 쓰인 문형을 알아보기로 한다.

이렇게 쓰인다!

- [ ] **What should I do?** 내가 어떻게 해야 하는 거지?
- [ ] **What should I tell her?** 걔한테 뭐라고 말해야 하는 거지?
- [ ] **What would you like?** 뭘 드실래요?
- [ ] **What can we do for her?** 우리가 걔한테 뭘 해줄 수 있겠어?

이렇게 써본다!

A: What can I do for you?

B: Can I have a refund for this shirt?

> A: 무엇을 도와드릴까요?
> B: 이 셔츠 환불해주시겠어요?

A: My car won't start. What should I do?

B: Call a repair shop.

> A: 자동차 시동이 안걸려. 어떻게 해야 하지?
> B: 정비소에 전화해.

One Point Lesson!

What can I~ ?

1. What can I do? 내가 (달리) 어찌겠어?

   앞서 배운 어쩔거야? 어떻게 할건대?인 What're going to do?의 답으로 많이 쓰이는 표현이죠. 난들 어떻게 하겠어?라는 의미이다.

2. What can I say? 1. 난 할 말이 없네 2. 나더러 어찌라는 거야 3. 뭐랄까?

A: What can I do for you? 뭘 도와드릴까요?
B: Can I have a refund for this? 이거 환불받을 수 있나요?
A: Certainly, if you have you receipt. 그럼요. 영수증만 있으시면요.
B: Yes, I do. Here you go. 네 있어요. 여기요.

What time is it now?

<u>be동사</u>   <u>주어</u>

그 유명한 「지금 몇시죠?」라는 질문이다. What은 '무엇'인지를 묻는 의문사이지만 What time은 '언제'인지를 묻는 표현. time이 들어가 있으므로 몇시 몇분과 같이 아주 구체적인 시간을 물어볼 때 사용하는 표현이다. 어순은 What time을 한 덩어리로 생각해, 'What time+be동사나 조동사+ 주어~?'로 물어보면 된다.

📖 이렇게 쓰인다!

Answer: What time did you come?

- [ ] **What time does the game start?** 시합은 몇시에 시작해?
- [ ] **What time does the restaurant close?** 식당은 몇시에 문을 닫아요?
- [ ] **What time is good for you?** 몇시가 좋아요? (약속 정할 때)
- [ ]   **?** 너 몇시에 왔어?

* be good for …에게 좋다[적합하다]

🙆 이렇게 써본다!

A: What time does the game start?

B: It begins at 7 this evening.

A: 시합은 몇시에 시작해?
B: 오늘 저녁 7시에 시작해.

A: Let's meet again next week.

B: That's fine. What time is good for you?

A: 다음 주에 다시 만나죠.
B: 좋아요. 몇시가 좋으세요?

🖼 One Point Lesson!

I must say~

I must say~는 자기가 할 말을 강조하는 표현이다.

I must say **"Well done"** 잘했다고 해야겠지요.

That is a popular opinion today I must say. 저게 오늘날 여론이라고 말해야겠지.

I must say **it's nice to see you back on your feet.** 네가 재기하는 것을 보니 좋다고 해야겠지.

What kind of+명사~ 로 시작하는 의문문을 만들어본다.

What kind of food do you like?

명사   조동사+주어+동사원형

「어떤 음식을 좋아해?」라는 질문. 'What kind of+명사~?'의 형태로 '어떤 종류의 것'인지 물어보는 의문문이다. 역시 'What kind of+명사~?'를 한 덩어리로 생각해서, 뒤에 'be동사나 조동사+주어~?'의 어순이 이어지게 된다.

이렇게 쓰인다!

Answer: What kind of movies do you like?

☐ **What kind of car did you buy?** 어떤 종류의 차를 샀어?

☐ **What kind of girl do you want to marry?** 네가 결혼하고 싶은 건 어떤 여자야?

☐   **?** 넌 어떤 종류의 영화를 좋아해?

이렇게 써본다!

A: What kind of girl do you want to marry?

B: I'd prefer a girl who is intelligent.

A: 어떤 여자하고 결혼하고 싶어?
B: 지적인 여자가 좋아.

One Point Lesson!

kinda, sorta

kind of/sort of는 조금, 약간이라는 뜻으로 많이 사용된다. 줄여서 kinda, sorta라 발음하고 표기까지도 한다.

Well, I'm kind of tied up all day. 내가 오늘 하루 온종일 바빠서 꼼짝도 못할 것 같아.
I sorta did a stupid thing last night. 어젯밤에 좀 바보 같은 짓을 했어.
I'm kinda tired. 난 좀 피곤해.

A: How was the movie? 영화어땠어?
B: I thought it was kind of boring. 좀 지루한 것 같았어.

A: Do you like pizza? 피자 좋아해?
B: Sort of. I eat it occasionally. 어느 정도는. 종종 먹어.

What makes you say so?

make+목적어+동사원형

「어째서 그렇게 말하는 거니?」라는 말이다. Why do you say so?와 같은 의미이지만 좀 더 돌려서 물어보는 표현이다. 과거에 한 행동에 대해서 물어보고 싶으면 makes 대신made를 넣어 물어보면 된다.

 이렇게 쓰인다!   Answer: What made you quit your job?

☐ **What makes you think you're right?** 어째서 네가 옳다고 생각하는 거야?

☐ **What makes you believe her lies?** 어째서 걔가 하는 거짓말을 믿는 거야?

☐ **What made you come here?** 여긴 어쩐 일로 왔어요?

☐   **?** 어째서 일을 그만뒀어요?

    * quit one's job 일을 그만두다

 이렇게 써본다!

A: I have a feeling that Jill is going to quit her job.

B: What makes you say so?

    A: 질이 직장을 그만두려는 것 같아.
    B: 왜 그렇게 말하는 거야?

A: What made you quit your job?

B: I really hated to wake up early.

    A: 어째서 일을 그만둔 거야?
    B: 일찍 일어나기가 정말 싫더라구.

One Point Lesson!

could have+pp

과거의 가능성을 말하는 것으로 과거에 그럴 수도 있었지만 실제로는 그러지 않았다는 의미로 우리말로 하면 '…이었을 수도 있다'가 된다.

I could have been **killed.** 내가 죽었을 수도 있었어.

It could have happened **to anyone.** 누구한테나 일어날 수 있는 일인 걸요.

What brings you to my house?

bring+사람+to+장소명사

직역하면 「무엇이 너를 우리 집으로 데려왔니?」라는 뜻으로, 「우리 집엔 어쩐 일이야?」라는 말이 된다. 결국 '여기에 온 이유'를 묻는 말인 셈이다. '왜왔어?'라고 묻는 것보다 훨씬 부드러운 표현이다. 현재의 일에 대해서는 What 'brings' you to+장소?를, 과거의 일에 대해서는 What 'brought' you to+장소?를 써서 이유를 물어본다.

이렇게 쓰인다!

Answer: What brings you to the museum?

☐ **What brings you here?** 여긴 어쩐 일이야?

☐ **What brings you to my office?** 사무실엔 웬일로 왔어?

☐ **What brings you to New York?** 뉴욕에는 어쩐 일이야?

☐ **What brought you to the US?** 미국에는 어떻게 오게 됐어?

☐ **?** 미술관에는 어쩐 일이야?

이렇게 써본다!

A: What brings you to my house?

B: I was in your neighborhood and wanted to say hello.

A: 저희 집엔 어쩐 일로 오셨어요?
B: 근처에 왔다가 인사나 나눌까 해서요.

A: What brings you to New York?

B: My company sent me here on a business trip.

A: 뉴욕에는 어떻게 왔어?
B: 회사에서 여기로 출장을 보냈어.

One Point Lesson!

의문문을 강조할 때

의문문에 on earth, in the world 등을 사용하면 '도대체'라는 의미가 추가된다. 위치는 대부분 의문사 다음에 온다.

What on earth **are you doing?** 너는 도대체 무엇을 하고 있니?
Who in the world **stole the money?** 누가 도대체 그 돈을 훔쳤을까?

When is your birthday?

be동사   주어명사

「네 생일은 언제니?」라는 표현. Your birthday is~ 에서 모르는 부분을 When으로 대치하여 의문 문 어순으로 만든 경우이다. 의문사가 앞으로 오면 be동사(또는 조동사)가 주어 앞으로 나오게 된 다.

이렇게 쓰인다!

Answer: When are you coming home?

☐ **When is the check-out time?** 체크아웃 시간이 언제야?

☐ **When is the report due?** 리포트는 언제까지야?

☐ **When was the last time you saw her?** 걜 마지막으로 본 게 언제였어?

☐ **When are you going to meet him?** 언제 그 남자를 만날 거야?

☐   **?** 언제 집에 와?

* be due+시간을 나타내는 부사구 …로 예정되어 있다, …까지이다

이렇게 써본다!

A: When is the check-out time in this hotel?

B: It's at twelve o'clock on weekdays.

A: 이 호텔 체크아웃 시간은 언제예요?
B: 주중에는 12시입니다.

A: When is the report due?

B: You have to submit it by next week.

A: 리포트는 언제까지야?
B: 다음 주까지는 제출해야 돼.

One Point Lesson!

When was the last time S + V?

When was the last time S + V?는 언제 마지막으로 S+V를 했는지 물어보는 문장이다.

When was the last time you saw her. 그녀를 마지막으로 본 게 언제야?

A: I'm dying to go traveling again. 다시 여행가고 싶어 죽겠어.
B: When was the last time you went somewhere? 마지막으로 여행간게 언제인데?

When~ 다음에 조동사(do)+주어가 오는 의문문을 만들어본다.

When does the movie start?

조동사   주어명사   동사원형

「영화가 언제 시작되지?」라는 말. 동사가 be동사가 아니라 일반동사인 문장은 의문문으로 바꿀 때 조동사 do가 필요하다는 것, 잊지 않도록 한다.

 이렇게 쓰인다!   Answer: When did you graduate from high school?

☐ **When does the store open?** 가게는 언제 열죠?

☐ **When do you leave?** 언제 떠나?

☐   **?** 언제 고등학교를 졸업했니?

     * graduate from …를 졸업하다

 이렇게 써본다!

A: When does the store open?

B: I think it will open at nine a.m.

     A: 이 가게는 언제 여는 거야?
     B: 오전 9시에는 열 것 같아.

A: When did you graduate from high school?

B: I graduated about ten years ago.

     A: 고등학교는 언제 졸업하셨어요?
     B: 한 10년쯤 전에 졸업했지.

One Point Lesson!

When did you + 동사?

When did you + 동사?는 과거의 행위시점을 물어보는 표현이다.

When did you **meet her?** 쟤를 언제 만났어?

When did you **get that?** 그거 언제 구한거야?

When did you **stop smoking?** 언제 담배 끊었어?

When~ 다음에 기타 조동사+주어가 오는 의문문을 만들어본다.

When can I start?

조동사   주어   동사원형

「언제 시작하면 돼?」라는 말. 조동사로는 가볍게 상대의 허가를 구할 때 쓰이는 can이 온 경우의 문장이다.

📖 이렇게 쓰인다!

☐ **When can I stop by?** 내가 언제 들르면 돼?

☐ **When can we get together?** 언제 만날까?

☐ **When will you make a decision?** 언제 결정을 내릴 건가요?

* stop by 잠깐 들르다 | get together 만나다, 모이다 | make a decision 결정하다

 이렇게 써본다!

A: When can we get together to talk?

B: Let's meet for coffee on Monday.

    A: 언제 만나서 얘기할까?
    B: 월요일에 만나서 커피마시자.

A: I am not sure what to do about that.

B: When will you make a decision?

    A: 그 일을 어떻게 처리해야 할지 모르겠어.
    B: 언제쯤 결정을 내릴 건데?

 One Point Lesson!

can't be~와 can't help ~ing

1. can't be~ …일리가 없다

   That can't be true. 그게 사실일리가 없어.
   This coffee can't be beat! 이 커핀 정말 죽이는데!
   That can't be good[smart]. 그럴 리 없어. 안 좋을텐데.

2. can't help ~ing …하지 않을 수 없다(= can't but do)

   I can't help it. 어쩔 수가 없어.
   I just can't help putting off my homework. 숙제하는 거 미룰 수밖에 없겠어.
   I can't help but think of you. 널 생각하지 않을 수 없어.

Where~ 다음에 be동사+주어가 오는 의문문을 만들어본다.

Where is the rest room?

be동사   주어

「화장실이 어디예요?」라는 말이다. is는 곧잘 의문사와 축약되므로 Where's~?의 형태로 많이 쓰인다. 'Where+be동사+주어' 혹은 'Where+be동사+주어+~ing'의 어순을 갖는 여러가지 where 의문문을 만들어본다.

이렇게 쓰인다!

Answer: Where is the gas station?

☐ **Where is the nearest drugstore?** 제일 가까운 잡화점이 어디죠?

☐ **Where is Karen now?** 캐런은 지금 어디 었어?

☐ **Where are you going?** 어디 가?

☐ **Where were you?** 너 어디 있었어?

☐   **?** 주유소가 어디예요?

* drug store 약, 생필품 등을 파는 잡화점 | gas station 주유소

이렇게 써본다!

A: Where is the bathroom?

B: It's down the hall and to your left.

A: 화장실이 어디예요?
B: 복도를 따라가다 왼쪽에 있어요.

A: Where are you going?

B: I want to take a walk around the park.

A: 어디 가니?
B: 공원 근처에 산책하러 가려고.

One Point Lesson!

Can we~?

Can we + 동사 ~? 형태의 회화표현

Brandi, can we talk for a minute? 브랜디, 잠깐 시간 좀 내줄래요?

Can we go now? 우리가 가도 돼요?

Can we keep this between us? 이거 우리끼리 비밀로 할래?

Where~ 다음에 조동사(do)+주어가 오는 의문문을 만들어본다.

Where do you live now?
조동사　　　주어　　　동사원형

「너 지금 어디 살아?」라는 문장이다. 일반동사가 쓰인 문장을 Where 의문문으로 만든 경우이다.

 이렇게 쓰인다!　　　　　　　　　　　　　　　Answer: Where did you see him?

☐ **Where do you want to stop for breakfast?** 아침 먹으러 어디에 들르면 좋겠어?

☐ **Where did you buy this sweater?** 이 스웨터 어디서 샀어?

☐　　　　　　　　　　　**?** 걔를 어디서 봤어?

* stop for breakfast 아침먹으러 들르다

이렇게 써본다!

A: Where do you want to stop for breakfast?

B: Let's go to a pancake restaurant.

　A: 아침 먹으러 어디 들르면 좋겠어?
　B: 팬케익 파는 식당에 가자.

A: Where did you buy this sweater?

B: I got it on sale at a department store.

　A: 이 스웨터 어디서 샀어?
　B: 백화점에서 염가판매하는 걸 샀어.

One Point Lesson!

Where did you get it?

- -

회화에서 무척 많이 쓰이는데 목적어 it을 바꾸어서 Where did you get this?. Where did you get that?. Where did you get them? 등으로 변형되어 말하기도 한다.

Where did you get it? 이거 어디서 났어.

Excuse me, where did you get **that information?** 저기요, 그 얘기 어디서 알게 됐어요?

Where can I find shoes?

조동사 주어 동사원형

백화점이나 상점 등에서 원하는 물건을 어디서 파는지 물어볼 때 유용하게 쓸 수 있는 표현이다. 직역하면 「신발은 어디에서 발견할 수 있나요?」, 즉 「신발은 어디 있어요?」라는 의미이다. Where can I buy shoes? 라고 해도 된다.

이렇게 쓰인다!

☐ **Where can I meet you?** 어디서 만날까?

☐ **Where can I put this package?** 이 소포 어디다 놓을까?

☐ **Where should we go?** 우리, 어디로 가야 하지?

* package 소포

이렇게 써본다!

A: Where can I find shoes?

B: They are at the end of this aisle.
    A: 신발은 어디서 팔아요?
    B: 이 통로 끝에서요.

A: We can take a vacation together this summer.

B: Where should we go?
    A: 올 여름에 휴가여행을 같이 가자.
    B: 어디로 가지?

One Point Lesson!

Where can I + 동사 ~?

Where can I+동사 ~? 형태의 표현들.

1. Where can I reach you ~? ⋯하려면 어디로 연락해야 하죠?

   Where can I reach you if there is an emergency? 급한 일이 생기면 어디로 연락해야 하죠?

2. Where can I get sth ~? ⋯을 어디에서 얻을 수 있죠?

   Where can I get tickets to see the show? 이 공연의 관람티켓을 어디서 구해요?

3. Where can I go to + 동사? ⋯하려면 어디로 가야 하죠?

   Where can I go to check my e-mail? 어디 가서 이메일을 볼 수 있나요?

Who is your favorite singer?

be동사   주어

「좋아하는 가수가 누구야?」라는 뜻. Who 다음에 be동사가 나온 의문문이다. 참고로 who는 '누구'라는 의미로 여타 의문사와는 달리 동작의 주체가 될 수 있는 자격이 월등하다. 이런 관계로 who로 만드는 의문문은 다른 의문사의 경우에 비해 문장의 주어로 쓰이는 경우가 훨씬 많게 된다.

이렇게 쓰인다!

Answer: Who is winning the game?

☐ **Who is it?** 누구세요? (밖에 누가 왔을 때)

☐ **Who is calling, please?** 전화하는 분은 누구세요?

☐ **Who is next in line?** 다음 분은 누구죠? (창구 등에 줄서있는 고객들에게)

☐ **Who is in charge of customer service?** 고객 서비스를 담당하는 분은 누구죠?

☐   **?** 누개[어느 팀이] 이기고 있어?

   * in line 줄 서 있는 ｜ be in charge of …를 담당하다

이렇게 써본다!

A: I need to speak to Professor Kimberly.

B: She is busy right now. Who is calling, please?

   A: 킴벌리 교수님하고 통화해야 하는데요.
   B: 교수님은 지금 바쁘세요. 누구신데요?

A: Who is in charge of customer service?

B: You need to talk to Ms. Kane.

   A: 고객 서비스를 담당하는 분이 누구죠?
   B: 케인 씨하고 말씀하셔야겠네요.

One Point Lesson!

Who do you work for? 어디서 일해?

who가 목적어로 쓰이면서 일반동사와 결합하는 경우. Who do(did) you +동사?의 형태로 누구를 …할까요?라는 의미이다. 위 예문인 Who do you work for?에서는 Who가 동사구 work for의 목적어로 사용되었고, 의미는 누구일 위해 일하냐, 즉 어디서 일하냐는 문장이다.

A: Who do you work for? 어디에서 일하니?

B: I work for a government agency. 정부기관에서 일해.

▶ Who's going to~ 다음에 동사원형을 넣어본다.

Who is going to help her?
동사원형

be going to+동사원형은 「…할 것이다」라는 뜻. 그래서 위 문장은 「그 여자를 누가 도와줄거지?」라는 말이 된다. Who's going to+동사원형?으로 「누가 …할거지?」라는 의미로 아예 한덩어리로 생각해서 통째로 외워둔다.

이렇게 쓰인다!   Answer: Who is going to fix this bicycle?

☐ **Who's going to pick us up at the airport?** 누가 공항으로 우릴 데리러 오죠?

☐ **Who's going to pay for dinner?** 누가 저녁식사를 내나요?

☐   **?** 이 자전거는 누가 고칠 거지?

* pick+사람?+up …를 차로 마중나가다 | fix 고치다, 수리하다

 이렇게 써본다!

A: Who's going to help her?

B: I will. Where is she now?

　　A: 누가 걔를 도와줄 거지?
　　B: 내가 도울게. 그런데 걘 지금 어딨어?

A: Who's going to pick us up at the airport?

B: Well... we'll have to take a shuttle bus.

　　A: 누가 공항으로 우릴 데리러 오지?
　　B: 그게…우린 셔틀버스를 타야 할 거야.

One Point Lesson!

Who's going to~?

계속해서 Who's going to + 동사 ?(누가 …할거야?)라고 물어보는 패턴의 쓰임새를 예문을 통해 살펴보도록 한다.

Who's going to **go out tonight after work?** 오늘밤 퇴근후에 회식자리에 누가 가?
Who's going to **pay for this?** 누가 이거 낼거야?

A: I wonder who's going to **clean up this mess.** 여기 청소는 누가 할건가?
B: I think the responsibility lies with us. 우리가 해야 될 것 같아.

Who did you have lunch with?

조동사   주어   동사원형

「누구랑 같이 점심 먹었어?」라는 말. have lunch with+사람은 「…와 함께 점심먹다」라는 뜻으로, 의문문으로 만들 때 전치사 with를 빼먹지 말고 쓰도록 해야 한다. 'Who+조동사+주어+동사원형?'의 어순을 갖는 의문문에서는 주로 과거의 일을 물어보는 did가 빈번하게 쓰인다.

 이렇게 쓰인다!

- [ ] **Who did you sell your car to?** 차를 누구에게 팔았어?
- [ ] **Who did you sit next to at the party?** 그 파티에서 누구 옆에 앉아있었어?
- [ ] **Who did you send that e-mail to?** 그 이메일은 누구에게 보낸 거야?

    * next to …옆에

 이렇게 써본다!

A: Who did you have lunch with?

B: Mr. Bickerman, one of our biggest clients.

    A: 점심 누구랑 같이 먹은 거야?
    B: 비커맨 씨라고, 중요한 고객이야.

A: Who did you sell your car to?

B: A student at my school bought it.

    A: 차를 누구에게 팔았어?
    B: 우리 학교 학생 한 명이 샀어.

One Point Lesson!

Who do you think~ ?

1. Who do you think is going to get married next?

    Who is going to get married next?에서 Who와 is going to 사이에 do you think가 삽입된 경우로 네 생각에 다음에 누가 결혼할 것 같아?라는 의미이다.

2. Who do you think she's going to pick?

    Who is she going to pick에서 Who 다음에 do you think가 삽입되고 is she가 she's로 바뀐 경우로 네 생각에 걔가 누굴 고를 것 같아라는 말. 참고로 Who do you think you are?는 주로 싸울 때 하는 말로 네가 도대체 뭐가 그리도 잘났는데?라는 의미이다.

255 ▶ Why+be동사/조동사~?의 형태가 이유를 나타내는 의문문을 살펴본다.

Why do you think so?

<u>조동사</u>　　<u>주어</u>　　　<u>동사원형</u>

「왜 그렇게(so) 생각하는거야?」라는 질문. 앞서 what 의문문에서 다루었던 What makes you think so?와 같은 의미이다. why 의문문은 상당히 직접적으로 이유를 묻는 표현이므로 손윗사람이나 어려운 상대에게는 마치 이유를 따지는 듯 들릴 수 있다. 그럴 땐 간접적인 표현인 What makes you think so?를 사용하는 것이 좀 더 부드럽다.

 이렇게 쓰인다!　　　　　　　　　　　　　　　Answer: Why did you go to New York?

☐ **Why were you absent yesterday?** 어제 왜 결석했어?

☐ **Why do you get up so early these days?** 요즘 왜 그렇게 일찍 일어나니?

☐ 　　　　　　　　　　**?** 뉴욕에는 왜 갔던 거야?

* absent 참석하지 않은

 이렇게 써본다!

A: Why were you absent yesterday?

B: My mother was sick and we went to the hospital.

　　A: 어제 왜 결석했지?
　　B: 어머니가 아프셔서 병원에 갔었거든요.

A: Why do you get up so early these days?

B: I exercise before going to work.

　　A: 요즘 왜 그렇게 일찍 일어나니?
　　B: 출근하기 전에 운동을 하거든.

One Point Lesson!

Why do you + 동사?

Why do you + 동사?는 왜 …하냐고 물어보는 의문문이다.

Why do you **think that is?** 그게 뭐라고 생각해?
Why do you **need it?** 왜 그게 필요한 거야?
Why do you **care so much?** 왜 그렇게 신경 써?

Why don't you rent a car?

조동사   주어   동사원형

「차를 임대하지 그래?」라는 표현이다. 'Why don't you+동사원형?'은 「…하지 그래?」, 「…하는 게 어때?」라고 제안하는 표현. you 대신 we를 써서 'Why don't we+동사원형?'을 사용하면 「우리 …하자」고 제안하는 표현이 된다.

이렇게 쓰인다!

Answer: Why don't we have lunch?

☐ **Why don't you try it on?** 그거 입어봐.

☐ **Why don't you go by train?** 기차를 타고 가렴.

☐ **Why don't we go for a drive?** 우리 드라이브 가자.

☐   **?** 우리 점심 먹을까?

* try on 입어보다 | go for a drive 드라이브가다 | have lunch 점심먹다

이렇게 써본다!

A: Do you think this shirt will fit me?

B: Why don't you try it on?

    A: 이 셔츠 나한테 어울릴 것 같아?
    B: 한번 입어보지 그래?

A: Why don't we go for a drive?

B: That's a great idea. I'm a little bored.

    A: 우리 드라이브 갈까?
    B: 그거 좋은 생각이야. 좀 따분했는데.

One Point Lesson!

Why not?

Why not?이라고 하면 두가지 의미로 쓰일 수 있습니다.

1. 「왜 안돼?」라고 물어보는 표현

2. 「안될 거 뭐 있어?」라고 반문하는 표현, 즉 「되구 말구」라는 흔쾌한 승락, 동의의 표현이다.

    A: I'm not going to the party. 나 그 파티에 안갈래.
    B: Why not? 왜 안가?

    A: Shall we go shopping? 쇼핑갈래?
    B: Why not? 좋구 말구.

How~ 다음에 be동사+주어가 오는 의문문을 만들어본다.

How <u>was</u> <u>your trip</u>?

be동사   주어

「여행은 어땠니?」라는 말. Your trip was~ 를 의문문으로 바꾸었다고 생각하면 된다. 보통 '주어 +be동사+형용사'의 문장에서 형용사가 How로 변하면서 주어와 be동사가 도치되어 'How+be동사 +주어?' 형태의 의문문이 된 것이다. 실회화에서 How is, How was는 축약되어 How's로 많이 사용된다.

이렇게 쓰인다!

Answer: How was the concert last night?

☐ **How are you?** 어떻게 지내? (안부인사)

☐ **How is your cold?** 감기는 좀 어때?

☐ **How was your summer vacation?** 여름방학은 어땠어?

☐   **?** 어젯밤 콘서트는 어땠어?

* cold 감기

이렇게 써본다!

A: How is your cold?

B: It's not bad. I'm starting to feel better.

     A: 감기는 좀 어때?
     B: 그리 나쁘지 않아. 점차 나아지고 있어.

A: How was your summer vacation?

B: Great! We traveled to eight countries in Europe.

     A: 여름 휴가는 어땠어?
     B: 끝내줬지! 유럽 8개국을 돌아다녔다구.

One Point Lesson!

How's your day?

how는 what과 더불어 회화에서 가장 많은 회화문형을 만들어내는 의문사이다. 방식, 방법 등을 물어볼 때 사용되는 How는 특히 상대방과 인사를 나눌 때 애용되고 있다. 먼저 간단한 How be+명사?의 형태부터 살펴보는데, 인사표현들인 How are you?(잘지내?), How's your life?(요즘 어때?) How was your day?(오늘 어땠어?) 등이 다 구문에서 나온 표현들이다. How's your day?로 현재형으로 쓰면 How's your day going so for?(지금까지 오늘 어때?)라는 말이 된다.

How~ 다음에 조동사(do)+주어가 오는 의문문을 만들어본다.

How do you like this Thai restaurant?

조동사   주어   동사원형

「이 태국 음식점 어때요?」하고 상대의 느낌을 물어보는 말이다. 통째로 'How do you like+명사?' 의 구문으로 외워 두면 여기저기 요긴하게 사용할 수 있다. 그밖의 'How+조동사(do)+주어~?' 형태의 How 의문문을 알아보기로 한다.

📖 **이렇게 쓰인다!**   Answer: How do you say

☐ **How do you like my plan?** 내 계획 어때?

☐ **How do you like your new job?** 새 직장은 어때[새 일은 어때]?

☐ **How do I get to the airport?** 공항까지 어떻게 가나요?

☐ **How do I turn on the stereo?** 이 오디오는 어떻게 켜는 거야?

☐   **that in English?** 그걸 영어로는 어떻게 말해?

* get to+장소 …에 도착하다 | turn on …을 켜다

🙆 **이렇게 써본다!**

A: How do you like your new job?

B: It's stressful. I don't enjoy it.

A: 새 직장은 어때?
B: 스트레스가 심해. 일이 즐겁지가 않군.

A: How do I turn on the stereo?

B: Press the round button. That turns on the power.

A: 이 오디오는 어떻게 켜는 거예요?
B: 둥근 버튼을 누르세요. 그러면 전원이 들어와요.

📋 **One Point Lesson!**

How로 시작하는 감탄문

- 「How+형용사+주어+동사!」

  How beautiful you are! 당신이 얼마나 아름다운지!
  How exciting the game is! 그 게임이 얼마나 흥미진진한지!

- 「How+부사+주어+동사!」

  How fast she ran! 그녀가 얼마나 빨리 뛰던지!
  How wonderfully they sang! 그들이 얼마나 멋지게 노래하던지!

How about another cup of coffee?

명사

another cup of coffee는 직역하면 「또다른 한잔의 커피」이니, 결국 「커피 한잔 더 어때요?」라는 말이 된다. 이렇게 How about 다음에 '명사나 ~ing 혹은 주어+동사의 절'을 써서 「…하는 건 어때요?」라고 상대의 의향을 물어볼 수 있다.

이렇게 쓴다!

☐ **How about tomorrow evening?** 내일 저녁은 어때?

☐ **How about you?** 넌[네 생각은] 어때?

☐ **How about going out for dinner?** 저녁먹으러 나가는 건 어때?

* go out for dinner 저녁 먹으러 나가다

이렇게 써본다!

A: When can we meet each other?

B: How about tomorrow evening? I'm free.

A: 우리 언제 만날까요?
B: 내일 저녁 어때요? 난 한가한데.

One Point Lesson!

How about~ ?

- -

How about ~ ?의 관용표현.

How about you? 네 생각은 어때?
How about that? 그건 어때?
How about that! 거 근사한데!, 그거 좋은데! 잘됐군!(느낌표에 주목)

How many people came to the party?

셀 수 있는 명사

「얼마나 많은 사람들이(즉, 몇명이나) 파티에 왔니?」라는 말. How many~ 다음에 셀 수 있는 명사인 people이 쓰인 경우이다. (몇명의) people came to the party에서 (몇명의) 부분을 How many~로 바꿔 나타낸 것이라 따로 조동사를 쓰지 않고 일반동사의 과거형 came을 그대로 써 주었다.

이렇게 쓰인다!   Answer: How many fish did you catch?

☐ **How many languages do you speak?** 몇개국어를 하세요?

☐ **How many bathrooms does this house have?** 이 집엔 욕실이 몇개예요?

☐ **How many times have you been to New York?** 뉴욕엔 몇번이나 가봤어요?
(*여기서의 time은 「횟수」, 「번」의 의미로 셀 수 있는 명사라는데 주의)

☐   **?** 물고기를 몇마리나 잡았어?

 이렇게 써본다!

A: How many languages can you speak?

B: I can speak English and Korean.
    A: 몇개국어나 하세요?
    B: 영어와 한국어를 할 줄 알아요.

A: How many times have you been to Hollywood?

B: I've been there twice.
    A: 헐리우드엔 몇번이나 가봤어?
    B: 두번 가봤어.

One Point Lesson!

How many times~ ?

How many times do/did 주어+동사?는 몇 번이나 …하니(했니)?라는 표현이다.

How many times do I have to tell you! 내가 몇 번이나 네가 말해야 하니!
How many times did it happen? 몇 번이나 그랬는데?

261

How much~ 로 '셀 수 없는 명사의 양'을 물어본다.

How much time will it take?

셀 수 없는 명사

「시간이 얼마나 걸릴까?」라는 말. 뒤에 to get there 등의 to부정사를 붙이면 「거기 도착하려면 얼마나 걸릴까?」라는 의미가 된다. 앞의 How many times~?와는 구별한다. times는 「횟수」, 「…번」이라는 '셀 수 있는 명사'지만, 위 문장에서의 time은 「시간」으로 '셀 수 없는 명사'이다. 또한 How much는 뒤에 명사없이 How much+조동사+주어~? 형태로 가격을 물어보는데 간단히 How much?만으로도 「얼마예요?」라는 표현이 된다.

 이렇게 쓰인다!

- [ ] **How much are these bananas?** 바나나가 얼마예요?
- [ ] **How much do you pay a month?** 한달에 (요금 등을) 얼마나 내?
- [ ] **How much did it cost?** 그거 사는 데 얼마나 들었어?

    * pay 지불하다 ｜ cost (비용 등이) …가 들다

 이렇게 써본다!

A: How much time will it take to get there?

B: About 5 or 10 minutes? It's not very far.

   A: 거기 가는 데 시간이 어느 정도 걸려?
   B: 한 5분이나 10분쯤? 그리 멀지 않아.

One Point Lesson!

How much~?

1. How much? 얼마예요?

   단독으로 가격 등을 물어볼 때 사용.

2. How much longer? 얼마나 더 길게?

   How much longer do we have to wait?에서 보듯 얼마나 더…하나?라는 How much + 형용사비교급 ~?구문인데 How much?처럼 뒤 부분을 거두절미하고 How much longer?로 말하는 경우이다.

How often do you play Lost Ark?

부사　　　조동사　　주어　　　동사원형

「얼마나 자주(how often) 로스트 아크 게임을 해요?」라는 말. 이처럼 의문사 How~ 뒤에 often, long, far, soon 등의 부사를 붙여서 물어볼 수 있다. 'How+부사'를 한덩어리로 생각해서 조동사나 be동사는 그 뒤에 쓰면 된다.

이렇게 쓰인다!

☐ **How far is the nearest bus stop?** 제일 가까운 버스정류장이 얼마나 멀어?

☐ **How old is the car you bought?** 네가 산 차, 얼마나 오래된 거야?

☐ **How long have you been in Korea?** 한국에 계신지 얼마나 됐어요?

☐ **How soon will you return to the US?** 언제쯤 미국으로 돌아갈 거야?

　*bus stop 버스 정류장

이렇게 써본다!

A: How often do you play Lineage?
B: I used to play every day, but these days, I don't play at all.
　　A: 얼마나 자주 리니지를 해?
　　B: 예전에는 매일 했는데 요즘에는 전혀 안해.

A: How long have you been in Korea?
B: I've been here for about three years.
　　A: 한국에 계신 지 얼마나 됐어요?
　　B: 3년 정도 있었네요.

One Point Lesson!

can't wait to~

can't wait to+동사원형 형태의 중요 회화표현

I can't wait to **go skiing.** 스키타고 싶어 죽겠어.
I can't wait to **see the results of the test.** 시험 성적을 알고 싶어 죽겠어.
I can't wait to **see him again.** 걔를 어서 빨리 다시 보고 싶어.

Which(또는Which+명사)~ 다음에 다양한 동사를 넣어본다.

Which train goes to L.A.?

명사   동사

「어느 기차가 LA까지 가나요?」라는 문장이다. 이처럼 Which나 Which+명사를 이용하여 '어떤 것' 이냐고 물어보는 의문문을 만들 수 있다.

 이렇게 쓰인다!   Answer: Which is the shortest (way) to the station?

☐ **Which part was the funniest?** 어느 부분이 제일 재미있었어?

☐ **Which scarf do you prefer?** 스카프 어느 게 좋아?

☐ **Which is on sale?** 어느 게 세일하는 거예요?

☐ **Which do you want to see next?** 다음으로는 어느 걸 보고 싶어?

☐   **?** 역까지 제일 빠른 길이 어느 쪽이야?

* prefer (둘 혹은 여럿 중에) 더 좋아하다 | on sale 세일중의

 이렇게 써본다!

A: Which swimsuit do you prefer?

B: I think the polka dot bikini is pretty.

     A: 어떤 수영복이 좋아?
     B: 물방울 무늬 비키니가 예쁜 것 같은데.

A: I loved the new Jackie Chan movie.

B: Which part was the funniest?

     A: 성룡 나오는 새 영화 진짜 재밌어.
     B: 어느 부분이 제일 재밌었어?

One Point Lesson!

I should have told you

should 하면 빼놓을 수 없는 게 바로 should have pp이다. 대개의 조동사들이 조동사+have+pp 형태로 쓰이지만 영어회화에서 가장 많이 쓰이는 건 should have pp로 '···했음에 틀림없다' 혹은 '···했어야 했는데'라는 의미이다.

You should have been **more cautious.** 너는 좀 더 조심했어야 했는데.
You should have argued **with them about it.** 그들에게 그것에 대해서 따져봤어야 했는데.
You shouldn't have done **this.** 이러실 필요까지는 없는데요.(특히 선물을 받을 때).

Which girl?

명사 또는 대명사

「어느 여자애?」라고 물어보는 말. 상대방이 언급은 하지만 자신이 확인되지 못했을 경우에 어떤 것[사람]인지 확인할 때 'Which +명사?'꼴을 활용하면 된다. 명사를 다시 언급하기도 귀찮을 땐 그저 간단히 Which one?이라고 해도 된다.

이렇게 쓰인다!

☐ **Which one?** 어떤 거 말야?

☐ **Which way?** 어느 길[방법] 말인가요?

☐ **Which drink?** 어떤 술[음료]?

이렇게 써본다!

A: Wow, that girl is really beautiful.

B: Which girl? I don't see her.

A: 이야, 저 여자애 진짜 예쁘다.
B: 어떤 여자애? 안보이는데.

A: I like that green shirt.

B: Which one?

A: 저 녹색 셔츠 맘에 들어.
B: 어떤 거 말야?

One Point Lesson!

Which+명사?

Which + 명사?로 다른 단어의 도움없이도 완벽한 문장으로 구어체에서 많이 쓰인다.

Which way? 어떤 길?. 어떤 방법?

Which part? 어떤 부분?

Which one? 어떤 거? 앞에 언급된 명사를 재반복하지 않고 더 단순하게 말하는 방식으로 어떤 거?라는 의미이다.

Which do you prefer, the black one or the red one?

Which 의문문   A or B(선택후보들)

prefer는 「…을 더 좋아하다」, 「선호하다」라는 의미로 위 문장은 「어느게 더 좋아, 까만 것과 빨간 것 중에서?」라는 질문이 된다. 이렇게 Which 의문문 바로 뒤에 이어서(혹은 Which 의문문 앞에서) 선택 후보들을 A or B의 형태로 말해주기도 한다.

 이렇게 쓰인다!

☐ **Which bag do you prefer, this one or that one?**
이것과 저것 중 어느 가방이 더 좋아?

☐ **Which one is cheaper, this one or that one?**
이것과 저것 중 어느 게 더 싸요?

☐ **Which is better, buying a car or saving money?**
차를 사는 것과 저축하는 것 중 어느 게 더 나을까?

☐ **Which is lighter, the Italian red or the French red?**
이탈리안 레드와 프렌치 레드 중 어느 색이 더 밝아요?

* cheap 싼, 저렴한 | save 저축하다

 이렇게 써본다!

A: Which is better, buying a car or saving money?

B: Which do you want more?

A: 차를 사는 것과 저축하는 것 중 어느 쪽이 더 나을까?
B: 어느 쪽이 더 하고 싶어?

One Point Lesson!

Will you calm down?

경우에 따라서 명령조로 억양을 내려서 발음하게 되면 …좀 해라, …하지 않을래?라는 의미가 된다. Will you ~?와 마찬가지로 Would you ~? 또한 억양을 바꾸면 명령에 가까운 요청의 문장이 된다.

Will you let it go? 그만 잊어버려라.

Will you stop! 그만 하지 않을래!

Would you stop doing that? 그만 좀 안 할래?

Would you calm down? 그만 좀 진정해라.

Would you all relax? It's not that big a deal. 모두 긴장 풀어라. 뭐 큰일 아니잖아.

Can you tell me~ 다음에 when, what, how 의문사절을 넣어본다.

Can you tell me when the sale ends?

의문사+주어+동사

「세일이 언제 끝나는지 말씀해주실래요?」, 즉 「세일이 언제 끝나나요?」라는 의미의 공손한 질문이다. Can 대신에 Would나 Could를 쓰기도 한다. Can you tell me~까지 한덩어리로 외워두고, 그 뒤에 '의문사+주어+동사' 혹은 '의문사+동사'의 명사절을 만들어 붙여본다. 우선 when, what, how를 이용한 명사절을 만들어 Can you tell me 뒤에 붙여보도록 한다.

이렇게 쓰인다!

Answer: what you need

- [ ] **Can you tell me what time is good for you?** 언제가 좋은지 말해줄래요?
- [ ] **Can you tell me what happened?** 무슨 일이 일어난 건지 말해줄래요?
- [ ] **Can you tell me how to get to the museum?**
  박물관으로 가려면 어떻게 가야 하나요?
- [ ] **Can you tell me how you feel?** 기분이 어떤지 말해줄래요?
- [ ] **Can you tell me** **?** 뭐가 필요한지 말해줄래?

* how to+동사 …하는 방법 | get to+장소 …에 도착하다

이렇게 써본다!

A: Will you go grocery shopping for me?

B: Can you tell me what you need?

A: 식품점에 좀 다녀와줄래?
B: 뭐가 필요한데?

A: Can you tell me how to get to Yankee Stadium?

B: Sure. Catch the 87 bus across the street.

A: 양키 스타디움으로 가려면 어떻게 가야 하는지 말씀해주실래요?
B: 네, 길 건너에서 87번 버스를 타세요.

One Point Lesson!

I'll be~

I'll be ~ 형태로 쓰이는 회화표현

I'll be back. 다녀 올게. 금방 올게.
I'll be right there. 곧 갈게. 지금 가.
I'll be right with you. 곧 돌아올게.
I'll be there for you. 내가 있잖아.

Can you tell me~ 다음에 where, who, why, if절을 넣어본다.

Can you tell me where the gas station is?

의문사+주어+동사

「주유소(gas station)가 어디인지 말해줄래요?」, 「주유소는 어디인가요?」라는 의미. 이번에는 where, who, why를 이용한 의문사절을 붙여본다. 'if+주어+동사' 형태의 if절을 붙이면 「…인지 아닌지」말해달라는 의미가 된다. 또한 Can you tell me why?처럼 굳이 구체적인 내용을 언급 안 해도 서로 안다면 의문사만 달랑 써도 된다.

 이렇게 쓰인다!

Answer: Can you tell me why she[he] is angry?

☐ **Can you tell me where I can find stationery?**

문구류는 어디서 파는지 말해줄래요?

☐ **Can you tell me who's there please?** 누구신지요?(문밖에 누가 왔을 때)

☐ **Can you tell me if he's alright?** 걔가 괜찮은지 아닌지 말해줄래요?

☐   **?** 그분이 왜 화난 건지 말해줄래요?

* stationery 문구류

 이렇게 써본다!

A: Can you tell me where the gas station is?

B: Oh, it's over there. Can you see its sign?

A: 주유소가 어딘지 말해줄래요?
B: 아, 바로 저기예요. 간판 보이죠?

One Point Lesson!

I'm going vs I'm coming

I'm going은 모임 등에 참석하겠다는 의미로 "난 가"라는 의미고 I'm coming은 난 온다가 아니라 "갈게"라는 뜻. 무조건 go는 「가다」, come은 「오다」라고 외운 우리들로서는 이상할 수밖에 없다. 우리말의 「오다」, 「가다」와는 달리, 영어의 come과 go는 「말을 하는 사람」과 그 이야기를 「듣는 사람」을 기준으로 한 「이동방향」에 따른 구분이라고 할 수 있다. 즉, 말을 하거나 듣는 사람이 있는 곳으로 이동하는 경우에는 come을 쓰고 그 외의 장소로 움직이는 경우에는 go를 쓴다. 그래서 누가 부를 때는 I'm going이 아니라 I'm coming 으로 해야 된다. 결국 I'm going은 내가 지금 있는 곳으로부터 여기도 아니고 상대방이 있는 곳도 아닌 제 3 의 장소로 이동한다는 의미이고, I'm coming은 내가 지금 있는 장소로부터 상대방이 있는 곳으로 이동한다는 의미. 예로 몸이 안좋아 회사 못 간다고 말하는 경우에, 만약에 내가 말을 하는 사람이 회사와 관련이 없는 경우에는 "I feel terrible today. so I can't go to work"라고 하지만 내가 말하는 사람이 회사에 있는 사람인 경우에는 "I feel terrible today. so I can't come to work"라고 해야 되는 것이다.

Can you tell me some details?

명사 혹은 명사절

「자세한 얘기를 좀 해줄래요?」라는 의미이다. Can you tell me~ 다음에 명사 혹은 명사+전치사구 등이 온 경우이다.

이렇게 쓰인다!

☐ **Can you tell me your name?** 이름을 말씀해 주시겠어요?

☐ **Can you tell me the address of that website?**
그 웹사이트 주소를 말씀해 주시겠어요?

☐ **Can you tell me the way to the YMCA?** YMCA로 가는 길을 말해 줄래요?

이렇게 써본다!

A: I have some real estate you should look at.

B: Can you tell me some details about it?

A: 살펴보셔야 할 부동산을 좀 갖고 있는데요.
B: 자세하게 얘기해 보실래요?

One Point Lesson!

bring vs. take

come과 go처럼 대화를 하는 사람들이 있는 장소를 중심으로 그 용례가 구분되는 동사들이 또 있는데, 다른 대상을 「이동시킬」 때 쓰는 bring과 take가 바로 그것이다. come과 go가 그렇듯이, 말을 하거나 듣는 사람이 있는 곳으로 대상을 이동시킬 때에는 bring을, 그 외의 장소로 이동시킬 때에는 take를 쓰면 된다.

A: Wendy, are you okay? 웬디, 괜찮아?
B: Yeah, I'm fine. 어. 괜찮아.
A: You want to talk, I mean I can come over? 얘기하고 싶어. 내말은 내가 그리로 갈까?
B: No! Really, no, please, please, that's okay. 아냐. 정말. 제발. 괜찮다고.
A: All right, all right, I'm coming over, and I'm bringing Chinese food.
좋아. 알았어. 내가 갈게. 중국음식가지고 말야.
B: Oh, yeah, I'm not, I'm not hungry. 어. 그래. 난 배 안고픈데.
A: It's for me. 나 먹을려고.

MEMO

All NEW SMART 231

SMART 231

영어회화공식

기본

회화필수
문법 정리 >>

문법에서 건진 영어회화 필수표현

'문법'이란 말만 들어도 두드러기가 나는 사람들이 많겠지만,
사실 문법이란, 말을 하거나 글을 쓰는 데 꼭 필요한'약속'이다.
까다롭고 외울 것 천지인 시험용 문법이 아니라,
나의 의사를 확실하게 전달하는 데 꼭 필요한 회화필수 문법들
몇가지만 짚고 넘어간다.

He likes to play golf

동사의 현재형(3인칭 단수형)

「걘 골프치는 걸 좋아해」라는 의미이다. 현재시제는 '동사원형'을 사용하거나 혹은 동사 끝을 -s[-es]로 변화시켜 사용(3인칭 단수의 경우)하는데, ❶ 현재의 사실이나 현재의 상태를 표현할 때, ❷ 자주 반복되는 습관적인 일, ❸ 변치않는 진리, ❹ 가고 오는 것과 관련된 동사들(일명 왕래발착 동사)에서 미래시제를 대신하여 가까운 미래를 나타낼 때 쓰인다.

이렇게 쓰인다!

Answer: go hiking every weekend

☐ **She likes dogs** [현재의 사실 · 상태] 걘 개를 좋아해.

☐ **He gets up early these days** [반복 · 습관적 동작] 걘 요즘 일찍 일어나.

☐ **History repeats itself** [변치않는 사실] 역사는 반복되는 거야.

☐ **He starts for New York tomorrow** [가까운 미래] 걘 내일 뉴욕으로 떠나.

☐ **We** [반복되는 동작] 우린 주말마다 등산을 해.

이렇게 써본다!

A: Jason gets up early these days.

B: Is he becoming a morning person?

A: 제이슨이 요새 일찍 일어나네.
B: 아침형 인간이 되어가는 건가?

A: When is your husband going to the US?

B: He starts for Boston tomorrow.

A: 남편은 언제 미국으로 가요?
B: 내일 보스턴으로 출발할 거예요.

One Point Lesson!

동사를 강조할 때

동사의 의미를 강조하는 경우 조동사 do를 쓰며 '정말 ~하다'로 해석한다. 이때 do의 시제는 본동사의 원래 시제를 취하며 동사는 동사원형을 쓴다.

I love you. → I do love you. 나는 정말 너를 사랑해.
Brian likes English. → Brian does like English. Brian은 정말 영어를 좋아해.
I sent the present to Jerry. → I did send the present to Jerry. 내가 Jerry에게 정말 선물을 보냈다.

He went to bed early

동사의 과거형

「걔 일찍 잠자리에 들었어」라는 말. 과거시제는 이미 과거에 끝난 동작을 나타내는 데 쓰여서, 가끔씩 지금은 그렇지 않다는 뉘앙스를 풍기기도 한다.

📖 **이렇게 쓰인다!**   Answer: changed his mind

☐ **She was pretty** [과거에 이미 끝난 동작] 걔 예뻤지.

☐ **They didn't know that** [과거에 이미 끝난 동작] 걔들은 그걸 몰랐어.

☐ **He**   걔 마음을 바꿨어.

* change one's mind 마음을 바꾸다

🙋 **이렇게 써본다!**

A: Hey, your sister was sleeping again in class. Did she stay up late last night?

B: No, she went to bed early.

A: 야, 네 여동생 수업시간에 또 자더라. 어젯밤에 늦게까지 안자고 있었나?
B: 아니, 일찍 자던데.

🖼 **One Point Lesson!**

~went to+V

주어+went (there, back) to+동사는 …하러 갔다라는 의미이다.

I went there to **check the schedule.** 난 거기에 일정을 확인하러 갔었어.
We went to **dinner.** 우린 저녁 먹으러 갔었어.
I went back to **return it.** 그걸 돌려주러 갔었어.

A: Hey, where have you been? 야, 어디 갔다오는거야?
B: Oh, I went to **have pizza with Chris.** 어, 피자먹으러 갔었어, 크리스랑.

다양한 현재완료 시제 문장을 만나본다.

I have lost my key

현재완료 표현(have+pp)

「열쇠를 잃어버렸어」란 의미. 현재완료 시제를 사용했기 때문에 과거에 잃어버린 것을 지금도 찾지 못했다는 것까지 나타내고 있다. 현재완료 시제는, ❶ 계속되다가 방금 막 끝난 '동작,' ❷ 경험 (…한 적이 있다), ❸ 지금도 계속되고 있는 '상황,'(주로 for, since 등의 기간을 나타내는 표현들과 함께) ❹ 결과(…해버렸다) 등을 표현할 때 쓰이는 표현법이다.

이렇게 쓰인다!

Answer: have met Brad Pitt

☐ **I have just read a book** [방금 끝난 동작] 책을 방금 다 읽었어.

☐ **I have visited New York** [경험] 뉴욕에 가본 적이 있지.

☐ **I have been in New York for 3 years** [계속되는 상황] 3년째 뉴욕에 살아.

☐ **He has gone to New York** [결과(…해버렸다)] 걘 뉴욕으로 가버렸어.

☐ **I**   나 Brad Pitt를 만나본 적 있어.

이렇게 써본다!

A: I have visited London.

B: **Really?** My brother has lived there for 3 years.

A: 나 런던에 가본 적 있는데.
B: 그래? 우리 형이 거기서 3년째 살고 있는데.

A: I have lost my key.

B: **Did you look in your bag?**

A: 나 열쇠를 잃어버렸어.
B: 가방 안은 살펴봤어?

One Point Lesson!
현재완료 관용표현

I've been there. 1. 무슨 말인지 충분히 알겠어. 정말 그 심정 이해해 2. 가본 적 있어

I've never been there. 거기 가본 적이 없어.

Been there, done that. (전에도 해본 것이어서) 뻔할 뻔자지. 나도 그런 적 있어.

If he **doesn't go**, I **won't go** either

if절엔 동사원형 또는 현재형   주절엔 will+동사원형

「걔가 안가면(doesn't go) 나도 안가(won't go either)」라는 말이다. 「가정법현재」의 문장은 if절의 동사가 현재형이라서 붙은 이름이다. 이전에 조동사에 관해 얘기하면서 will은 주어의 '의지'를 나타낸다고 했는데, '가정법 현재'의 문장에서도 마찬가지이다. if절에서 가정하고 있는 상황이 그대로 이루어진다면 '그렇게 하겠다'는 주어의 의지를 나타내는 것이 '가정법 현재'이기 때문이다. 해석은 「…라면 ~할게」로 된다.

 이렇게 쓰인다!

Answer: I will buy you a nice dress

☐ **If it is true, I will fire him** 그게 사실이라면 그 녀석을 해고할 거야.

☐ **If you get some beer, I will buy a pizza** 네가 맥주를 사온다면 내가 피자를 사지.

☐ **If you get an A,**   네가 A를 받아오면 근사한 옷 사줄게.

* fire 해고하다 | get 가져오다, 사오다 | get an A A학점을 받다

 이렇게 써본다!

A: Are you going to the party tomorrow night?

B: If Derrick goes, I'll go too.

A: 내일 밤 파티에 갈 거니?
B: 데릭이 가면 나도 갈 거야.

A: If you get some beer, I will buy a pizza.

B: That sounds good to me.

A: 네가 맥주를 사온다면 내가 피자를 사지.
B: 그게 좋겠다.

One Point Lesson!

for와 since

각각 「…동안」, 「…이래로」란 의미로 현재완료와 잘 어울리지만 그 용법은 사뭇 다르다. for가 행위의 '지속기간'을 나타내는 반면 since는 '시점'을 알려준다는 말씀. 따라서 for 뒤에는 주로 two weeks 등 기간명사가 오는 반면 since 뒤에는 시점명사, 또는 과거시제 절이 이어지게 된다. 그렇다고 for가 과거시제와 어울릴 수 없다고 단정하진 말 것. 다음 두 예문은 모두 하자가 없는 문장으로, 첫번째 것은 「2주 전부터 지금까지」 아프다는 뜻이고, 두번째는 현재와는 무관하게 그저 「과거에 2주 동안」 아팠다는 단순한 사실을 나타낸다.

He has been sick for two weeks. 그 친구는 2주일째 아프다.
He was sick for two weeks. 그 친구는 2주 간 앓았었다.

다양한 가정법 과거(…라면 ~할텐데)의 문장을 만나본다.

If I won the lottery, I could buy you something nice

If절에 과거동사(be동사는 were)   주절엔 would, could, should, might+동사원형

「내가 복권에 당첨된다면 너한테 뭔가 근사한 걸 사줄 수 있을텐데」라는 문장이다. 「가정법과거」는 if절의 동사가 과거라서 붙여진 이름이다. 하지만 '의미는 과거가 아니라 현재'라는 점을 조심해야 한다. 가정법 과거는 그냥 '상상이나 한번해본다'는 느낌의 표현으로, '현재상황은 사실 그렇지가 못하다'는 것을 나타내기 때문이다.

이렇게 쓰인다!

Answer: If I won the game

☐ **If I knew her phone number, I would call her**
걔 전화번호를 알고 있으면 전화할텐데.

☐ **If I were rich, I would have a vacation home**
내가 부자라면 별장을 갖고 있을텐데.

☐ **_____, Mom would be happy**
내가 이 시합 이기면 엄마가 기뻐할텐데.

* vacation home 별장

이렇게 써본다!

A: If I knew her phone number, I would call her.

B: Didn't you ask her for it?

    A: 걔 전화번호를 안다면 전화할텐데.
    B: 가르쳐달라고 안했어?

A: If I were rich, I would have a vacation home.

B: Get real!

    A: 내가 부자라면 별장이 있을텐데.
    B: 꿈 깨라!

One Point Lesson!

You've got~

You've got+명사 네게 …가 있어. You've got to+동사 넌 …해야 해

You've got **nothing to lose.** 밑져야 본전인데 뭐.
You've got to **help me!** 나 좀 도와줘야 돼!
You've got to **be kidding!** 농담말아. 웃기지마!

If I **had known** it, I **wouldn't have gone** there

If절엔 had+pp   주절엔 would have+pp

「그 사실을 알았더라면(had known), 거기 가지 않았을텐데(wouldn't have gone)」란 의미이다. '가정법 과거완료'라는 이름은 if절의 동사가 과거완료시제(had+과거분사)라는 데서 나온 것이다. 「…했더라면 ~했을텐데」하면서 이미 지난 과거의 일을 후회하는 표현이다. 후회하는 표현이니 당연히 과거에 그런 일은 없었다는 전제가 깔려있다.

 이렇게 쓰인다!   Answer: If I had seen you, I would have said hello

☐ **If he had not liked it, he would have told you**
그게 맘에 안들었으면 걔가 너한테 얘길 했겠지.

☐ **If I had had a key, I could have gone in** 열쇠가 있었으면 들어갈 수 있었을텐데.

☐   내가 널 봤더라면 인사 했겠지.

 이렇게 써본다!

A: If I had known it, I wouldn't have gone there.

B: But you went. Don't regret it.

A: 그 사실을 알았더라면 거기 안갔을텐데 말이야.
B: 하지만 갔었잖아. 후회하지 말라구.

One Point Lesson!

현재완료

1. 완료 : 계속되다가 방금 끝난 행동(현재완료 + just, now, already, yet)

I have just finished it. 방금 그걸 끝냈어.

2. 경험 : …한 적이 있다라는 과거의 경험(twice, ever, never, before, often)

I have seen her twice before. 전에 걔를 두번 봤어.

3. 계속 : 과거부터 지금까지 계속되는 행동(since+시점명사/for+기간명사)

I have studied Englihs. 난 영어를 공부해.

4. 결과 : …해버렸다

I have lost my keys. 열쇠를 잃어버렸어.(그래서 지금없다)

I wish you knew (…라면 좋겠는데)

<u>동사의 과거형</u>

I wish I had studied harder (…였다면 좋았을텐데)

<u>과거분사형(had+pp)</u>

첫번째 문장은 「네가 안다면 좋겠는데」라는 의미. 'I wish+주어+동사의 과거형' 형태의 문장인데, 동사의 과거형이 들어가기는 했지만 의미는 과거가 아니라는 점에 주의한다. 또, 두번째 문장은 「좀 더(harder) 열심히 공부했더라면 좋았을텐데」하고 과거에 그러지 못했던 것을 한탄하는 표현으로, 'I wish+주어+had+과거분사'의 형태이다.

이렇게 쓴다!

Answer: I wish I had a car

☐ **I wish I could go with you** 너하고 같이 가면 좋을텐데.

☐ **I wish I were rich** 내가 부자라면 좋을텐데.

☐ **I wish I hadn't done that** 그러지 않았더라면 좋았을텐데.

☐   내가 차를 갖고 있다면 좋을텐데.

이렇게 써본다!

A: I'm going to visit Paris this summer.

B: I wish I could go with you.

    A: 올 여름에 파리에 갈 거야.
    B: 나도 같이 갈 수 있으면 좋으련만.

A: I heard you were drunk and broke a window yesterday.

B: Yeah. I wish I hand't done that.

    A: 듣자하니 너 어제 취해서 창문을 깼다면서.
    B: 그러지 않았더라면 좋았을 것을.

One Point Lesson!

Do you have time? Vs. Do you have the time?

Do you have time?은 상대방에게 이야기하려고 혹은 작업(?)하려고 시간이 있냐고 물어보는 것이고 time 앞에 정관사를 붙여 Do you have the time?하면 지금 시간이 몇시냐고 의미로 전혀 다른 문장이 된다.

If I were you~로 내가 너라면~의 표현을 만들어본다.

If I were you, I would tell her everything

동사의 과거형(be동사는 were)   would + 동사원형

「내가 너라면 말야, 걔한테 전부 말해버릴텐데」라고 하면서 충고하는 표현이다. if절에는 '동사의 과거형'(be동사는 were)을 쓰고 주절에는 'would, should~ +동사원형'을 사용하는 「가정법 과거」(…라면 ~할텐데) 문장이다. 그러니 모습은 과거라도 현재의 의미로 「내가 너라면 …할텐데」라는 의미가 된다. If I were you 대신 If I were in your shoes(내가 네 입장이라면)라는 재미있는 표현을 쓰기도 한다.

이렇게 쓰인다!   Answer: If I were you, I would call her right now

☐ **If I were you, I would go to see a doctor** 내가 너라면 병원 가볼 거야.

☐   내가 너라면 당장 걔한테 전화한다.

* go to see a doctor 의사에게 가보다, 의사에게 진찰받으러 가다

이렇게 써본다!

A: What if she learns my secret?

B: If I were you, I would tell her everything.

　　A: 걔가 내 비밀을 알게 되면 어쩌지?
　　B: 내가 너라면 걔한테 전부 얘기하겠다.

A: My ear really hurts.

B: If I were you, I would go to see a doctor.

　　A: 귀가 무지 아파.
　　B: 내가 너라면 병원 가보겠다.

One Point Lesson!

You don't have a job

- -

'You don't have+명사'하면 너 …가 없지, 너 …가 없잖아라는 의미이다.

You don't have **a job.** 너 백수잖아.

But Jessica you don't have **$20,000!** 하지만 제시카, 넌 2만달러가 없잖아!

You don't have **my phone number!** 내 전화번호도 모르잖아!

I **should have gotten** up early this morning

should have+pp

「오늘 아침에 일찍 일어났어야 하는 건데」, 어휴~ 그만 일찍 일어나질 못했다는 의미의 문장이다. if절 없이 딱 한문장이지만, 내용은 가정법의 내용이다. 「가정법 과거완료」(If절은 had+과거분사, 주절은 would, should~+have+과거분사) 문장에서 if절을 생략하고 주절만 남겨놓은 모습이다. 주절의 should는 '의무'를 나타내는 조동사이기 때문에 의미는 「(과거에) …했어야 했는데 (그러지 못했다)」는 내용이 된다.

이렇게 쓴다!

☐ **I shouldn't have bought this new car** 이 새 차를 사지 말았어야 했는데.

☐ **I shouldn't have met him** 걜 만나지 말았어야 했어.

이렇게 써본다!

A: I shouldn't have bought this new car.

B: Was it too expensive for you?

A: 이 새 차를 사지 말았어야 했어.
B: 너한테는 너무 비싼 차였니?

A: I should have gotten up early this morning.

B: Yeah, maybe you wouldn't have failed your presentation.

A: 오늘 아침에 일찍 일어났어야 했는데.
B: 그러게, 그랬으면 아마 프리젠테이션 망치지 않았을텐데.

One Point Lesson!

do+목적어명사

do + 목적어명사: do는 목적어로 다양한 명사를 받아 다양한 숙어를 양산한다.

do dishes 설거지하다
do one's hair 머리를 빗다
do one's homework 숙제를 하다
do the laundry 세탁하다

A: This is not what the teacher wanted. 이건 선생님이 원하셨던게 아냐.
B: We'll have to do the homework again. 우린 숙제를 다시 해야 될거야.

as~as 구문을 이용한 문장을 만들어 비교해본다.

I'm as tall as Kevin

형용사/부사 　　　　명사/대명사/절

「난 케빈만큼 크다구」라는 말. 첫번째 as 다음에는 '비교의 기준'이 되는 「형용사나 명사」가 오고, 두번째 as 다음에는 '비교하는 대상'이 되는 「명사나 대명사, 혹은 주어+동사로 이루어진 절」이 온다. 한가지, 비교하는 대상이 I, she, he 등 사람을 나타내는 대명사일 때, 원래는 주격인 I나 he, she가 와야 하지만 구어에서는 me, her, him을 더 많이 쓴다는 것도 알아둔다.

이렇게 쓰인다!

Answer: She speaks English as well as you

☐ **I don't get up as early as you** 난 너만큼 일찍 일어나지 않아.

☐ **I don't get up as early as you do** 난 너만큼 일찍 일어나지 않아.

☐ **Isn't it as good as you expected?** 생각했던 것 만큼 좋지가 않니?

☐ 　　　　　　　　　　걘 너만큼 영어를 잘 해.

  * expect 예상하다, 기대하다

이렇게 써본다!

A: **I'm not that short. I'm as tall as Kevin.**

B: **Why worry? A person's height is not important.**

　　A: 나 그렇게 작지 않아. 케빈만큼 크다구.
　　B: 왜 걱정이야? 키는 정말 아무것도 아닌데.

A: **I wake up at 5 every morning.**

B: **I don't get up as early as you do.**

　　A: 난 매일 아침 5시에 일어나.
　　B: 난 너만큼 일찍 일어나지는 않아.

One Point Lesson!

I don't care about+명사

I don't care!는 단독으로도 많이 쓰이지만 신경안쓰는 걸 명사로 말해줄 경우에는 I don't care about + 명사라고 해준다.

I don't care about **that!** 난 상관안해!
I don't care about **the stupid band!** 저 멍청한 밴드엔 관심없어!

as~as 앞에 다양한 배수를 넣어본다.

He's twice as old as me

배수   형용사/부사   명사/대명사/절

「그 사람은 너보다 나이가 갑절은 많아」라는 말. as~as 앞에 '배수'를 나타내는 twice(두배), three times(세배), four times(네배) 등의 단어가 오면 「…배 만큼 ~하다」라는 뜻이 된다.

 이렇게 쓰인다!   Answer: He runs twice as fast as Barry

☐ **It's twice as big as I expected** 내가 생각했던 것보다 두배는 더 크네.

☐ **It's half as expensive as that one** 이것은 저것의 반값이잖아.

☐ **Her hair is three times as long as yours** 걔 머리는 너보다 세배는 길어.

☐   걘 Barry보다 두배는 빨리 달리지.

 이렇게 써본다!

A: Is this the table you bought from the TV shopping program?

B: Yeah. It's twice as big as I expected.

     A: 이게 TV 홈쇼핑에서 산 탁자니?
     B: 응. 근데 내가 생각했던 것보다 두배는 더 크네.

A: Tim runs three times as fast as Ben.

B: I think Ben runs too slowly.

     A: 팀은 벤보다 세배는 더 빨리 달리지.
     B: 내 생각엔 벤이 너무 느린 것 같아.

One Point Lesson!

Do they+동사?

나와 너 이야기하기도 힘들겠지만 영어실력이 일취월장할 미래를 위해 걔네들이 …하는 거야라는 3인칭 복수의 표현을 연습해도록 한다.

Do they know that we know? 우리가 알고 있다는 걸 걔네들이 알고 있어?
Do they know about each other? 걔네들이 서로 알아?

A: You'll have to pay for them upon delivery. 배송시 착불로 지불해야 될거야.
B: Do they accept credit cards? 신용카드도 된대?.

280 가능한 한 …하게라는 의미의 as~as possible 구문을 만들어본다.

We need it as soon as possible

형용사/부사　　형용사/부사(원래는 명사, 대명사, 절)

「우리는 그것이 '가능한 한 빨리' 필요해요」라는 의미의 말. 원래 두번째 as 뒤에는 명사나 대명사, 절이 오게끔 되어있지만 위 문장에서처럼 형용사나 부사가 오는 경우도 있다. 뭐 굳이 품사를 따지지 않더라도 as~as possible, 혹은 as~as 주어+can은「가능한 한 …한」, 「가능한 한 …하게」라는 의미의 숙어라 생각하고 외워두면 좋다.

 이렇게 쓰인다!

- **I'll be there as soon as I can** 될 수 있는 한 빨리 갈게.

- **We need to clean up the room as quickly as possible**
  가능한 한 빨리 이 방을 치워야 해.

- **Please give me a call as soon as you can** 가능한 한 빨리 전화해주세요.

  * be there 거기에 가다, 가 있다 ｜ give+사람+a call …에게 전화하다

 이렇게 써본다!

A: You forgot our date! I've been waiting here for 1 hour!
B: Sorry. I'll be there as soon as I can.

A: 데이트를 깜박하다니! 여기서 한시간 동안 기다리고 있다구!
B: 미안해. 최대한 빨리 갈게.

One Point Lesson!

as+형용사/부사+as

- -

as+형용사/부사+as가 부사절을 이끄는 경우

1. As soon as 주어 + 동사 : …하자마자

   Tell him to call me back as soon as he gets in. 들어오는 대로 전화하라고 해.

2. as long as 주어 + 동사 : …하는 한(기간의 의미는 없고 조건의 의미만)

   That would be fine as long as it arrives 4 o'clock. 4시까지만 도착하면 돼.

3. as far as 주어+ know : …에 관한 한

   As far as I know they sent it yesterday. 내가 아는 한 그거 어제 보냈대는데.

광장히 …해서 ~할 수 없다는 의미의 so~that 구문을 알아본다.

It's so hot (that) I can't sleep

형용사/부사   that절(that은 생략가능)

「너무 더워서 잠을 잘 수가 없네」라는 표현. 'so+형용사/부사' 다음에 '(that)+주어+동사'가 나오면 「굉장히 …해서 that 이하의 상황이 된다」는 말이 된다. that을 생략하고 바로 주어+동사의 '절'이 이어질 수도 있다.

 이렇게 쓰인다!   Answer: I was so scared that I couldn't move

☐ **He was so happy that he bought me a drink**
걘 무척 기분좋아서 나한테 한잔 사더라.

☐ **I'm so tired that I can't think anymore** 너무 피곤해서 더 이상 생각할 수 없어.

☐   난 너무 무서워서 움직일 수가 없었어.

* scared 무서워하는, 겁에 질린

 이렇게 써본다!

A: You look very tired. Didn't you sleep well last night?

B: It was so hot that I couldn't sleep.

     A: 너 굉장히 피곤해 보이는구나. 어젯밤에 잠을 잘 못잤니?
     B: 너무 더워서 잘 수가 없었어.

A: I'm so tired that I can't think anymore.

B: You should get some sleep.

     A: 너무 피곤해서 더 이상 생각을 할 수가 없어요.
     B: 좀 주무세요.

One Point Lesson!

사역동사와 지각동사

학창시절 어렵게만 느껴지던 것 중의 하나가 사역동사이였을거다. 이해하기 어려운 사역동사가 회화에서 안 쓰인다면 얼마나 좋을까… 하지만 아쉽게도 사역동사는 일상생활 영어회화에 무척 많이 쓰이고 있어 옛날의 감정(?)은 다 풀고 하나하나 용례를 잘 익혀나가야 한다. 유명한 사역동사로는 have, make, get, let 등이 있으며 지각동사로는 see, hear, listen to 등이 있다. 사역동사는 "동사+목적어+동사원형/pp"를 지각동사는 "동사+목적어+동사원형/~ing/pp"의 독특한 형태로 쓰인다는 점을 기억해둔다.

Don't make me do this again 이런 일 다신 시키지마
I saw her working on it this morning. 아침에 그 여자가 그 일하는 거 봤어.

…할 수 있도록이라는 의미의 so that~ 구문을 알아본다.

Open the door so that the dog can come in

뒷문장의 내용이 되도록 '하기 위하여'

「개가 안으로 들어올 수 있게 문을 열어」라는 문장이다. 'so that+주어+동사'의 형태로 「…하기 위하여」(in order that)라는 의미를 나타낸다.

 이렇게 쓰인다!

☐ **I'm waiting for you so that I can apologize** 사과하려고 널 기다리는 중이야.

☐ **Send an e-mail right now so that she gets it before noon**
그 여자가 정오 전에 받아볼 수 있도록 지금 당장 이메일을 보내요.

☐ **I won't tell her so that she doesn't worry** 걔가 걱정할테니까 아무 말 안할거야.

* wait for …을 기다리다 | apologize 사과하다 | won't will not의 축약

 이렇게 써본다!

A: What's that noise?

B: My dog is scratching the door. Open it so that he can come in.

A: 이게 무슨 소리야?
B: 내 개가 문을 긁고 있는 거야. 개가 안으로 들어올 수 있게 문을 열어.

One Point Lesson!

자동사와 타동사

자동사는 목적어없이도 스스로 의미가 성립되는 동사이며 반면 타동사는 목적어없이는 말이 되지 않는 동사를 말한다. 각 동사마다 학습할 때 자동사로만 쓰이는지, 자.타동사 모두 쓰이는지 아님 타동사로만 쓰이는지를 눈여겨봐야 하지만 회화에서 가장 주의해야 하는 건 동사의 우리말이 …와, …에 등이 붙어 타동사인데도 자동사로 착각하는 경우이다. 가령 …에 들어가다로 옮겨지는 enter의 경우 어엿한 타동사임에도 불구하고 우리말 '…에' 때문에 enter into로 쓸려는 경향이 있다는 말. 그러한 예로 marry, reach, attend, obey, answer 등이 있다.

I wanted to know if you'd marry me? 나랑 결혼해 줄래?
I'm entering the wedding hall. 지금 웨딩홀로 들어가고 있어.

A: My son decided to attend law school. 아들이 로스쿨에 들어가기로 결정했어.
B: I guess he wants to be a lawyer. 변호사가 되려고 하는구나.

너무 …해서 ~할 수 없다라는 의미의 too~to 구문을 알아본다.

I'm too busy to help you right now

형용사/부사   동사원형

「난 너무 바빠서 지금 당장은 널 도와줄 수가 없어」라는 말. too는 「너무」, 「지나치게」라는 의미라서, 문장자체가 부정문은 아니지만 부정문의 의미를 띠게 된다. 「too+형용사(또는부사)+to 부정사」의 형태로 「to부정사의 내용이 되기에는 너무 …하다」, 즉 「너무 …해서 ~하지 못하다」라는 의미를 나타낸다. to부정사의 주체는 to부정사 앞에 'for+사람'의 형태로 나타낸다.

 이렇게 쓰인다!

Answer: It's too late to call him

☐ **He is too young to drink** 걘 술 마시기엔 너무 어려.

☐ **The book is too difficult for me to understand**

그 책은 너무 어려워서 나는 이해할 수가 없어.

☐   걔한테 전화걸기엔 너무 늦었어.

* drink 술을 마시다

 이렇게 써본다!

A: Would your friend like a beer?

B: He is too young to drink.

    A: 친구분도 맥주를 드시나요?
    B: 걘 술 마시기엔 너무 어려요.

A: This book is too difficult for me to understand.

B: What's its title? Can I look at it?

    A: 이 책은 너무 어려워서 난 이해가 안가.
    B: 제목이 뭔데? 보여줄래?

One Point Lesson!

You're (not) ~ing

You're ~ing나 You're not ~ing는 구어체에서는 상대방에게 …해라, 하지 말라라는 의미로도 쓰인다.

A: It may not be good to call Mary. Mary에게 전화하는 것은 바람직하지 않을거야.

B: You're calling her tonight. 네가 오늘 저녁에 전화해라.

284 …하기에 충분한이라는 의미의 enough for[to]~ 구문을 알아본다.

Is it loud enough for you?

for+명사(또는 to+동사원형)

loud는 「소리가 큰」 것을 나타내는 형용사이므로 위 문장은 「소리가 (네가 듣기에) 충분히 크니?」라는 의미이다. 「충분한」이라는 의미의 enough를 사용한 표현으로, 위와 같이 'enough for+사람'이라고 하면 「…에게 충분한」이라는 뜻이고, 'enough to+동사원형'의 형태로 「…하기에 충분한」이라는 의미를 나타낼 수도 있다.

이렇게 쓰인다!

Answer: It is warm enough for hiking(또는 ~ to hike)

☐ **That shirt isn't big enough for you** 그 셔츠는 네가 입기에 넉넉하지가 않아.

☐ **Is it quiet enough to study?** 공부하기에 적당할 만큼 조용하니?

☐ **Is she pretty enough to win a beauty contest?**
걔 미인대회에서 상을 탈 만큼 충분히 예쁘지 않냐?

☐
등산하기에 충분할 정도로 (날씨가) 따뜻하네.

* beauty contest 미인대회

이렇게 써본다!

A: Could you turn up the volume of the TV?

B: Sure. Is it loud enough for you now?

A: TV 소리 좀 키워줄래?
B: 그러지 뭐. 이제 충분히 크니?

A: Let's study together in the coffee shop.

B: Is it quiet enough to study there?

A: 커피숍에서 모여서 공부하자.
B: 거긴 공부하기에 적당할 만큼 조용하니?

One Point Lesson!

a coffee?

coffee는 셀 수 없는 거니까 "A cup of coffee"나 "Two cups of coffee"라고 해야 되는데 네이티브들은 그냥 커피를 주문할 때 거의 대부분이 "A coffee" 또는 "Two coffees"와 같이 말한다. 외국인들과 직접 부딪히다 보면 교실영어와는 다른 생활영어 때문에 당황하는 경우가 많다. 물론 coffee는 물질 명사로 a cup of coffee와 같이 단위명사의 도움을 받아야 하는 게 사실이지만 커피점의 메뉴판을 보면 대부분 「잔」(cup)을 기준으로 제공하고 있기 때문에, 번거롭게 a cup of라는 단위명사를 붙이지 않아도 「커피 한잔」을 가리킨다는 것을 알 수가 있게 된다.

She won't be here until 5 o'clock
부정동사

「걘 5시나 돼야 올 거야」라는 의미. be here는「오다」,「와 있다」라는 의미이다. not~until은 「until 이하의 상황이 되어야 그전까지의 상황이 변한다」는 뉘앙스를 담은 말이다. until 다음에는 위 문장처럼 시간을 나타내는 여러가지 명사가 올 수도 있고 주어+동사로 이루어진 절이 올 수도 있다.

 이렇게 쓰인다!

Answer: I can't go until I finish this

☐ **We can't let you know until next week** 다음 주나 되어야 알려드릴 수 있어요.

☐ **I don't need it until tomorrow** 그건 내일이나 되어야 필요할 거야.

☐ **I can't buy new shoes until payday** 월급날이나 돼야 새 신발을 살 수 있어.

☐ _____ 이 일을 끝내야 갈 수 있어.

* let+사람+know ···에게 알려주다 | payday 월급날

 이렇게 써본다!

A: Ms. Mcginty won't be here until 5.

B: Can you have her call me when she comes back?

A: 맥긴티 씨는 5시나 돼야 오세요.
B: 맥긴티 씨가 돌아오면 저한테 전화하도록 해주실래요?

A: When can I have my exam results?

B: We can't let you know until next week.

A: 시험 결과는 언제 알 수 있나요?
B: 다음 주나 돼야 알려드릴 수 있습니다.

One Point Lesson!

each와 every

each와 every는 비슷한 상황에서 쓰이지만 each는 어떤 수의 집합체에 대해 '그 개개의 것을 강조'하고, every는 포괄적으로 '하나 빠짐없이 모두'의 의미를 말할 때 쓰인다.

Each of the people have very different personalities. 사람들은 각각 매우 다른 성격을 가지고 있다.
At airports, porters usually get a dollar for each bag. 공항에서 짐꾼들은 대개 가방 한 개당 1달러를 받는다.
I enjoyed every minute of my stay in Paris. 내가 파리에서 머무르는 동안 순간순간이 즐거웠다.

MEMO

All NEW SMART 영어회화공식 2 3 1

기본

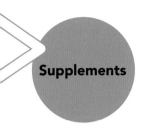

Supplements

Practice 50 >>

Practice 01

01. 이건 정말 내게 중요해

This is really

02. 네가 괜찮은 지 확인하고 싶어서

I want to make sure

03. 계속 연습을 해야 한다

You need to

04. 방청소하는거 잊지마

Don't forget to

05. 나 좀 도와줄래?

Could you

06. 날 괴롭히지마

Don't give me

07. 네가 생각하는 거보다 훨씬 쉬워

It's much easier

08. 넌 이 방에서 제일 예뻐

You are the most

09. 혈압 좀 재볼게요

Let me check

10. 넌 여기에 오지 말았어야 하는데

You shouldn't

Answers

01. This is really important to me.
02. I want to make sure that you're okay.
03. You need to keep practicing.
04. Don't forget to clean your room.
05. Could you give me a hand?

06. Don't give me a hard time.
07. It's much easier than you think.
08. You are the most beautiful woman in the room.
09. Let me check your blood pressure.
10. You shouldn't have come here.

Practice 02

01. 너희들 와줘서 고마워

I'd like to thank

02. 걔가 그걸 마쳤는지 모르겠어

I'm not sure if

03. 난 괜찮아

It's all right

04. 당신은 정말 친절하시군요

You're such

05. 마실 것 좀 줄까요?

Would you like

06. 누구한테나 일어날 수 있는 일인 걸요

It could have

07. 그거 확실해?

Are you sure

08. 난 네가 우리편인 줄 알았어

I thought you

09. 나랑 데이트하고 싶어?

Do you want to

10. 요가가 유행이라는 뉴스를 봤어

I saw on the news that

Answers

01. I'd like to thank you guys for coming here.

02. I'm not sure if he's done with it yet.

03. It's all right with me.

04. You're such a kind person.

05. Would you like something to drink?

06. It could have happened to anyone.

07. Are you sure about that?

08. I thought you were on my side.

09. Do you want to go out with me?

10. I saw on the news that yoga is becoming popular.

Practice 03

01. 난 좀 당황스러워

I'm kind of

02. 넌 내가 믿을 수 있는 단 한사람이야

You are the only person

03. 네가 그렇게 말해줘서 기뻐

I'm glad to

04. 너 실수하고 있는 거야

You're

05. 미안하지만 너랑 헤어져야겠어

I'm sorry but I have to

06. 네가 걜 빨리 만났으면 좋겠어

I can't wait

07. 아직도 컴퓨터 게임하니?

Are you still

08. 계시고 싶을 때까지 마음놓고 머무세요

Feel free to stay here

09. 늦을까봐 걱정돼

I'm worried

10. 스미스는 네가 더 나이 많은 걸 잘 알고 있어

Smith is well aware

Practice 04

01. 오래 기다리게 해서 미안해

I'm sorry to have

02. 오늘 밤 파티에 올거야?

Are you coming

03. 네 나이에 비해 어려 보여

You look young

04. 안 좋은 소식이 좀 있어

I'm afraid

05. 사장이 전화했다는 걸 말하는 걸 잊었어

I forgot to tell you

06. 여친 앞에서 방귀꼈다며

I heard you farted

07. 쟤랑 헤어지기로 결정했어

I've decided

08. 걔가 나하고 결혼할건지 모르겠어

I'm not sure if

09. 퇴근할 때 책상에 핸드폰을 두고 왔어

I left my cell phone on the desk

10. 케빈, 토요일 밤에 뭐해?

Kevin, what are you doing

Answers

01. I'm sorry to have kept you waiting for so long.
02. Are you coming to the party tonight?
03. You look young for your age.
04. I'm afraid I've got some bad news.
05. I forgot to tell you that the boss called.
06. I heard you farted in front of your girlfriend.
07. I've decided to break up with her.
08. I'm not sure if she's going to marry me.
09. I left my cell phone on the desk when I was leaving the office.
10. Kevin, what are you doing on Saturday night?

Practice 05

01. 내일 아침 일찍 수업이 있어

I have an

02. 우린 결혼할거야

We're going to

03. 걔가 올 가능성이 커

There's a good

04. 오늘 밤 뭐 계획있어?

Do you have any

05. 몇 주전에 해고됐다며

I heard you

06. 뉴욕의 여자애들은 어때?

What are the girls

07. 매일 야근하고 싶지 않아

I don't want to

08. 샘이라고 불러

You can

09. 재미있다고 안했어. 이상하다고 말했어

I didn't say it was funny.

10. 잠깐만요, 매니저불러드리죠

Just a moment and I'll

Answers

01. I have an early class tomorrow.
02. We're going to get married.
03. There's a good chance he will come.
04. Do you have any plans for tonight?
05. I heard you got fired a few weeks ago.

06. What are the girls like in New York?
07. I don't want to work overtime every day.
08. You can call me Sam.
09. I didn't say it was funny. I said it was weird.
10. Just a moment and I'll get you the manager.

346 | **All NEW SMART 영어회화공식 231** [기본]

Practice 06

01. 오늘 쇼핑하기 싫어

　I don't feel

02. 걔가 언제 여기 올 것 같아?

　When do you think

03. 경기장까지 시간이 얼마나 걸리죠?

　How long does it

04. 이럴 필요까지는 없는데(특히 선물을 받을 때)

　You shouldn't

05. 그러지 말라고 했잖아!

　I told you

06. 네 아버지에게 말하지 않을게, 약속해

　I won't

07. 내 말은 난 전문가는 아니란 말이야

　What I'm saying is

08. 이게 내 잘못이라고 말하는 거야?

　Are you saying

09. 현찰로 지불하시면 할인받습니다

　You'll get a discount

10. 혹 물어볼 거 있으면 전화하고

　If you have any questions,

Answers

01. I don't feel like shopping today.
02. When do you think she's going to get here?
03. How long does it take to get to the stadium?
04. You shouldn't have done this(that) .
05. I told you not to do that!

06. I won't tell your father. I promise.
07. What I'm saying is I'm not an expert.
08. Are you saying this is my fault?
09. You'll get a discount if you pay in cash.
10. If you have any questions, give me a call.

Practice 07

01. 네가 날 설득해서 그걸 하게 할 수 없어

　　There's no way

02. 그냥 둘러보는 거예요

　　I'm

03. 걘 인터넷으로 어떤 사람과 채팅중이야

　　She's chatting

04. 내가 처리할게

　　Let me

05. 내 남자친구하고 인사해

　　I'd like you

06. 그렇게 말해줘서 고마워

　　Thank you

07. 그게 좋은 생각인지 잘 모르겠어

　　I'm not so sure

08. 날 이런 식으로 대하면 안돼

　　You shouldn't

09. 사업상 일주일간 일본에 갈거야

　　I'm going to Japan

10. 내가 너보다 낫지 않아

　　I don't think

Answers

01. There's no way you're going to talk me into this.
02. I'm just looking around.
03. She's chatting to someone on the Internet.
04. Let me take care of it.
05. I'd like you to meet my boyfriend.
06. Thank you for saying that.
07. I'm not so sure that's a good idea.
08. You shouldn't treat me like this.
09. I'm going to Japan for a week on business.
10. I don't think I'm better than you.

348 **All NEW SMART 영어회화공식 231** [기본]

Practice 08

01. 그 땜에 신경쓰지마

Don't

02. 적응하도록 해라

You'd better

03. 아빠, 제 차가 낡어서 자꾸 고장나요

Dad, my car is old and

04. 나 집에 갈 시간야

It's time for

05. 자리 좀 비켜줄래요?

Could you excuse

06. 이거 좀 너무 지나치다고 생각하지 않아?

Don't you think

07. 네가 그 영화를 좋아하길 바래

I hope you'll

08. 원하는 거 아무것나 골라

Feel free to

09. 네가 생각하는 거보다 훨씬 쉬워

It's much

10. 여기서 거기 가는데 한 시간 걸려

It takes an hour

Answers

01. Don't let it bother you.
02. You'd better get used to it.
03. Dad, my car is old and keeps breaking down.
04. It's time for me to go home.
05. Could you excuse us for a second?

06. Don't you think this is a little extreme?
07. I hope you'll enjoy the movie.
08. Feel free to pick out whatever you need.
09. It's much easier than you think.
10. It takes an hour to get there from here.

Practice 09

01. 지미, 잠깐 이야기해도 될까?

　　Jimmy, can I talk

02. 사무실을 구경시켜줄게

　　I will show

03. 미안하단 말은 할 필요없어

　　You don't have

04. 상관없다고 말하지마

　　Don't tell me

05. 여권을 잊어버렸는데. 어떻게 해야죠?

　　I lost my passport.

06. 필요한 거 있으면 바로 말해

　　If you need anything,

07. 오늘의 스페셜은 뭔가요?

　　What's

08. 네 상사를 믿는다는게 중요해

　　It's important that

09. 언제 만나 그 얘기 할까?

　　When do you want to

10. 피터가 요즘 술을 많이 마시는 것 같아

　　It seems like

Answers

01. Jimmy, can I talk to you for a sec?
02. I will show you around the office.
03. You don't have to say you're sorry.
04. Don't tell me it doesn't matter.
05. I lost my passport. What should I do?

06. If you need anything, don't hesitate to ask.
07. What's the special of the day?
08. It's important that you trust your boss.
09. When do you want to get together to talk about it?
10. It seems like Peter is drinking a lot of alcohol these days.

350 | **All NEW SMART 영어회화공식 231** [기본]

Practice 10

01. 네 잘못이 아냐

It's not

02. 내일 오후에 여기 올거야?

Will you be

03. 환영해. 여기 일 맘에 들거야

Welcome aboard. I'm sure

04. 내일 회의를 취소해야 되겠어

I have to

05. 잠깐만. 가서 옷 좀 갈아입을게

Give me a minute.

06. 그렇게 하면 곤란해질거야

You will

07. 미안. 그러고 싶지만 그럴 수가 없네

I'm sorry, I wish I could,

08. 넌 지는 걸 못참지, 그지?

You really

09. 그렇게 말하려는 게 아니었어

I didn't

10. 걔한데 내가 신디를 좋아한다고 말하는 게 뭐 잘못됐어?

What's wrong

01. It's not your fault.
02. Will you be here tomorrow afternoon?
03. Welcome aboard. I'm sure you'll like working here.
04. I have to cancel tomorrow's meeting.
05. Give me a minute. I'll go change my clothes.

06. You will get in trouble if you do that.
07. I'm sorry, I wish I could, but I can't do it.
08. You really can't stand to lose, can you?
09. I didn't mean to say that.
10. What's wrong with telling her I love Cindy?

Practice 11

01. 면접을 잘 볼거야. 기운내.

You'll have a

02. 긍정적으로 생각하라고

You have to

03. 못 온다는 말이지?

You mean

04. 이 물건들을 배달해 드릴까요?

Would you

05. 이 자리 임자있어요?

Is this

06. 무슨 말을 하려는 거야?

What are you

07. 딕이 걱정야. 요즘 안좋아 보여.

I'm worried about Dick. He doesn't

08. 내일 회의있는게 확실해?

Are you sure there is

09. 졸업해서 취직하길 기대하고 있어

I'm looking forward to

10. 거기 가야 하는데 떨리지 않아?

Aren't you

Practice 12

01. 걘 남자친구가 있을지 몰라

    She might

02. 예전엔 공원에 큰 나무가 있었는데

    There used to

03. 네가 내 말을 듣지 않으니까 화난거지

    I'm angry because

04. 네가 마음을 바꾸지 않을게 확실해?

    Are you sure you're not going

05. 지금 주문하시겠어요?

    Are you

06. 집에 가는 길에 네 집에 들를게

    I'll stop by

07. 집에 태워다 줄래?

    Can you

08. 오늘 밤에 나이트클럽에 간단말야?

    You mean you're going

09. 한국에선 대학 졸업생들이 직장을 잡기가 어렵니?

    Is it hard for college graduates

10. 그게 사고였다는 거야?

    Are you saying

Practice 13

01. 좀 먹을래?

Do you

02. 걔들이 벤을 공원에 데리고 갔어

They took

03. 사과주스 마저 다 마셔도 될까?

Is it okay if

04. 네 어머니한테 그렇게 말하면 안돼

You shouldn't

05. 그거 생각해본 적이 있어?

Have you ever

06. 비가 내리기 시작한 지 8시간 됐어

It has been 8 hours

07. 특별히 찾고 있는 물건은 있으신가요?

Are you looking

08. 널 싫어해서 내가 떠나는 거야

I hate you and

09. 대학에 가지 않으면 후회하게 될거야

You'll be sorry

10. 이 길을 가다 첫사거리에서 왼쪽으로 도세요

Go down the street and

Practice 14

01. 걘 화장실에 갔어

   She went

02. 아직 결정을 못했는데

   I haven't

03. 너희 둘이 데이트하는 지 몰랐어

   I didn't know

04. 같은 방향으로 가

   I'm going to

05. 내가 필요로 하는 건 조금의 시간뿐이야

   All I need

06. 네가 무슨 말을 하는 건지 모르겠어

   I have no idea

07. 나 좀 도와줄래?

   Could you

08. 술 한잔 사줄까?

   How about

09. 일하러 돌아가야 돼?

   Do you have

10. 무슨 일인지 말해봐

   Please tell me

Practice 15

01. 미안하지만 대답은 노야

I'm sorry, but

02. 기름이 바닥이 나려고 하는데

We're

03. 냉장고에 있는 거 맘대로 갖다 들어요

Please help yourself

04. 이력서에 거짓말을 해서는 안돼

You shouldn't

05. 그 사람이 이 회사를 그만둘 것 같아

I think he's going to

06. 걔가 너에게 사과하도록 할게

I'll get

07. 죄송하지만 화장실이 어디 있나요?

Excuse me,

08. 우리에게 무슨 질문이라도 있어?

Do you have

09. 아직 첫눈에 반했다는 걸 믿을 수 있나?

Is it still possible to

10. 걔한테 그렇게 느끼는 건 처음이었어

It was the first time

Answers

01. I'm sorry, but the answer is no.
02. We're about to run out of gas.
03. Please help yourself to anything in the fridge.
04. You shouldn't lie on your resume.
05. I think he's going to leave this company.

06. I'll get him to apologize to you.
07. Excuse me, where's the bathroom?
08. Do you have any questions for us?
09. Is it still possible to believe in love at first sight?
10. It was the first time I felt that way about her.

Practice 16

01. 영어공부할거야

I'm

02. 그거 걱정마

Don't

03. 무슨 일로 병원에 왔어?

What

04. 편히하세요.

Please make

05. 자기 분수이상으로 소비하는 건 쉬어

It's easy to

06. 뉴욕에 몇 일 더 머물러도 될까?

Is it all right if

07. 다시는 그러지 않을게

I won't let

08. 정말 그걸 생각해 본 적이 전혀 없어

I've never

09. 미국엔 얼마나 머물 계획이세요?

How long are you

10. 가서 산책하는 게 어때?

What do you say

Answers

01. I'm going to study English.
02. Don't worry about it.
03. What brings you to the hospital?
04. Please make yourself comfortable.
05. It's easy to spend more than you have.

06. Is it all right if I stay in New York for a few more days?
07. I won't let it happen again.
08. I've never really thought about it.
09. How long are you planning to stay in the US?
10. What do you say we go take a walk?

Practice 17

01. 이건 무척 재미있을거야

This is going

02. 네 짐 들어주는거 도와줄게

Let me help you

03. 너무 자책하지마

Don't be so

04. 이게 무슨 의미인지 알아?

Do you have

05. 사랑니 뽑았어?

Have you had

06. 실례합니다, 제가 길을 잃은 것 같아요

Excuse me,

07. 내일까지 이걸 끝내야 해.

I need you to

08. 만나서 술한잔 하면 어때?

What do you say

09. 와서 우리랑 같이 영화볼래?

Do you want to

10. 네가 걔처지라면 어떻게 하겠어?

What would you do

Practice 18

01. 부모님께 내 안부 전해줘

Say hello to

02. 뉴욕에 계시는 동안 즐거운 시간 되세요

Have a nice

03. 호텔가는 길에 택시에 여권을 두고 내렸어

I left my passport

04. 그거 걱정할 필요없어

You don't

05. 지금 결정해야 돼?

Do I have to

06. 우리가 하루 더 머물러도 정말 괜찮아?

Are you sure

07. 우리에게 무슨 질문이라도 있어?

Do you have

08. 재미있을 거라고 했잖아

You said

09. 실례지만, 3번 게이트 가는 길 알려주세요.

Excuse me,

10. 뭐라 감사해야 할지 모르겠네요

I don't know

01. Say hello to your parents for me.
02. Have a nice stay in New York.
03. I left my passport in the taxi on the way to the hotel.
04. You don't need to worry about that.
05. Do I have to decide right now?

06. Are you sure it's okay if we stay another day?
07. Do you have any questions for us?
08. You said it was going to be fun.
09. Excuse me, could you tell me how to get to Gate 3?
10. I don't know how to thank you.

Practice 19

01. 그러지 않을 수 없어

I have no

02. 내게 선물 사주는 거 잊지마

Don't forget

03. 뭘 해야 할지 모르겠어

I don't know

04. 지금 가는 게 나을 것 같아

I think

05. 한국 음식 좋아해?

Do you

06. 걔가 나에 관한 모든 걸 이미 말한 것 같군

It looks like

07. 이거 어떻게 하는지 알려줄게

Let me

08. 당신 보너스로 뭘 할 거예요?

What are you

09. 오늘 게임 표 2장 주세요

I'd like two

10. 이번 여름에 파리에 가자

Why don't

Answers

01. I have no choice but to do that.
02. Don't forget to get me a present.
03. I don't know what I'm going to do.
04. I think I'd better be going now.
05. Do you like Korean food?

06. It looks like she already told you all about me.
07. Let me show you how to do this.
08. What are you going to do with your bonus?
09. I'd like two tickets for today's game.
10. Why don't we go to Paris this summer?

Practice 20

01. 네가 전화한 걸 몰랐어

I didn't

02. 새해엔 뭐 결심한 거 있어?

Do you have

03. 여기에 주차해도 돼?

Is it OK

04. 내일 늦지 않도록 해라

You'd better

05. 어젯밤에 손흥민 게임을 봤어야 하는데

You should have

06. 또 늦어서 미안해요. 차가 막혔어요

I'm sorry I'm late again.

07. 오늘 저녁 줄리와 데이트가 있어

I've got a date

08. 이거 너 줄려고. 세일 때 샀어

Here's something for you.

09. 그럼 나중에 시간될 때 다시 걸게

I'll give you a call

10. 레베카인데 부를 땐 벡키라고 하세요

It's Rebecca, but you

01. I didn't know that you called.
02. Do you have any New Year's resolutions?
03. Is it OK if I park here?
04. You'd better be on time tomorrow.
05. You should have seen Son Heung-min play last night.
06. I'm sorry I'm late again. I got stuck in traffic.
07. I've got a date with Julie this evening.
08. Here's something for you. I got it on sale.
09. I'll give you a call later when you have more time.
10. It's Rebecca, but you can call me Becky.

Practice 21

01. 그게 소문인 줄 알았는데

I thought

02. 내 질문에 답을 안했어

You didn't

03. 멋진 주말 보냈어?

Did you

04. 내 말 알아 들었어?

Do you

05. 내 말은 말야, 나 다음주에 나 결혼한다고

I mean,

06. 엄마가 오늘 아침 아프셨어

My mom

07. 연락할 수 있는 방법이 없을까요?

How can I

08. 이번 금요일 파티에 올래?

Can you

09. 미안, 좀 늦을 것 같아

I am sorry, but

10. 식료품 가방 들어줄게요

Let me help

Answers

01. I thought that was just a rumor.
02. You didn't answer my question.
03. Did you have a nice weekend?
04. Do you know what I mean?
05. I mean, I'm getting married next week.

06. My mom got sick this morning.
07. How can I get in touch with him?
08. Can you come to the party this Friday?
09. I am sorry, but I'm going to be a little late.
10. Let me help you with your grocery bags.

Practice 22

01. 여름방학 어때?

How's

02. 네가 맞는 것 같아

I think

03. 아무한테도 말하지 않을게

I won't

04. 이건 공평치 않아

This

05. 너 기억력 좋구나

You have

06. 걘 다음 번에 더 잘 할 수 있을거야

She will

07. 8시에 차로 데리러 갈게

I'll pick

08. 모퉁이에 있는 커피숍으로 갑시다

Let's go

09. 그만둬. 거짓말하는 거 알아

Please stop.

10. 내 생일에 보내준 선물 고마워

Thank you for

01. How's your summer vacation?
02. I think you're right.
03. I won't tell anyone.
04. This isn't fair.
05. You have a good memory.

06. She will be able to do better next time.
07. I'll pick you up at eight.
08. Let's go to the coffee shop around the corner.
09. Please stop. I know that you're lying to me.
10. Thank you for the gift you sent on my birthday.

Practice 23

01. 네 덕분에 기분이 한결 낫구나

You make

02. 왜 그렇게 말하는 거야?

What makes

03. 네 차례야

It's

04. 전화 잘못거셨어요

You have

05. 뭐 신고할 게 있습니까?

Do you

06. 지난 밤 데이트 어땠어?

How was

07. 사무실 사람들에게 모두 안부전해줘

Say hello to

08. 휴가때 캐나다에 갈려고

I'm going to

09. 그럼 9시에 내 사무실에서 만납시다

Let's get

10. 진짜야. 그 사람 업계에서 최고야

Take my word for it,

Answers

01. You make me feel much better.
02. What makes you say that?
03. It's your turn.
04. You have the wrong number.
05. Do you have anything to declare?

06. How was your date last night?
07. Say hello to everyone in the office for me.
08. I'm going to Canada during my vacation.
09. Let's get together at 9 o'clock in my office.
10. Take my word for it, he's the best in the business.

Practice 24

01. 오늘 거기 못 가. 월요일은 어때?

I can't go there today.

02. 갈 준비됐어?

Are you

03. 더 이상 못 견디겠어

I can't

04. 잠깐 이것 좀 들고 있어줘

Will you

05. 감기 걸린 것 같아

I think

06. 내가 왜 그랬는지 설명할게

Let me

07. 내가 뭘 잘못했는데?

What did I

08. 어디를 가려고 하는데요?

Where are

09. 다음 주 월요일에 취업면접이 있어

I've got

10. 교수가 불법으로 돈받다 걸렸어

The professor was

Practice 25

01. 간밤에 잘 잤어?

Did you

02. 꽤 바빴어

I have

03. 할 수 있을 것 같아

I think

04. 컴퓨터를 업그레이드 했어

I had

05. 우리 기념일 축하하는 반지야

Here is a ring

06. 기분 나쁘게 생각하지마

There are

07. 핸드폰에 좀 문제가 있어

There is

08. 헤더가 차사고 나서 병원에 입원했어

Heather

09. 너희들 와줘서 고마워

I'd like to

10. 우리가 제 시간에 도착 못할 것 같아 걱정야

I'm worried

Practice 26

01. 늘상 불평야

You are

02. 예약을 재확인하려구요

I want to

03. 우리에게 기회가 없는 것 같아

I guess

04. 그 바이러스에 대해서 뭐 좀 아는 거라도 있니?

Do you know

05. 그만두는 이유가 뭐야?

What's

06. 남편하고 별거하기로 했어

My husband

07. 내가 우리 반에서 제일 좋은 점수를 받았어!

I got

08. 얼마 내면 되죠?

How much

09. 뉴스가 있는데 우리들 이야기야

I've got some news.

10. 네게 중요하지 않다고 생각했어

I thought that

Practice 27

01. 닉, 지난 밤에 뭐했어?

　　What did you

02. 체크인이 언제예요?

　　When's

03. 너무 당황스러워서 네게 말할 수 없었어

　　I was

04. 걱정마. 나만 믿어

　　Don't worry,

05. 좀 천천히 말씀해주시겠어요?

　　Would you

06. 고맙지만 괜찮아요. 그냥 구경만 하는 거예요

　　No, thank you,

07. 우린 항상 함께 놀았었지

　　We used to

08. 그건 좋은 생각이라는 확신이 안서는데

　　I'm not so sure

09. 3794 – 5450로 가능한 한 빨리 전화줘요

　　Give me a call at 3794–5450

10. 네 아내는 어떤 종류의 음악을 좋아해?

　　What kind of music

Answers

01. What did you do last night, Nick?
02. When's the check-in time?
03. I was too embarrassed to tell you.
04. Don't worry, you can count on me.
05. Would you speak more slowly, please?

06. No, thank you, I'm just looking around.
07. We used to play together all the time.
08. I'm not so sure that's a good idea.
09. Give me a call at 3794–5450 as soon as you can.
10. What kind of music does your wife like?

Practice 28

01. 직장에서 무슨 일 있었어?

What

02. 걔 마이크에게 화났어, 그렇지 않아?

She's

03. 눈에 뭐가 들어갔어

I've got

04. 휴가 때 뭐했어?

What did you

05. 아직 결정 못 했어요

We're

06. 나가지 마. 밖은 너무 추워

You'd better not

07. 요즘 스트레스를 많이 받고 있어

I'm so

08. 저 회사 문제가 많다고 들었어

I heard that

09. 쇼핑몰에 가서 옷 좀 샀어

I went to the mall

10. 애인이 전화한지 며칠 됐어

It has been a few days

Practice 29

01. 내 생각이 어때?

What do you

02. 핸드폰 충전기를 잊고 두고 왔어

I forgot

03. 너 좀 초조해보여

You seem

04. 좋은 생각이야

That sounds

05. 우리 공통점이 없는 것 같아

I don't think

06. 비행시간이 얼마나 되는지 알아?

Are you aware

07. 나랑 점심먹으러 갈래?

Would you like

08. 런던으로 간다니 그게 무슨 말이야?

What do you mean

09. 어떻게 지냈어? 근사해 보이는데!

How have you been?

10. 내가 맡은 프로젝트를 다음 주 월요일까지 마쳐야 돼

I have to

Practice 30

01. 별거 아니네?, 무슨 큰일이라도 있는 거야?

What's

02. 어떻게 이런 일이? 너무 불공평하다는 말야!

How could this happen?

03. 걘 결혼한다는 거에 들떠있어

She's excited

04. 결정할 시간이 더 필요해

I need

05. 유령이 있다고 생각해?

Do you

06. 바이올린 연주하는 법 아는 거 있어?

Do you know

07. 배달하는데 추가요금을 내야 하나요?

Do I

08. 가능한 한 빨리 이 프로젝트를 끝내 줘

I'd like you to

09. 네 아내 얘기 한 적이 없어? 어떤 사람야?

You never

10. 병원예약시간에 늦었어. 가야 돼

I'm late for my doctor's appointment.

Answers

01. What's the big deal?
02. How could this happen? I mean, this is so unfair!
03. She's excited about getting married.
04. I need more time to decide.
05. Do you believe in ghosts?
06. Do you know anything about playing the violin?
07. Do I have to pay extra for delivery?
08. I'd like you to finish the project as soon as possible.
09. You never talk about your wife. What's she like?
10. I'm late for my doctor's appointment. I've got to go now.

Supplement　371

Practice 31

01. 오랜 만이야

　　It's

02. 돈이 많았으면 좋겠어

　　I wish

03. 내 일에 만족을 못하겠어

　　I'm

04. 멜리사 있으면 통화하고 싶은데요

　　I'd like to

05. 제시카, 어째서 내게 말하지 않은거야?

　　Jessica,

06. 내가 왜 웃고 있는지 알아?

　　Do you

07. 정말 잘 했어! 매우 인상적이었어

　　You did a good job!

08. 네 목소리를 다시 듣게 되다니!

　　It's

09. 어떻게 지내는지 궁금하니까 이메일보내

　　E-mail me

10. 내가 여기 둔 문서는 어떻게 됐어?

　　What happened

Practice 32

01. 어떻게 나한테 그럴 수 있어?

How

02. 너무 비싸다고 생각해?

Do you think

03. 질문이 하나 있는데요

I have

04. 태워다줘서 고마워요

Thank

05. 이거에 집중할려고 하고 있는거야

I'm

06. 전에 다리가 부러진 적 있습니까?

Have you ever?

07. 넌 왜 그렇게 나한테 야박하니?

Why are

08. 걔는 탐과 헤어질 것 같아

It looks like

09. 보고서 쓰는 거 좀 도와줄래?

Will you

10. 30살에 부자될 수 있을까?

Is it possible for me

Answers

01. How can you do this to me?

02. Do you think it's too expensive?

03. I have a question for you.

04. Thank you for the ride.

05. I'm just trying to focus on this.

06. Have you ever fractured your leg before?

07. Why are you so mean to me?

08. It looks like she's going to break up with Tom.

09. Will you help me write a report?

10. Is it possible for me to become rich by the time I'm thirty?

Practice 33

01. 뭘 알고 싶어?

What do

02. 좀 죄의식을 느끼지 않을 수 없어

I can't help

03. 참석할 수 있어?

Will you

04. 지금 가고 있는 중이야

I'm

05. 뭐 생각해둔 거라도 있어?

Do you

06. 우린 사람들과 더 잘 어울리도록 해야 돼

We should

07. 폴 스미스의 사무실이 어딘지 말해줄래?

Can you tell me

08. 도움이 필요하면 그냥 알려줘

Just let me know

09. 지난 밤에 너 핸드폰 안 받던대

You didn't answer

10. 아마 기회가 없다고 느낄지도 몰라

You probably

Answers

01. What do you want to know?
02. I can't help but feel a little guilty.
03. Will you be able to attend?
04. I'm on my way now.
05. Do you have anything in mind?

06. We should try to be more social with people.
07. Can you tell me where Paul Smith's office is?
08. Just let me know if you need a hand.
09. You didn't answer your cell phone last night.
10. You probably feel like you don't have a chance.

Practice 34

01. 2주간 인도에 갔었어

I've been

02. 난 그저 널 도와주려는거였어

I was just

03. 이게 내 잘못이라고 말하는거야?

Are you saying

04. 참 관대하시네요

You're

05. 뭘 드실래요?

What

06. 태어날 때의 나 같아!

It's like

07. 너도 멋져 보인다. 머리깍었어?

You look great too.

08. 이 근처에 좋은 식당 뭐 알아?

Do you know

09. 내가 공항까지 태워다줄까?

Do you want me to

10. 걔한테 키스했고, 그래서 다음에는 어떻게 됐어?

You kissed her, so

01. I've been in India for two weeks.
02. I was just trying to help you.
03. Are you saying this is my fault?
04. You're such a generous person.
05. What would you like to eat?

06. It's like me when I was born!
07. You look great too. Did you get a haircut?
08. Do you know any good restaurants around here?
09. Do you want me to give you a ride to the airport?
10. You kissed her, so what happened after that?

Practice 35

01. 네 제안은 뭐야?

What's

02. 난 결과에 상관없어

I don't care

03. 뉴욕 행 다음 비행편이 언제예요?

When's

04. 요즘 네 아버님 어떻게 지내셔?

How is

05. 아들이 법대에 가기로 했어

My son.

06. 미안! 그럴려고 그런게 아니었어!

I'm sorry!

07. 나도 너랑 같아. 여행을 즐겨

I'm like you.

08. 시간을 너무 많이 뺏어서 죄송해요

I'm sorry

09. 가야 돼. 언제 전화 한번 해

I have to go now.

10. 오늘밤 걔한테 데이트신청할까 해

I'm thinking

Practice 36

01. 그럼 좋지

That

02. 좋은 식당 추천해줄래요?

Would you

03. 네가 말한 걸 이해 못했어

I didn't

04. 학교에서 어떻게 지내?

How are

05. 무슨 일인지 내게 말해봐

Why don't

06. 해외여행 해본 적 있어?

Have

07. 잡히면 벌금이 얼마야?

How much

08. 네 아파트에서 만날까?

How about

09. 내가 재능없다고 어떻게 그렇게 확신해?

What makes you

10. 한번 만나자. 다음주 금요일로 할까?

How would you like to

---

01. That would be great.
02. Would you recommend a good restaurant?
03. I didn't catch what you said.
04. How are things going at your school?
05. Why don't you tell me what happened?

06. Have you traveled overseas?
07. How much is the fine if you get caught?
08. How about we meet at your apartment?
09. What makes you so sure I don't have talent?
10. How would you like to get together? Say next Saturday?

Practice 37

01. 커피 먹고 싶어

I feel like

02. 걔가 언제쯤 돌아올까요?

How soon

03. 그렇게 돈을 많이 쓰면 안돼

You shouldn't

04. 네게 이걸 빨리 말하고 싶어

I can't

05. 가게에 가서 뭐 좀 사다 줘

Go to the

06. 매일 컴퓨터 게임을 하지 않을 수 없어

I can't help

07. 저녁먹으러 오지 않을거란 말야?

Do you mean you

08. 설거지하는 거 도와줄게

I'll help

09. 기차를 놓쳤는데 시카고행 다음 열차는 언제죠?

I missed my train.

10. 잘렸다니 그게 무슨 말이야? 무슨 일이야?

What do you mean

Practice 38

01. 어쩌다 이렇게 늦은 거야?

How come

02. 무슨 일이야? 도대체 왜 그래?

What's

03. 거기 가는데 약 10분 걸려

It takes

04. 저말야. 출근하기 싫어

You know what?

05. 걔가 집에 오면 바로 알려줄게

I'll let you know

06. 전에 거기에 가본 적이 없어

I've

07. 어서 말해. 어서 말하는데 짧게 해

I'm listening.

08. 발렌타인 데이의 기원을 알아?

Do you know

09. 그렇게 섣불리 판단해선 안돼!

You shouldn't

10. 커버레터를 잘 쓰면 면접받을 수 있어

A good cover letter

Practice 39

01. 커피 한 잔 더 들래?

How about

02. 이 드레스 어때?

What do you

03. 내가 샤워한 지가 8일이 지났어

It's been

04. 이 기차가 뉴욕으로 가나요?

Does this train

05. 미국하고 같은 거 아냐?

Isn't it

06. 걔는 왜 어젯밤 안 왔대?

How come

07. 어떻게 그렇게 자신있는 거야?

How can you

08. 안젤라에 대하 뭘 알고 싶어?

What do you want

09. 마실 것 좀 드릴까요?

Would you like

10. 양재역까지 몇 정거장입니까?

How many stops

Answers

01. How about another cup of coffee?
02. What do you think of this dress?
03. It's been eight days since I took a shower.
04. Does this train go to New York?
05. Isn't it the same in America?

06. How come he didn't show up last night?
07. How can you be so confident?
08. What do you want to know about Angela?
09. Would you like something to drink?
10. How many stops are there before Yangjae Station?

Practice 40

01. 무슨 일이야? 괜찮아?

What's wrong?

02. 아무것도 하기 싫어

I don't feel

03. 야, 드디어 여름이 온 것 같군!

Well, it looks like

04. 어떻게 그걸 믿을 수 있어?

How can

05. 화장실 좀 써도 되겠어?

Do you mind

06. 왜 날 기분나쁘게 만드는거야?

Why are you

07. 어떻게 여기서 일한다는 말을 안할 수 있는거야?

How could

08. 전에 마라톤 뛰어본 적 있어?

Have you

09. 머리가 터질 것 같아!

I feel like

10. 걔가 들어오는 대로 전화하라고 할게

I'll have her call

Practice 41

01. 왜 그랬어?

Why

02. 그게 좋은 생각인지 모르겠어

I don't know

03. TV소리 좀 줄여줄래요?

Would

04. 새 차를 사려고 해

I'm

05. 오늘밤 일해야 돼?

Do you

06. 할 일이 너무 많아 가야 돼

I've got

07. 지금까지 사귄 여자가 몇 명이예요?

How many women

08. 집까지 나하고 함께 걸어갈 필요없어

You don't

09. 지난 밤에 술을 몇 잔이나 마셨어?

How many drinks

10. 그거 어떻게 계산하시겠습니까?

How would you

Practice 42

01. 여행[비행, 인터뷰] 어땠어?

How was

02. 내가 전화해야 될 것 같아?

Do you think

03. 맛있는 마티니 만들어줄게

I'll make

04. 우리랑 같이 한잔 하러 갈래?

Do you want to

05. 너희 모두 즐거운 성탄절 되길 바래

We hope

06. 믿기진 않겠지만 나 만점 받았어!

You're not

07. 존이 교통사고나서 다쳤다며

I heard that

08. 이 일은 월말까지 끝내야 돼

We need to

09. 네 엄마는 언제 퇴근하셔?

What time

10. 이리와 나랑 잠시 얘기하자

Why don't you

01. How was your trip[flight, interview]?

02. Do you think I should call?

03. I'll make you a nice martini.

04. Do you want to come with us for drinks?

05. We hope you all have a very merry Christmas.

06. You're not going to believe it. I got 100%!

07. I heard that John was injured in a car accident.

08. We need to get this job done by the end of the month.

09. What time does your mom get back from work?

10. Why don't you come over here and talk to me for a second?

Practice 43

01. 상관없다고 말하지마

　　Don't tell

02. 도움이 필요하면 내게 알려줘

　　If you need

03. 제일 먼저 뭐하고 싶어?

　　What do

04. 지난 밤 데이트 어땠어?

　　How was

05. 영화가 언제 시작해?

　　When

06. 쟤가 원하는 건 다 주라고 했잖아

　　I told you to

07. 해리 어딨어? 어머님 전화인데

　　Where's Harry?

08. 가장 가까운 약국이 어디야?

　　Where's

09. 새로 산 컴퓨터 어때?

　　How do you

10. 뒤에 문 좀 닫을래?

　　Do you mind

Answers

01. Don't tell me it doesn't matter.
02. If you need any help, you let me know.
03. What do you want to do first?
04. How was your date last night?
05. When does the movie start?

06. I told you to give her whatever she wants.
07. Where's Harry? His mom's on the phone.
08. Where's the nearest drug store?
09. How do you like your new computer?
10. Do you mind closing the door behind you?

Practice 44

01. 이 일은 어떠니?

What do

02. 디즈니랜드에 가본 적 있어?

Have you

03. 넌 좀 더 신중해야 돼

You've

04. 이건 아냐. 취소하라고

This is wrong.

05. 어째서 내가 말하지 않았어?

How come

06. 그게 왜 네게 그렇게 중요해?

Why is

07. 어느 부위가 가장 아파요?

Where

08. 무슨 일 있었니? 왜 그렇게 화가 났니?

What's wrong with you?

09. 내일 아침 일찍 일어나야 돼?

Do you need to

10. 컨닝한 걸 수치스러워 해야지

You should

01. What do you think about this job?
02. Have you ever been to Disneyland?
03. You've got to be more careful.
04. This is wrong. You have to take it back.
05. How come you didn't tell me?

06. Why is it so important to you?
07. Where do you feel the pain most?
08. What's wrong with you? Why are you so angry?
09. Do you need to get up early tomorrow morning?
10. You should be ashamed of cheating on your exam.

Practice 45

01. 오늘밤 저녁(준비) 하기 싫어

I don't feel

02. 저걸 영어로는 뭐라고 하니?

What do you call

03. 저녁 먹을 시간 있어요?

Do you

04. 뭐 먹을래?

What

05. 어디서 머리를 깎은거야?

Where

06. 한국에는 신년이 두 번 있다며

I heard that

07. 운동하면 근육이 생긴다는 뉴스를 봤어

I saw on

08. 집에 갈 시간이라고 생각되지 않아?

Don't you

09. 결혼과 싱글 중 어떤 게 좋아?

Which is

10. 걜 보면 어떻게 할거야?

What are

Answers

01. I don't feel like making dinner tonight.
02. What do you call that in English?
03. Do you have time to have dinner?
04. What are you going to have?
05. Where do you get your hair cut?

06. I heard that there are two New Years in Korea.
07. I saw on the news that exercise builds muscles.
08. Don't you think it's time you went home?
09. Which is better, getting married or being single?
10. What are you going to do when you see her?

386 **All NEW SMART 영어회화공식 231** [기본]

Practice 46

01. 뭐 찾는 거야?

What

02. 네 생각이 어떤지 알려줘

Let me

03. 이거 가격이 얼마예요?

How

04. 걘 널 기분좋게 해주려는 거였어

She was

05. 언제 어디서 만날까?

When

06. 날 계속 쳐다보는데 뭐 불만있어?

You

07. 아무 회의도 없는지 확인해볼게

Let me

08. 걔가 돌아올 때까지 기다려야 할 것 같아

I guess

09. 그렇게 말해줘 고마워. 다시 보길 바래

Glad to

10. 내 직업도 모른단 말야!

I can't believe

01. 걱정마. 내 일은 내가 알아서 하니까

Don't worry.

02. 여기서 담배 펴도 돼?

Do you

03. 어젯밤에 왜 전화안했어?

Why

04. 조심해. 그리고 잊지 말고 내게 이메일보내고

Take care.

05. 30분쯤 후엔 돌아올거예요

She should

06. 난 네가 괜찮다고 말한 줄 알았는데

I thought

07. 내 새 차에 대해서 어떻게 생각해?

What do you

08. 그 경찰관은 무력을 쓸 수밖에 없었어

The police

09. 휴가 때 마음편히 재미있게 보내

I want you

10. 점심하면서 이 문제 얘기해보면 어때?

How about

Practice 48

01. 어떻게 저런 여자를 만난거야?

How

02. 네 심정 알아

I

03. 물어보고 싶은게 있으시면 알려 주세요

Let me know

04. 입학시험에 떨어졌다며

I heard that

05. 이번 주말에 골프갈래?

Do you want to

06. 우리 15일에 만날 수 있을까

I wonder

07. 내 생일에 보내준 선물 고마워

Thank you for

08. 왜 자꾸 전화하는거야? 너랑 얘기하고 싶지 않다고

How come you

09. 네가 자랑스러워. 날 자랑스럽게 해줘

I'm proud

10. 나 좋아한다고 했잖아! 맘이 바뀐거야?

You said that you liked me!

01. 그게 사실인지 모르겠어

I don't

02. 총 합계가 얼마죠?

Could you

03. 그거야 교통상황에 달렸죠

That depends

04. 시워즈 타워가 어느 쪽예요?

Which

05. 그렇게 말씀해주셔서 고맙습니다

It's

06. 저를 채용 안 하겠다는 말씀이죠?

Are you saying

07. 저게 뭐였어? 저런 거 본 적 있어?

What was that?

08. 걔가 자기 엄마 얘기하는 거 들어본 적 있어?

Have you

09. 약속을 다시 조정할 수 있는 지 알아볼게

Let me see

10. 체육관에 가서 운동을 해서 살이 좀 빠졌어

I lost some

01. I don't know if it's true.
02. Could you let me know the total cost?
03. That depends on the traffic conditions.
04. Which way is the Sears Tower?
05. It's very kind of you to say so.
06. Are you saying that you're not going to hire me?
07. What was that? Have you ever seen anything like that?
08. Have you ever heard him talk about his mother?
09. Let me see if I can reschedule the appointment.
10. I lost some weight because I've joined a gym to work out.

Practice 50

01. 오늘 밤 퇴근 후에 뭐 할거야?

What are

02. 무슨 말인지 모르겠어

I don't

03. 내가 입고 있는 옷이 뭐 잘못됐어?

What's

04. 일이 제시간에 끝나리라고 생각해?

Do you

05. 무슨 얘기 들으면 바로 알려줄게

If we hear

06. 주유소가 어디에 있는지 알려줄래요?

Can you tell

07. 우리 여기 있다는 걸 어떻게 알았어?

How did

08. 필요한 거 있으면 바로 말해

If there's

09. 파티에 여자친구 데려오는거 잊지마

Don't forget

10. 왜 네가 싫어하는 직장에 아직도 다녀?

How come

01. What are you doing after work tonight?
02. I don't know what you mean.
03. What's wrong with what I'm wearing?
04. Do you think the job will be finished on time?
05. If we hear anything, I will let you know right away.

06. Can you tell me where the gas station is?
07. How did you know we were here?
08. If there's anything else you need, don't hesitate to ask.
09. Don't forget to bring your girlfriend to the party
10. How come you're still at a job that you hate?